关怀伦理视阈中公共服务质量评估研究

夏志强　闫星宇　著

科学出版社
北　京

内容简介

本书全面梳理和总结了关怀伦理的理论内涵和思想体系，进而借助关怀伦理理论对公共服务质量评估进行反思，以期优化公共服务质量评估体系和建构逻辑。本书在总结公共服务质量评估理性主义建构逻辑的基础上，基于关怀伦理的视角对公共服务质量评估的理论基础、价值取向、质量标准化、逻辑实证主义方法等内容进行了系统反思，提出了关怀伦理视角下完善公共服务质量评估建构逻辑的路径选择。在理论基础和价值取向方面，本书着眼于完善公共服务质量内涵的理论基础、公共服务体系模型构建、明确“效益—公平—民主—关怀”四位一体评估价值结构；在质量标准化建设方面，关注服务主体的关怀美德与行为激励、注重关怀理念和关怀价值的确立、构建关怀价值与标准的实现机制；在逻辑实证主义方法改造方面，完善体现关怀伦理的满意度评估、构建衡量关怀价值的服务关怀度评价、重视体现人性关怀的质性评估方法。

本书在一定程度上拓展了公共服务研究的广度和深度，适用于公共管理专业的本科生、研究生、科研工作者、公共事务管理者参考使用，也可以作为关注公共管理研究前沿的其他读者的参考用书。

图书在版编目(CIP)数据

关怀伦理视阈中公共服务质量评估研究 / 夏志强，闫星宇著. —北京：科学出版社，2019.11

ISBN 978-7-03-061881-8

Ⅰ.①关… Ⅱ.①夏… ②闫… Ⅲ.①公共服务-服务质量-质量评价-研究-中国 Ⅳ.①D669.3

中国版本图书馆 CIP 数据核字（2019）第 147945 号

责任编辑：莫永国 / 责任校对：彭 映
责任印制：罗 科 / 封面设计：墨创文化

科学出版社 出版
北京东黄城根北街16号
邮政编码：100717
http://www.sciencep.com

四川煤田地质制图印刷厂印刷
科学出版社发行 各地新华书店经销
*
2019年11月第 一 版 开本：787×1092 1/16
2019年11月第一次印刷 印张：9.75
字数：240 000

定价：99.00 元

（如有印装质量问题，我社负责调换）

前　言

党的十九大报告指出，“经过长期努力，中国特色社会主义进入了新时代，这是我国发展新的历史方位”“中国特色社会主义进入新时代，意味着近代以来久经磨难的中华民族迎来了从站起来、富起来到强起来的伟大飞跃，迎来了实现中华民族伟大复兴的光明前景”“坚持以人民为中心”“把人民对美好生活的向往作为奋斗目标，依靠人民创造历史伟业”。同时，党的十九大报告也深刻指出，“中国特色社会主义进入新时代，我国社会主要矛盾已经转化为人民日益增长的美好生活需要和不平衡不充分的发展之间的矛盾。我国稳定解决了十几亿人的温饱问题，总体上实现小康，不久将全面建成小康社会，人民美好生活需要日益广泛，不仅对物质文化生活提出了更高要求，而且在民主、法治、公平、正义、安全、环境等方面的要求日益增长”“必须认识到，我国社会主要矛盾的变化是关系全局的历史性变化，对党和国家工作提出了许多新要求。我们要在继续推动发展的基础上，着力解决好发展不平衡不充分问题，大力提升发展质量和效益，更好满足人民在经济、政治、文化、社会、生态等方面日益增长的需要，更好推动人的全面发展、社会全面进步”。由此，追求高质量发展成为重要的时代主题。在公共管理实践中，加强公共服务管理就是为了提高公共服务质量，满足人民群众对美好生活的要求。对公共服务的质量评估是一种改进公共服务质量的重要方法和工具选择，是公共服务管理的重要环节。在全社会追求“质量”的热潮中，公共服务质量评估不仅是实践中的焦点，也是研究的热点。

从实践领域来看，当前公共服务质量评估还侧重于“绩效”评估，主要是基于“3E”(经济、效率、效益/效能)标准将服务质量分解为相关指标并依靠统计方法进行量化呈现和客观标定。在评估体系的设计上，主要遵循理性主义建构逻辑，追求效益、公正、民主等具有普遍性的价值理念，致力于高度集成的质量标准化体系和逻辑实证主义的评估方法。然而，公共服务的目的是要实现和保证人民群众“学有所教、老有所养、病有所医、住有所居、困有所帮、残有所助”等伦理目标。从供需的角度看，公共服务是公民个体难以自足或通过市场机制难以经济性满足的依赖性需求的映射，公共服务所面对的是承载着情感依托的公民需求。由于这种依赖性需求难以找到其他的替代实现形式，公民个人无法将此项权利进行放弃或让渡。因此，公共服务总体上是由遍及公民个体的一个个“情景细胞”所构成的宏观场景。在每一个“情景细胞”中，公共服务是“人对人”的服务传递，是在人际交互中完成的。故而，公共服务的达成不仅需要“理性”，也需要“共情”。公共服务质量评价不仅要反映公共服务的宏观场景的质量水平，更需要关注服务对象个体需求满足的真实感受，反映公民个体的“获得感”。

总之，从根本上说，公共服务质量评估不是自然科学意义上的“科学评估”，而是一种富含伦理要素的“道德评估”。公共行政学者们关于公共服务质量的观点，不管是民主和商业的二元质量观，还是效率、效益-回应、公平-参与、协作的三元质量观(陈振明和耿旭，2014），公共服务质量的讨论都在道德的“场域”中论及。效率、效益质量观对公共服务质量的判断建立在了功利主义最大化福利的计算上；公平正义质量观对公共服务质量的认知建立在差别原则和机会平等上；回应、参与、协作的质量观将公共服务质量评估建立在民主价值上。姑且不论既有研究对公共服务质量的道德判断是否存在不足，它们都需要对“何谓有质量的公共服务”这一根本问题做出道德界定。然而，公共服务质量评估的理性主义建构逻辑忽视了这一点。虽然公共服务质量评估的理性主义建构逻辑关注对公共服务质量进行道德界定，但是，它过于“迷信”统计式的量化评价思维，过于依赖客观的服务质量数字化呈现，忽视了公民无法放弃或让渡公共服务的事实，忽视了公共服务需要遍及每个公民个人的特性，忽视了遍及公民个体的“情景细胞”中体现的服务传递和互动对公共服务质量评价具有不可替代的意义。也就是说，公共服务本身就不是理性所能完全刻画的。公共服务既是一项公共产品，更是一个交流场景，它本身兼具公共性、经济性、关系性的特质，既需要政治价值以体现公共性，又需要功利计算以表现经济性，还需要直觉、感情、关系等非理性价值以呈现情景性。作为好的公共服务质量评估，重视公共服务质量评估中直觉、情感、关系等非理性方面的是十分重要的，有几件曾经引起社会舆论广泛关注和讨论的事件就反映了这一点。

2016 年 6 月 7 日上午，在安徽省某县高考语文考试考场，考生圆圆(化名)在开考前顺利通过金属探测仪检测，但在开考后 90 分钟左右(10 点 22 分)，当监考员在过道间用金属探测仪器接近圆圆时，发现她和另外一名同学的眼镜被探测仪认定异常。监考员在考场门口向楼层纪检员、教育和体育局巡视员作了汇报。根据考务规则，10 点 36 分，乙监考员先后将圆圆和另一考生的眼镜收缴并交给主监考员，摆放在考场前讲台上。11 点 06 分，乙监考员根据通知将眼镜归还给了考生。也就是说，圆圆的眼镜被监考老师收走后，经过半个小时的鉴别后才返还考生。在这种情况下，考生心态产生了波动，成绩可能受到了影响。考后，圆圆家长就此向该县教育和体育局提出异议申请。6 月 15 日，安徽省某县教育和体育局公布调查核实情况，认定监考员的操作和处置符合有关规定。

这是一起引起热议的高考“眼镜门”事件。一方面，有人认为监考人员“检查问题-发现隐患-当场处置-消除隐患”的处置流程是程序正义、保证公平的处置办法。但是其结果却可能使得考生圆圆被“人为”制造了“竞争劣势”，成绩可能受到影响。于是在此场景中出现了“各方谁都没过错，考生损失谁承担”的“伦理困境”。另一方面，舆论场中也出现针锋相对的观点，有人提出监考人员完全可以在发现圆圆眼镜“异常”后，重点关注圆圆的考试全过程，并将情况逐级上报，待考试结束后将其留置于考场，再通过眼镜鉴定、录像查看、现场搜查等方式全面鉴定考生圆圆是否作弊，然后再对其做出恰当处理。这种“发现隐患-重点监控-考后检查-分类处置”的解决方案，既能保证考试公平又关怀考生，得到社会舆论的广泛认同。但在这个突发事件中，考务服务是受标准化的流程设计和操作要求约束的。

无独有偶，在一些地区公共服务中因标准化、规范化的制度规定缺失人性关怀引发公众不满乃至利益受损的事情也偶有发生。2018 年 5 月初，一则“九旬老人社保年审，众人合力抬上三楼”的新闻，引发了社会的广泛关注和讨论。湖北省黄冈市某县退休干部白某已至耄耋之年，腿脚不便、轮椅代步，一直跟随子女居住在湖北省武汉市。2018 年初，该县的机关事业单位养老保险经办管理职责统一移交到了机关事业单位保险福利管理局。按该局的通知，需要进行社会保险移交管理后的第一次待遇领取资格集中认证(俗称“社保年审”)，白某需要在当年“五一”之前，亲自返回该县完成录入指纹、拍照验证等年审工作。鉴于老人已年逾九十，且距离较远，身体吃不消，老人的子女联系了当地社保经办机构，希望可以通过远程视频的形式完成年审。但该县社保经办机构回复，按照规定首次办理年审必须本人亲自到场。由于办理年审的办公室位于三楼，没有电梯，老人上下十分不便，于是，老人的子女又提出希望可以让办公室的工作人员下楼进行资格确认。然而，由于该局缺乏可移动的手持仪器，无法按照相关工作流程移动办理资格确认，老人子女的这一建议也被该县社保经办机构否定了。迫于无奈，2018 年 4 月 25 日，老人的子女开车载着老人回到了该县机关事业单位保险福利管理局，家人、朋友和相关人员只好合力抬着老人上下三楼，办理了年审。

该事件经媒体报道后，引发社会各界对黄冈市某县社会保险经办服务的广泛讨论。这一事件也暴露出了，作为一项重要的公共服务，一些地区社保待遇领取资格认证服务(“社保年审”)在执行既有的年审标准和操作流程的同时，没有很好地注意到其服务的多是特定人群(老弱病残等)，在一些地区经办服务中针对特定人群的人性关怀并未得到足够重视。具体到该事件，“社保年审”固然是保障基金安全、待遇公平的必要环节，但采用固定时间、固定地点进行集中认证这一方式则是一些地区经办机构缺失关怀、图己方便的“怠政之举”。因为领取养老保险金的对象是退休人员，年事已高，常因疾病、残疾、瘫痪等行动不便，这是经办机构完全可预期到的。在这样的情况下，该县社保经办机构仍坚持集中认证且将认证场所置于无电梯的三楼，一些地区的部分部门人性关怀的缺失可见一斑。在全国一些地区，类似的场景还在出现。有鉴于此，2018 年 7 月，人力资源和社会保障部发文停止了社保年审集中认证这一制度，建立“以信息比对为主，退休人员社会化服务与远程认证服务相结合的认证服务模式”(中国新闻网，2018)。此后，同年 11 月发布的《社会保险经办管理服务条例(征求意见稿)》将新的社保年审模式上升到制度层面。

在美国，有一则新闻也引起了社会的广泛讨论。1989 年 12 月，美国密歇根州底特律市一家医院里，一名病情危重的男子躺在急救床上急需救治。但是医院方面为了避免出现法律纠纷，急救室要求该危重病人在急救前亲自签署一份“释放书”(Freed，1989)，即一份医疗救助表，只有本人签字才能“释放”他的“医疗救助补贴”(加布里埃尔 • A. 阿尔蒙德等，2010)。于是就出现了图 1 的情景，摄影师 Leonard Freed 拍摄下了这一幕。它反映了美国紧急医疗服务在涉及医疗救助制度(Medicaid)的保障人群时，为保障紧急医疗费用不至于形成无法追偿的“沉没成本”，要求患者先行在医疗救助表上签字，以便于动用其医疗救助补贴支付紧急医疗费用。

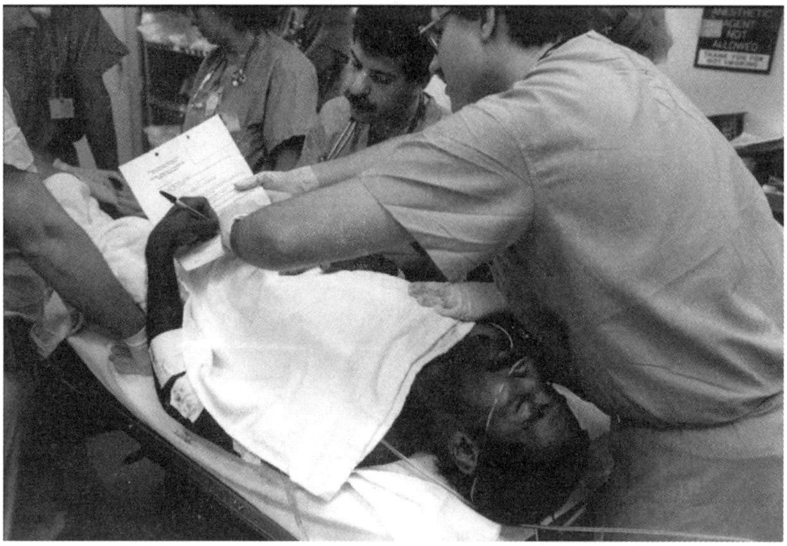

图 1　重症病人于美国密歇根州底特律市一家医院

图片来源：加布里埃尔·A. 阿尔蒙德等(2010)

美国这一流程的设定背后有既定的医疗制度惯性和利益权衡。美国医疗保险政策规定，公共部门、商业机构和第三部门均可提供医疗保险服务，公共医疗保险主要包括老年和残障健康保险(Medicare)和医疗补助计划(Medicaid)。根据美国紧急医疗服务法的规定，"所有医院和医疗服务机构必须为患者提供急诊服务，无论其是否有能力支付相关费用"。这一规定使得美国出现了许多"超份额医院"(disproportionate share hospital，DSH)，即不得不为大量"无医疗保险、低收入群体或有特殊需求的患者提供服务"(杨玲和刘远立，2010)，造成这些医院出现大量不在医疗保险保障范围内的未偿付医疗费用。由于急救服务有着巨大的伦理责任，政府有义务对 DSH 的未偿付医疗费用进行补偿。因此，美国 Medicaid 专门规定了对 DSH 的未偿付医疗费用由联邦和州政府予以补偿。但为了控制 DSH 急救支出的规模，美国联邦政府对 DSH 支付作出如下限定："(1)医疗救助利用率超过 1%的医院才有资格获得 DSH 支付；(2)制订 DSH 服务补偿标准，并设置封顶线：对一家医院的支付不能超过其为医疗救助和无保险病人提供住院治疗的未偿付成本"(杨玲和刘远立，2010)。

显然，美国紧急医疗服务的规定和 Medicaid 关于 DSH 的制度设计，决定了美国急救医疗机构会有自身的利益考量和可持续地公平服务的诉求。急救服务造成的未偿付费用对医疗机构而言毕竟是一笔不小的开支，该笔费用的开支若失去控制，既不利于急救服务的财务可持续，也不利于急救服务的公平可持续，它们若要考虑这一未偿付成本尽可能地得到政府补偿，就必须提高医疗救助利用率到 1%以上以获得 DSH 支付资格，同时也必须尽可能地让有保险或救助资格的患者动用自身保险或救助资金，以使得相关费用在 DSH 支付的封顶线下，让政府补偿尽可能地覆盖为无保险或无救助资格的病人提供急救治疗的未偿付成本。这样的考量既是为了医疗机构自身的财务可持续，也是为了急救服务自身的公平可持续。因此，医务人员往往在制度规定的刚性和急救服务的功利计算、公平可持续的考虑中，不得不遵从急救服务中关于 Medicaid 保障人群的急救确认程序，这样图 1-1 中的情景才会出现。但是，紧急医疗往往应对的是突发急症和甚至命悬一线的危重病人，施救过程争分夺秒、刻不容缓。紧急医疗服务的这一流程设计显然易置患者的生命于危险境地，有违生命伦理。类似急救服务这样的公共服务，生命关怀的价值追求应优先于功利计算和对公平可持续的追求。

通过这三个案例的对比发现，社保年审作为关系退休人员待遇合理、公平、及时发放的公共服务，高考考务服务作为一项关乎千家万户和考生个人切身利益的公共服务，紧急医疗服务作为关乎生命的公共服务，它们在以下这一点上有高度的一致性：服务对象特殊、关怀色彩浓重(即每位老人的境况都需要顾及，每位考生的前途都应该重视，每个生命的抢救都永远至上)。对老人、考生和对生命的关怀应该是社保经办服务、高考考务服务和紧急医疗服务优先考量的价值选项。本书的研究问题从这样的案例中受到启发，重点关注公共服务质量评估中的关怀伦理问题。

从公共管理的视角看，保证退休人员及时、合理、公平地领取相应的养老待遇，是政府提供社会保障公共服务的重要内容；保障数百万考生参与公平公正的高考，是政府在公共教育中的一项应尽职责，基于公平正义的高考考务安排是政府应该提供的一项公共服务。同样，急救服务关乎生命存续，毋庸置疑，它也是一项基本公共服务。在这三个案例中，黄冈市某县政府为了社保基金安全、可持续运行和公平分配，在社保经办管理中设计了待遇资格集中认证制度，建立了完善的认证流程和操作要求等标准程序和规章制度；安徽省某县政府为保证高考公平、顺利，在考场设计了完整的标准操作规范和组织链，考室有监考，楼层有纪检员，学校有巡视员，突发事件有处理流程和规范；美国紧急医疗服务也有专门的立法和针对急救全过程的标准规范、操作手册。因此，这一切都是“标准的”“规范的”，也是“高效的”“有质量的”。但是，案例中反映的情景却不完全是这样。

以高考“眼镜门”事件为例，我们在此做一个情景假设。假设每年高考后该省或该市会对所有考点进行考务服务质量评估，开展考务服务质量评价排名，以更好总结经验。考务服务质量评价排名借鉴的是服务供给客观评价和服务质量差距(service quality，SERVQUAL)评价量表，结合服务供给的客观数据和 SERVQUAL 评价量表的有形性、可靠性、响应性、保障性、移情性进行评价。当然，圆圆考生所在考点学校，按惯例会知晓每年进行的考务服务质量排名，也知晓排名结果对学校荣誉及绩效的重要性，故而，该考点会按照考务服务质量各项标准和评估细则仔细安排考务事项。在实际的评估过程中，按此公共服务质量评估标准加以衡量，客观标准依据采集的普遍数据判断，不会受到“眼镜门”特例的影响；主观标准因为是抽样的满意度调查，“眼镜门”事件中考生的不满意偏好对满意度统计结果影响甚微，或者会被当作极值剔除。最终，“眼镜门”事件几乎不会对该考点考务服务质量评价产生影响。甚至还有可能，因为圆圆考生所在考点处理眼镜异常事件“得当”，完全符合管理流程要求，该考点考务服务的质量评价高于未出此类事件的其他考点。这就造成了一个明显的悖论，圆圆考生权益的损害却可能带来了考务服务质量评价的优胜。公共服务供给质量评价的伦理冲突随之而来，即统计意义上的公平正义的追求可能造成了对部分个体利益攸关者的不公平对待。

综上所述，通过上述案例，我们注意到了公共服务质量评价中理性主义路径的伦理弊端，即标准化、结构化地追求统计学意义上的数字，以之衡量和比较公共服务质量，会带来微观上的公共服务质量损害。因此，本书将研究问题确定为关怀伦理视阈中的优化公共服务质量评估问题，重点在于对公共服务质量评估的理性主义逻辑进行关怀伦理的批判和改造。

目　　录

第一章 绪 论

1.1 研究背景与研究价值

1.1.1 研究背景

服务质量的概念源于商业规范，一般是指商业组织对顾客需要的满足和超越程度，也指向服务的顾客期望与实际感知的差距(陈振明和李德国，2012)。在新公共管理运动中，私人部门的管理技术和理念不断被应用于公共管理，私人部门质量管理模式也催生了关于公共服务质量的研究与实践。由于公共部门的特殊性质，公共服务质量不仅涉及需求满足，还涉及公共价值的实现，这就需要公共部门发展更为复杂的质量评价机制来提高服务质量。

陈振明和耿旭(2014)总结了公共服务质量评价的标准及价值取向的不同层次。效率、效益等标准是基础，回应性、公平性是第二层次目标，第三，在不断回应的基础上，引入参与机制和协作机制。可见，公共服务质量的发展与评价越来越模糊供给与消费的区隔，作为消费方的公民越发深入地参与到公共服务质量评估中，公民参与会使得公共服务质量评估的价值和标准变得意见多元，久而久之，公民的主体意识会日益突出。公民在公共服务中主体意识的突出，会使得功利标准、正义标准、民主标准逐渐突出公民的获得标准，不管公共服务在经济、公平、民主的方面做得多好，公民个体最终的获得感会成为最终的评断标准。

这样的趋势下，公共服务质量评价就会更加走向情景化。更重要的是公民作为生活中的人，在生活中对公共服务的认可。因此，从行政伦理的角度，公共服务在关注效率、民主、正义等价值之后，会逐渐走向关注人文价值，关怀伦理即是这一趋势的典型体现。

20 世纪后半叶以来，后现代思潮开始对公共行政学科发展产生日益重要的影响。作为其中的重要流派，女性主义思潮也对公共行政学科发展产生重要影响，特别是其从性别视角，对公共行政范式的认识论基础提出有力批判。女性主义认为，当下社会的认识论基础很大程度是由男性思维所构建，公共行政的知识基础、行政系统中的科层制设计、行政过程对制度和规则的尊奉都不同程度地体现了男性思维特质。相比而言，女性的生理禀赋和社会角色使之更多地从事家庭关怀活动，女性所关注和具有的更多是关心他人的美德和行为，此即女性主义所衍生的关怀价值(Caring)。随着女性主义的逐渐发展，由它生发的关注女性特质的关怀伦理逐渐形成。

关怀伦理认为，关怀“不仅仅意味着一种关怀他人的意愿，更意味着关怀者有能力对他人予以关怀”(琚挺挺，2015)；关怀也是一种情感性关系的存在，它源于女性的受孕、分娩活动——“关系性自我的发展始于子宫”(内尔·诺丁斯，2006)；此外，关怀活动从家庭关怀开始，逐步随时间流逝而扩大到亲属、朋友等人际活动中，最后运用于普遍人群的公共活动中，逐步形成一种具有普遍性的伦理思想。

因此，关怀伦理更为尊重的是人类真实的道德情感，它反对主流道德理论所主张的理性、自由个体的假设，以及基于逻辑特别是数理推理而产生普遍道德准则的知识生产方式。相反，关怀伦理则主张：“每一个人从儿时开始就依赖其他人提供关怀；我们在一生中都以很根本的方式和其他人相互依赖。我们仿佛独立地思考和行动这一点依赖着一个社会的关系网络，而我们的关系又是构成我们身份的一部分(赫尔德，2014)。”也就是说，人的存在和运思依赖于情感性关系的现实，甚至“人之独立、自主同样体现为一种重建和培育新关系的能力”(赫尔德，2014)。

结合公共服务质量评价的价值取向演变，关怀伦理在公共服务质量评价发展到公民参与和协作的阶段显得十分重要，尤其是随着公民参与和协作的深入，公共服务质量评价将再也不是“他者”的事业。公共服务供给将愈发凸显对具体情境的考量，在情境中，公民服务的提供会面临更多的和公民之间的“为他”关系。公共服务对于公民的关怀取向将会越来越影响公共服务质量的评价。因此，本书将研究主题确定为关怀伦理视阈中的公共服务质量评估研究。

1.1.2 研究价值

本书研究旨在厘清关怀伦理的理论观点，总结、批判现有公共服务质量评估理论和实务，论证关怀伦理运用于公共服务质量评估的逻辑合理性，构建关怀伦理视阈下完善公共服务质量评估的理论框架和应用方法。

基于以上目的，本书致力于从关怀伦理的角度，对公共服务质量评估的理论和实务发展提供有价值的批判性视角。本书注重对公共服务质量评估理论和实务进行宏观审视和道德反思，希冀从道德伦理的视角为公共服务质量评估的研究贡献力量。因此，本书主要集中于关怀伦理对深化公共服务质量评估研究的伦理启发和价值反思。

具体而言，本书力图从以下方面对深化公共服务质量评估的研究提供有价值的成果。首先，在价值理念上，本书的研究将有助于拓展对公共服务质量认识的非理性主义视角，扩展对好的公共服务质量的认识维度，深化对公共服务质量的价值认识，使我们对公共服务质量内涵的把握更为全面。其次，在理论研究上，本书的研究有利于完善公共服务质量评估的价值体系和内涵认识，进而促进公共服务质量评价在内容向度上的完善，推动公共服务质量研究的深入和多元化。再次，在实践发展上，本书的研究有助于防范和破解具体情境中生发的公共服务质量评估的伦理问题，使其能够得到两全其美的解决。最终，使得公共服务质量评估能够更真实、全面地衡量出公共服务质量水平。同时，通过对现有公共服务质量评估的逻辑结构和质量标准化、评估方法科学化的总结与反思，本书致力于推动公共服务质量标准化和评估方法在人性关怀方面的改造，使得公共服务质量评估的标准化要求和科学化至上的趋势得到批判反思，拓展公共服务质量评估的非理性视角，发现和纠正公共服务质量评估在实证操作中带来的统计意义上高质量和情景感知中的低质量的悖论。

1.2　研究框架与研究方法

1.2.1　研究框架

本书研究遵循“理论准备-现况总结-前提分析-理论批判-改进完善”的思路，内容框架安排也是按照此逻辑展开。作为一部理论性的专著，首先，本书需要明确用于批判的工具和批判的现实——关怀伦理和公共服务质量评估；其次，关怀伦理被用来进行批判的合适性论证，是展开批判的前提；再次，本书的中心内容则是运用关怀伦理对公共服务质量评估进行批判；最后，在批判现有公共服务质量评估研究的基础上，本书提出基于关怀伦理的公共服务质量评估的改进和完善策略。相关研究框架如下所示。

(1)关怀伦理的理论梳理和总结，构成了本书展开的必要基础。由于本书是利用关怀伦理的视阈开展研究，故而，对关怀伦理的理论观点进行梳理总结就是本书展开的基础工作。在开篇论述研究背景和现状后，本书首先就集中笔力梳理总结了关怀伦理的理论演进和内容体系。

(2)分析现有公共服务质量评估研究的逻辑建构，是开展研究的必备条件。本书开展研究的另一基础就是对批判对象的系统总结，批判对象不明确，直接影响批判的真实性和有效性。因此，本书系统总结了现有公共服务质量评估研究的逻辑结构，以为后文论述打下基础。

(3)关怀伦理批判的合适性分析，是开展本书核心内容论述的必要前提。只有论证了关怀伦理对公共服务质量评估进行批判是合适的，下文的研究部分的存在才是合理的，本书整体才能逻辑贯通。因此，关怀伦理批判的合适性分析有承前启后的重要作用。

(4)关怀伦理对公共服务质量评估的批判，是本书论述的核心内容。本书论述的核心就是利用关怀伦理的理论视角对公共服务质量评估现有研究进行理论批判，提出拓展公共服务质量评估研究的新视角，以使得我们对公共服务质量的认识和衡量有更全面的理论基础。

(5)在关怀伦理视阈中对公共服务质量评估进行完善，是本书论述的最终落脚点。单纯地批判并非公共管理研究的最终目的，作为一门实务性强的学科，公共管理学研究更多地需要面向公共管理实践，解决公共管理问题，推进公共管理实务完善。因此，本书在理论研究的基础上，最终需提出完善和改进公共服务质量评估的具体思路和方法论，以期对公共服务质量研究有实在的推进价值。

综上所述，本书从两条线索开展研究：①关怀伦理的理论梳理和总结，通过总结当代女性主义思潮，归纳关怀伦理的内容和架构；②分析阐明公共服务质量评估的理性主义建构逻辑，运用关怀伦理，对公共服务质量评估的理论基础、价值取向、标准化、方法实证化等方面进行伦理审视，进而运用关怀伦理，对完善公共服务质量评估提出建议。

1.2.2　研究方法

本书探讨的是行政伦理问题，主要运用思辨研究方法开展研究。思辨研究方法是将抽象的概念和命题作为研究对象，运用演绎和归纳等具体逻辑推理方法，对抽象对象进行本质的认识。

具体而言，本书运用到了演绎法和例证法，整体采用逻辑演绎贯穿始终，文献归纳和对比例证相结合的方法选择。首先，以对比例证引出研究问题。其次，本书整体遵循演绎推理的思路，即大前提——公共服务质量评估研究需不断深化；小前提 1——公共服务质量评估缺失关怀价值，小前提 2——关怀伦理对公共服务质量评估的适用性，进而得出结论——公共服务质量评估研究需借鉴关怀伦理加以深化。再次，本书通过文献归纳，总结了关怀伦理的理论体系、公共服务质量评估的建构逻辑，便于后文的展开。

本书研究主要采用思辨方法，运用理性分析对现实问题进行研究，力图将所运用的抽象的关怀伦理理论运用于具体的公共服务质量评估的议题上。这样的研究方法选择，在实证主义之外，从规范分析的角度，侧重于对公共服务质量评估的研究方向和伦理价值取向的思考。因此，选用思辨研究方法，更便于对具体公共行政实务领域进行伦理研究，研究质量也可得到保证。

遵循学术惯例，为了明确研究方法的合理性，研究方法及其价值偏好需要向读者予以说明。故而，对所采用的研究方法，本书作出如下说明。①关怀伦理和公共服务质量评估建构逻辑的归纳，由于文献材料掌握不可能穷尽，导致归纳的可能不完全。但本书参考了主要和重要研究者的研究文献，所总结的关怀伦理和公共服务质量评估的建构逻辑合乎研究现况且可继续验证。②对于例证法，例证的有效性和普遍性主要建立于实例的典型性和大众的普遍感知。本书所举案例曾引起媒体和大众关注，符合例证特性。此外，所举实例或许带有价值倾向，但本书所举实例体现的价值取向并未走向极端、符合社会伦理规范。所以，研究方法就算存在价值偏好也是适当的。

第二章 关怀伦理与公共服务质量评估的研究综述

为便于系统展现关怀伦理视阈中公共服务质量评估的研究现状，需要首先梳理关怀伦理和公共服务质量评估各自领域的研究演进，总结关怀伦理和公共服务质量评估研究的各自脉络，而后，从其中重点发现公共行政和公共服务质量评估领域中关涉关怀伦理的相关研究，以期为后文借鉴关怀伦理批判和改造公共服务质量评估打下基础。

2.1 关怀伦理的研究演进

关怀伦理产生于 20 世纪 70 年代末至 80 年代初，它的出现与西方国家不断发展的女性主义思潮和运动密切相关。20 世纪 80 年代初，以美国心理学家、哈佛大学教授吉利根(Carol Gilligan)发表著作《不同的声音——心理学理论与妇女发展》、提倡女性关怀特质为标志，关怀伦理得以产生。20 世纪 80 年代以来，关怀伦理研究不断发展，影响拓展到了各个领域，关怀伦理的女性主义理论底色开始逐渐淡化，转向建构具有普适性的伦理理论。

关怀伦理是 19 世纪中后期西方女性主义运动发展的结果，并随着女性主义思潮与运动的发展而不断完善。西方女性主义运动大体经历了三个阶段。第一个阶段是 20 世纪以前，伴随两次工业革命，女性主义运动追求的是女性经济社会地位独立，以男性地位为标准力求男女平等。第二阶段是 20 世纪初至 70 年代，女性主义从经济社会领域扩展到意识形态和政治领域，出现了女权主义运动。女权主义运动摒弃了男性标准的男女平等，提出了基于“性别差异论”的平等观，强调女性特殊情感体验的独特价值，关怀伦理就是在这一时期“性别差异”的背景下提出的基于女性经验的伦理理论。第三阶段是 20 世纪 80 年代以来，女性主义思潮出现明显的后现代转向，女性主义开始超出女性价值的范畴，转而注重对具体问题尤其是社会领域的研究。

关怀伦理产生于女性主义者对伦理学性别垄断的反思，立足于弘扬女性关怀经验所具有的伦理价值，并对西方主流伦理提出挑战。随着女性主义思潮的后现代和社会化转向，关怀伦理也开始反思与主流伦理学的关系定位，并致力将关怀伦理适用于公共领域。大体而言，关怀伦理的发展经历了以下几个阶段。

2.1.1 产生与发展阶段

关怀伦理产生于 20 世纪 70 年代末至 80 年代初，吉利根对于女性心理和道德发展的研究。1982 年，吉利根出版了《不同的声音——心理学理论与妇女发展》一书。吉利根通过对道德发展的研究发现，男性的道德发展垄断了对人类道德发展的解释，以往的道德发展忽视了女性视角对道德发展的重要性；通过运用心理学理论，吉利根研究了女性在认识方式、行为模式、道德观念上的特质，提出了以关怀为主要特征的女性道德特质。

虽然，吉利根并未在关怀问题上进行深入研究，也未将关怀的道德实践上升为伦理问题进行系统研究。但是，吉利根在关怀伦理发展史上首次提出女性道德特质——关怀，启发了诸多女性主义伦理学者，开启了关怀伦理的发展路径。女性主义伦理学者通过对关怀的道德价值与实践的研究，对主流道德理论进行深入批判，对主流伦理观的核心理念和价值预设进行了反思，进一步提出新的见解，逐步发展出了关怀导向的伦理理论。

2.1.2 理论总结与体系构建阶段

随着关怀伦理的发展，美国当代哲学家、教育家内尔·诺丁斯(Nel Noddings)从哲学和教育学层面，提出了关怀伦理的理论体系，这标志着关怀伦理进入理论化和体系化发展阶段，关怀伦理开始致力于规范概念和理论体系的研究。

1984 年，内尔·诺丁斯出版了《关心：伦理和道德教育的女性观点》一书，系统提出了关怀伦理的理论体系并将关怀伦理运用于道德和学校教育之中(内尔·诺丁斯，2014)。首先，内尔·诺丁斯明确界定了关怀的内涵，关怀是“人们在身心上对他人或他物所承担的责任，是关怀方把握他人的现实性，尽可能地满足他人需要，通过自己的行动来实现的，并能够得到被关怀方回应的一种关系行为”(肖巍，1999)。其次，内尔·诺丁斯强调了情感性关系在关怀实现中的重要性，她认为关怀的可持续性来源于关怀关系中双方关怀与回应的互动关系；而这样的关系是情感性的，关怀源于人的情感，是一种道德性情感，它是“人特有的一种高级情感，它对道德认识和道德行为起着激励和调节作用”(内尔·诺丁斯，2003)。情感推己及人的扩散是典型的道德实践。再次，对于关怀实践的发展过程，内尔·诺丁斯提出了自然关怀和伦理关怀的二元划分，认为伦理关怀源自自然关怀，自然关怀源自爱的自然本性，伦理关怀通过回忆自然关怀、反映他人痛苦，推动关怀范围扩大，使得伦理关怀成为自然本性生发的道德情感。

除了在关怀伦理的理论建构上颇有建树外，内尔·诺丁斯在关怀伦理的教育应用上也着墨颇多，她提出关怀教育的观点，认为关怀是“一切成功教育的基石”(内尔·诺丁斯，2006)，教育的目的在于鼓励、培养受教育者的关怀意识和能力。

2.1.3 研究拓展与理论普适阶段

在经过吉利根的发端和诺丁斯的体系化构建后，关怀伦理得到了很大发展；但是，关怀伦理建基于女性主义的理论底色，使得它在理论发展中受到诸多限制乃至学术质疑。比如，关怀伦理的女性主义色彩注重情感性关系，这就限制了关怀伦理对更广泛的社会关系的适用性；关怀伦理弘扬女性关怀经验的伦理价值、提高女性关怀经验的地位，会固化家庭关怀中的女性角色，不利于男女平等，限制关怀伦理的社会应用。因此，此阶段的关怀伦理面临着突破女性主义的理论底色、寻求普适性理论建构的使命要求。

面对以上关怀伦理的发展局限，特朗托(Joan C.Tronto)从社会政治和实践情景的视角，致力于构建超越性别立场的普适性关怀伦理；他在情感性关系的基础上提出了基于情境的关系作为定位关怀的新坐标，希望关怀伦理突破人际关系的范畴，在人、事物、环境的更大范围关系上寻求理论建构。特朗托首先提出基于“情景道德”的关怀内涵新定义，社会文化决定情景的具体和特殊性，关怀取决于“具体情境中特定的人与事物、特定的需要和动机以及处于特定的情境中所出现的不同反应”(赵媛媛，2011)，关怀价值由此具有了普适性的可能；其次，她提出关怀实践过程的四阶段论——关心、照顾、给予关怀、接受关怀及其匹配的关怀要素：关注、责任、能力和反应(肖巍，1999)。最后，特朗托将关怀伦理引入社会政治生活，实现了关怀伦理研究从诺丁斯的伦理、教育层面向政治、社会层面的拓展。

不同于特朗托通过情景道德的路径实现关怀伦理的普适化，另一位关怀伦理学者拉迪克(Sara Ruddick)则通过对母性思维赋予文化和实践意义，突破关怀伦理的女性主义局限，将关怀伦理运用到更广阔的社会领域中。首先，拉迪克将关怀聚焦于母亲对子女的家庭关怀活动，重视母性思考和实践的高品质；其次，她并未将母性思维与实践局限于生理意义上的母性及其家庭关怀活动，而是赋予母性以社会文化和实践意义；因此，关怀伦理也不再仅仅局限于私人领域，而是扩展到更广阔的公共领域，并试图应用于和平问题研究(Ruddick，1987)。

2.2　公共服务质量评估的研究演进

公共服务质量评估研究的萌发和兴起，离不开公共行政学的发展，尤其是政府改革的研究与实践。西方发达国家是如此，中国的公共服务质量评价研究(理论借鉴西方研究成果、实践立足于国家需要、目标着眼于政府改革)也是如此。鉴于此，本书将分别对国外(主要是西方发达国家)和国内的公共服务质量评价的研究脉络做一梳理，以期较全面地展示公共服务质量评估研究的发展概貌。

2.2.1　国外公共服务质量评估的研究演进

西方发达国家的公共服务质量评估研究，产生于西方国家追求行政绩效和注重政府绩效评估的实践之中，并伴随着公共行政的发展和政府改革的推进，而不断地拓展和更新研究内容。

在公共行政学的产生之初，政府组织和服务的效率问题逐渐成为研究热点，伴随着对效率问题的反思批判，政府服务的效率评价研究应运而生。后来，随着新公共管理运动浪潮的兴起，政府公共服务形成绩效概念，即注重投入产出、结果至上和公民满意，公共服务绩效评价形成“3E”标准——经济、效率、效益/效能。紧接着，新公共服务理论、治理理论等理论流派的出现，对新公共管理运动进行了反思批判，公民满意被赋予了积极色彩。受此影响，公共服务绩效评价开始走向质量评价，即更注重公民主动参与和协作的“积极质量”。

综上所述，西方国家公共服务质量评估是伴随着政府绩效评估的兴起和公共服务绩效评估的发展而逐步出现的。当代政府职能的扩展和“行政国家”的发展，尤其是政策科学研究的发展和新公共管理运动的推动，促使政府绩效评估的焦点逐步转移到政府公共服务的绩效评估上来。随着新公共服务等流派的兴起，聚焦“3E”标准的公共服务绩效概念，逐渐发展为关注效益、公平、民主等全方位价值的公共服务质量概念。尽管当下仍有学者沿用公共服务绩效评估话语体系，但其内涵已经属于质量评估的话语建构了。故本书这部分内容用公共服务质量评估这一概念统辖，其中包括了公共服务绩效评估的既有研究。根据既有研究，我们可以将公共服务质量评估研究轨迹划分为以下阶段，每个阶段都有明显的研究特色，研究特色的转变往往带动了研究阶段的转换。

1) 萌芽和产生阶段——绩效预算、效率至上

19 世纪末至 20 世纪初，欧美国家自由市场经济迅速发展，带来了财富分配、社会及环境问题；同时，政党分肥制的弊端和政府贪腐现象的频发，使得对政府的监督和政府有效履职问题日益迫切。在此背景下，独立的文官制度开始实行，公共行政研究得以诞生并不断发展，行政效率成为行政部门履职的核心价值追求，加强对行政部门监督也受到重视，开始出现对政府预算的绩效进行评估以监督政府有效履职。

公共服务质量评估处于萌芽和产生的这一阶段，世界经历了三次经济繁荣、两次经济危机和两次世界大战，社会剧烈变动、思潮纷繁复杂；欧美国家的市场经济体制经历了从斯密式的自由放任到凯恩斯式的国家干预，国家角色也从“守夜人”到积极干预，再到第二次世界大战后的“福利国家”建设。基于角色定位的变化，政府职能也大为扩展，公共服务日益成为政府的关键职责。因此，政府预算的绩效评估日益作为公共服务效率评估的重要部分；此外，也出现了其他评估工具服务于公共服务效率评估。

基于以上分析，这一阶段的公共服务质量评估正处于萌芽和产生的时期，可以分为以下两个阶段。

(1) 从 20 世纪初至 60 年代，预算绩效评估得到长足发展，通过预算评估来衡量行政部门的绩效水平，以评估政府公共服务效率水平。

19 世纪中叶以来，电力革命方兴未艾，社会经济日新月异，自由经济得以快速发展；同时，寡头垄断、环境污染、食品安全等乱象丛生，政商勾结等贪腐现象层出不穷。在此背景下，以美国“扒粪运动”为代表，民间组织开始自发揭露乱象，抨击贪腐行为。

正是在这样的背景下，对政府改革和履职监督的呼声高涨，社会公众开始通过财政预算评估以监督政府履职。1907 年，由布鲁尔(Bruere)等发起成立的美国纽约市政研究院开始对纽约市政府进行财政效率评估，虽然只是对投入产出等财政指标的评估，受到传统行政模式效率中心主义的影响。但是，这开启了往后政府绩效评估和公共服务质量评估的先河。1938 年，Clarence Reid 和 Herbert A. Simon 在《市政工作衡量：行政管理评估标准的调查》一书中，提出对政府服务绩效的“成本、努力、需要、结果、业绩”等方面进行全面考核，“防止政府行政管理活动产生浪费和失误”(沙治慧，2012)。1947～1955 年，在美国胡佛委员会的持续推进下，政府预算署以部门预算和工作绩效挂钩为手段，运用绩效预算制度来推进政府部门绩效考核办法和绩效标准的建立(尼古拉斯·亨利，2002)，政府服务评估进入绩效预算时期。此后，绩效预算制度得到迅速发展，20 世纪 60～80 年代初，美国政府相继实施了“计划-规划-预算制度、目标管理和零基预算”(刘淑妍和王欢明，2013)，旨在通过预算控制提高政府服务绩效。

(2) 20 世纪 60～70 年代，公共组织绩效评估得到重视，以行政过程效率评估刻画公共服务效率水平；同时，政策科学的发展和新自由主义思潮的兴起，政府绩效评估研究开始

注重政府公共服务的评估，开始出现借鉴私人部门经验注重公共服务结果评估的理论呼声。

在绩效预算兴起的同时，20 世纪 70 年代，政府服务的效率评估不再仅仅依靠预算控制推动，而是扩展到对政府整体和各部门的主动的生产效率评估，以达到提高政府服务效率和部门服务绩效水平的目的。1970 年，美国参议员威廉·普罗克斯迈尔推动美国国会通过法案，要求美国总审计署牵头对联邦政府的生产率进行评估。1973 年，美国总统尼克松出台了“联邦政府生产率测定方案”，希望系统、规范地评估政府效率，该方案要求“有关部门制定 3000 多个绩效评估指标，由劳工统计局负责收集绩效信息和统计工作，同时，各联邦行政机构增设项目评价部门，注重对绩效结果评价”(蓝志勇和胡税根，2008)。

在 20 世纪 60～70 年代，政府绩效评估也开始出现反思性变化。①政策科学发展到 20 世纪 70 年代，以加利福尼亚大学的普雷斯曼和韦达夫斯基(T. L. Pressman and A. Wildavsky)为代表的学者致力于公共政策执行的研究，政策执行研究开始受到重视，政府的履职后果成为考察其行政能力的重要标尺，受此影响，政府也开始重视政府公共服务的结果评估。②20 世纪 60 年代以来，受新自由主义思潮的影响，新公共管理思想开始出现；新自由主义学者崇信市场机制，认为市场机制虽不完善，但政府干预亦有缺陷，主张“既妨碍民主又不能提高效率”(倪星，2008)的官僚制行政部门应该减少干预，并运用市场机制和私人部门的管理技术提高行政效率，注重结果导向和公共产出的评估。鉴于以上变化，公共服务的评估开始从效率评估向结果评估过渡。

2)快速发展阶段——关注质量、顾客满意

进入 20 世纪 80 年代，以英国首相撒切尔夫人上台为标志，新公共管理运动开始在欧美发达国家兴起并形成政府改革浪潮。在新公共管理运动的推动下，政府公共服务评估由财政和组织效率评估转向顾客满意导向的服务效果评估。在新公共管理运动的影响下，借鉴私人部门绩效评估的理念和技术工具，这一阶段的公共服务质量评估，主要经历了全面质量管理和公民满意度评估两个时期，最终聚焦到顾客满意导向的服务质量评估。

(1)20 世纪 80～90 年代中期，全面质量管理引入到政府改革实践，政府绩效评估越发关注公共产出的绩效；受此影响，政府绩效评估中顾客导向的公共服务质量评估日益得到重视。

全面质量管理理念源于私人部门的商业管理工具包，它将顾客满意作为核心目标，将追求达到乃至超过顾客期望作为质量的根本标志，致力于通过持续性地改善产品和服务质量进行组织管理；公共部门引入“全面”的质量管理，意味着引入服务承诺、竞争机制、分权化等制度安排，进而整合管理过程，“关注公共服务的改进与测量，强调对服务产出或服务质量的评价”(孟华，2006)。1979 年，英国首相撒切尔夫人上台后，开始推行“雷纳评审”，引入竞争机制、分权制度、顾客导向的绩效评估等工具，实行全面质量管理改革；1987 年，英国政府推出“下一步”行动方案，深化完善竞争机制、顾客导向绩效评估，同时，倡导多种商业管理工具共同推动公共服务质量改进，全面质量管理理念得以深入贯彻。

进入 20 世纪 90 年代，以英美等国为代表，新公共管理改革成为政府改革的潮流。1991 年，英国首相梅杰推动了“公民宪章”运动，以顾客至上为标准，注重竞争机制和分权制度的运用，出现了公共服务质量竞争的局面；1993 年，美国总统克林顿上台伊始，就大力推行改革政府计划，出台了《政府绩效与结果法案》《设立顾客服务标准》等改革举措，确立了顾客至上的公共服务质量评价和改进制度。这一时期，全面质量管理理念深入政府改革实践，公共服务质量评价确立了“3E”标准；其中，顾客满意导向被提高到关键地位，顾客满意评价逐渐成为公共服务质量评价的主导方式。

(2) 20 世纪 90 年代中后期，公民满意度评价居于主流地位，公共服务质量评估研究聚焦到顾客满意的结果导向上来。

20 世纪 90 年代开始，英美两国的政府改革浪潮促进了新公共管理运动的蓬勃发展，政府服务质量的顾客至上导向，推动了公共服务的顾客满意评价的兴起。20 世纪 90 年代中后期，全面质量管理理念开始式微，“在美国，公共部门全面质量管理的热潮开始衰退。公共部门的实践者和学术界开始把它看作是实现公共组织机构向公民的允诺，而且是使民众满意的有效手段”(陈文博，2012a)；而随着顾客至上理念的确立和公民满意评价技术的发展，公民满意测量的研究和运用日益成为公共服务质量评价研究的主要潮流之一(Fornell，1992)。借鉴 1989 年瑞典公共服务绩效指数，美国政府提出了顾客满意度模型(American customer satisfaction index，ACSI)，并在 1998 年进行了细化修正；在美国顾客满意度指数的基础上，欧洲也发展了自己的顾客满意度指数(Eurpoean customer satisfaction index，ESCI)，ESCI“增加了‘形象’变量，将感知质量分为感知硬件质量和感知软件质量两个部分”(王艳，2006)，完善了 ACSI 指标体系，公共服务的顾客满意度评价日趋完善。

3) 深化完善阶段——公民至上、参与协作、多元评价

回顾整个 20 世纪，随着政府职能的拓展、政策科学的发展和新公共管理运动的兴起，公共服务质量评估从政府绩效评估中逐渐萌芽，历经了效率评估、结果评估和顾客满意评估等发展阶段。到了 20 世纪末，公共服务质量评估开始进入深化研究、反思总结的阶段。一方面，受到新公共管理运动后期新公共服务理论、协作治理理论等的影响，学者们开始反思新公共管理理论“顾客至上”的弊端，将顾客本位回归到公民本位，注重评估理念的公民至上和评估设计上的参与、协作价值考量；另一方面，公共服务质量评估的各方面，如评估理念、指标、方法等，都得到了深入研究，研究者开始反思总结现有研究，形成多元评估理念及其指导下的体系化评估指标和二元化评估方法。

首先，受到新公共服务理论、治理理论等的影响，公共服务质量评估的民主价值和公共责任取向得以重视，新公共管理理论倡导的顾客导向受到反思批判。在理念上，公共服务质量评估关注参与、透明、责任等价值取向；在实操上，评估指标和方法设计都开始注重对参与性、协作性等要素的评估。

桑助来(2005)在总结 20 世纪末政府绩效评估的趋势时，认为随着公民社会的兴起，公民参与评估逐渐成为共识；Boyne(2002)则在全面分析 3E 指标模型和投入、产出、结果(input-output-outcome，IOO)模型利弊的基础上，总结出了过往模型对公平、参与等民主指标的忽视，提出了“产出、效率、效果、回应、民主”的五维评价指标体系；Downe 等(2011)从公共服务与商业服务根本价值导向的区别出发，提出公共服务评价不仅要考量

效率、效益指标，更要注重公共服务的过程、回应、公平、责任、透明等内涵。

其次，公共服务质量评估研究各方面的深化和反思，推动了研究的系统化和体系化趋势。随着公共服务质量评估的理念、指标、方法等研究的不断深入，系统性和体系性研究不断涌现，历经不断的批判继承、推陈出新，逐渐形成多元评估理念指导下的体系化评估指标和二元化评估方法。

随着公共行政价值的变迁，公共服务质量评估的价值理念经历了一个批判完善的过程。从最初功利主义为中心的效率取向开始，在效率准则的基础上，公共服务评价的 3E 标准成为主流标准；但是，新公共管理运动及其后的各种公共行政理论，推动了公共服务质量评估价值理念的推陈出新；在 3E 标准的基础上，过程、满意、公平、民主等价值理念也开始加入公共服务质量评估的价值构建。在多元价值理念指导下，公共服务质量评估日益形成自成体系的指标体系和主客结合的评价方法。

Brudney 和 England(1982)在效率取向的基础上，结合新公共管理运动倡导的顾客满意导向，强调了回应与公平的价值理念的重要性，提出了效率效益与回应公平二分的主客观相结合的评价指标体系；Boyne(2002)在分析 3E 价值取向和 IOO 指标体系的基础上，认为应当关注公平、参与等民主价值取向，进而提出了“产出、效率、结果、回应、民主”五维评价指标体系。在公共行政实务中，公共服务质量评估的价值理念和指标选取也日益体系化。1993 年美国克林顿政府时期，《政府绩效与结果法案》强调政府服务的产出和结果指标，之后，美国联邦预算局和责任总署先后提出了“影响、能力、生产力”等方面的指标，完善了公共服务评估指标体系；英国撒切尔夫人及梅杰政府推行的“公民宪章”运动、“质量竞争”运动，也开始强调公共服务评价的高质量和回应性的指标要求，20 世纪以来，英国政府开始注重价值标准的集成，3E、顾客满意、公共责任均倾注于公共服务质量评估之中。

评估理念和评估指标最终都需要科学合理的评估方法才能产生实际效用，因此，公共服务质量评估的方法研究也是公共服务质量评估的重要分支。多元化的价值理念和体系化的评估指标，需要科学化的评估方法加以配套，才能实现现实效果；随着公共服务质量评估方法研究的深入，各种评估方法被不断发明、验证、运用，评估方法的反思总结日益成为重要的研究课题，纷繁多样的评估方法最终日益形成“公民评价模式与专业评价模式相结合的二元评价模型”（陈文博，2012b），即公众主观评价与数据客观评价相结合的二元评估方法。

2.2.2　中国公共服务质量评估的研究演进

中国公共服务质量评估的研究发端于 20 世纪 90 年代以来的政府绩效评估研究，21 世纪初，随着政府绩效评估研究的深入、新公共服务理论的引入和服务型政府价值导向的确立，政府绩效评估研究逐渐转向政府公共服务绩效评估。

党的十八大以来，新常态语境下的高质量发展日益成为重要的政治和社会共识。特别是党的十九大后，人民对美好生活的向往成为重要的公共需求，生活品质和发展质量日益成为时代主题。

在这样的时代背景下，政府的公共服务开始关注公共服务的“质量”，公共服务质量评价成为重要的研究议题。公共服务质量并不是对公共服务绩效的推倒重来，而是在继承公共服务绩效内涵的基础上更注重多元化、全方位的价值追求。虽然，当下国内学者仍有在沿用绩效评估话语体系，但其内涵已是明显属于质量评估话语体系，故本书在此用质量评估这一概念统辖。总的来看，中国公共服务质量评估的研究大体经历了以下几个阶段。

1）2006～2009 年：政策带动、研究兴起

21 世纪初，中国政府提出并强调服务型政府建设，政府的“服务”理念受到高度重视、“服务”职能得到高度强化。由于以上形势的变化，在经历了“目标责任制”和借鉴西方的全面组织绩效评估的发展阶段(周志忍，2007)后，政府绩效评估进入了调整完善、深化发展阶段。加之，新公共服务理论等西方经验的传入和借鉴，政府绩效评估逐渐从全面组织绩效评估转变到公共服务绩效评估上来。

2003 年，党的十六届三中全会发布的《中共中央关于完善社会主义市场经济体制若干问题的决定》首次明确提出，“转变政府经济管理职能。深化行政审批制度改革，切实把政府经济管理职能转到主要为市场主体服务和创造良好发展环境上来”。2004 年初，在省部级主要领导干部“树立和落实科学发展观”专题研究班结业式上，时任总理温家宝提出，“我们必须适应新阶段、新任务的要求，更新发展观念，创新体制机制，转变政府职能，改进工作作风，完善政策措施，认真贯彻落实科学发展观”。2006 年，中国共产党第十六届中央委员会第六次全体会议通过的《中共中央关于构建社会主义和谐社会若干重大问题的决定》明确指出，“建设服务型政府，强化社会管理和公共服务职能”。2007 年，党的十七大指出，“加快行政管理体制改革，建设服务型政府”。2008 年，党的十七届三中全会提出，“推进城乡基本公共服务均等化，实现城乡、区域协调发展”。在党和国家系列政策的带动下，服务理念和职能成为最高领导层推进政府改革的核心抓手，推进基本公共服务均等化成为政府履职的重要要求。

这一阶段的研究带有明显的政策带动特点。随着新一届中央领导集体对政府服务理念和职能的重视，为了适应“服务型”政府的理念转向，学界将政府绩效评估研究的重点聚焦到政府公共服务的评估上来，针对政府公共服务的质量评估研究得以兴起。同时，随着党和国家对基本公共服务均等化的重视和推进，公共服务质量评估研究率先在评估理念、价值、框架、体系和服务均等化评估上取得进展。

首先，在方向引领和价值导向，部分学者开始注意到公共服务质量评估的重要性，并提出公共服务质量评估的理念、价值和框架等基础内容。陈昌盛和蔡跃洲(2007)从政府公共服务的基本理念出发，强调了公共服务绩效评估中价值取向的基础性地位；江易华(2007)从西方新公共服务理论的借鉴视角，提出借鉴服务理念和西方经验创新中国政府绩效评估；孟华(2009)更是直接提出，政府绩效评估的重点应从机构评估转向公共服务评估，并将公共服务评估作为政府绩效评估的主要内容。

其次，研究领域和研究议题上，这一时期的公共服务质量评估研究在评估体系构建、具体领域评估上得到了初步发展，并在服务均等化、地方政府服务、电子政务等议题上取得研究成果。盛明科和彭国甫(2008)结合服务型政府建设的政策转向，设计了政府公共服务绩效评估体系的完整框架。陈振明等(2009)结合厦门市的公共服务实务，依托二元评估

思路，完善了公共服务质量评估的指标体系。张钢等(2008)借鉴新公共服务理论，结合服务型政府建设的实践，提出了基于地方政府公共服务的质量评价体系；张强(2009)、臧乃康(2009)、陶振和叶敏(2009)从实现基本公共服务均等化的目标出发，着力于政府公共服务均等化的质量评估研究。此外，费军和余丽华(2009)运用公共服务的视角，构建了服务理念指导下的电子政务质量评估体系。

2)2009～2013 年：全面扩展、研究繁荣

2007 年，党的十七大指出，“加快行政管理体制改革，建设服务型政府”。2008 年，党的十七届三中全会提出，“推进城乡基本公共服务均等化，实现城乡、区域协调发展”。政府公共服务建设的推进，有力推动了公共服务质量评估研究的全面发展。中国公共服务质量评估研究呈现出“全面扩展”的良好态势，学者们在城乡、区域、社区、具体领域(科技、医疗、信息、体育、人口服务等)产生了丰硕的研究成果。2012 年，国务院发布实施了《国家基本公共服务体系“十二五”规划》，“建立健全基本公共服务体系，促进基本公共服务均等化”成为研究热点；服务质量评估研究呈现繁荣局面，学者们在评估的价值取向、体系健构、指标体系、评估方法等方面开展了丰富研究，并结合不同的实践层面(城乡、区域、服务领域等)进行了卓有成效的实证研究。

在价值取向层面，这一时期的一些学者开始关注、思考和分析了公共服务质量评价的价值取向，并在理论分析和比较研究中，系统总结了公共服务质量评估所应有的价值遵循。王欢明和诸大建(2010)提出在效率、回应、公平的价值指导下，进行公共服务的“技术效率和公众满意度”评估；李朝智(2011)突出了推进基本公共服务均等化的重要性和现实紧迫性，强调“实现基本公共服务均等化是中国建立服务型政府、落实公共服务职能的应有之义”，提出在公共服务质量评估中重视均等化的价值取向；徐淑萍(2013)强调了价值取向的确立对于公共服务质量评估体系构建的引领和导向作用，是公共服务质量评估“规范化、科学化、系统化、制度化的基础”；姜晓萍和郭金云(2013)高度重视“工具理性和价值理性的整合”对公共服务质量评估的重要性，提出从公共服务自身价值定位出发，构建“科学发展、公平正义、公民满意、公民参与和公共责任”为核心的公共服务质量评估价值取向。

在体系建构方面，这一阶段的研究者注重从整体化、模式化、体系化的视角进行研究，借鉴国外研究经验，提出了各具特色的评估体系、模型。李少抒和李旭辉(2010)基于珠三角基本公共服务一体化的实践要求，提出从“评估组织体系、评估技术体系和评估结果的应用”来构建公共服务质量评估体系；朱琳(2010)通过对企业服务质量评价模型——KANO 模型、SERVQUAL 模型、SERVPERF 模型的比较研究，提出借鉴企业服务质量评价的 SERVQUAL 模型，调整完善成为适合公共服务的质量评价模型；丁辉侠(2012)从公众满意度的视角出发，提出从“公共服务的数量、公共服务的结构、公共服务的态度和公共服务产品”四个维度构建公共服务质量评价体系；舒银燕和范亚舟(2013)从分析批判中国公共服务质量评价存在的不规范、不健全、不透明、不可持续、行为导向评价等问题入手，着重阐述了应从五个维度——“相关性、效率、效果和可持续性为准则开发绩效评价指标体系，建立以基本公共服务为核心的政府绩效管理制度，创新动态监测机制，规范利

益相关者参与机制，强化评价结果的使用和扩散”——构建公共服务质量评价体系；刘淑妍和王欢明(2013)通过国内外文献分析，借鉴国外公共服务质量评价的研究成果，着力从“价值理念、评价方法、评价指标”三个层面，试图构建中国公共服务质量评估的三维理论模型。

在指标体系和评估方法方面，这一阶段的研究突出实证取向，评价指标的设计和评估方法的研究与公共服务质量评价实践紧密结合。随着服务型政府建设的推进，公共服务质量评价在城乡、区域、服务领域等不同层面都得到了运用，指标体系和评估方法的研究也在公共服务质量评估实操中不断深化，形成了一批具有针对性、现实性、操作性的公共服务质量评估指标和方法。

一些学者立足于城乡公共服务实践，致力于城市和乡村公共服务质量评估指标和方法的实证研究。麻宝斌和董晓倩(2010)通过对长春市某社区的案例分析，分析了城市社区层面公共服务质量评估方法中政府指导评价和居民满意评价的优劣与适用，基于“显性的绩效评价指标和隐性的社区治理结构关系”，强调了城市社区公共服务质量评估中社会组织、社会资本、合作治理等因素的重要性；尚虎平和陈星宇(2013)以L市的公共服务实践为样本，运用相关分析等统计技术，构建了科学的指标体系，对该市的公共服务质量进行了评估，分析问题、提出改进建议；王俊霞等(2011)立足农村公共服务的情况，认为公共服务质量评估对农村公共服务改进具有指导意义，提出从“法制建设、制度规范、指标体系的构建和评价方法创新”等方面建立农村公共服务质量评估体系；王俊霞和鄢哲明(2012)从公共服务质量评估的主客观测量方法出发，认为农村公共服务质量评估应重视“农户作为绩效评价平等主体的参与”，提出农村公共服务质量评估指标体系需要“同时纳入机构和农户评价两个维度”；王薇和李燕凌(2013)立足于农村公共服务评估的内在要求，强调农村公共服务质量评估方法的创新，认为应从“公共部门投入产出比的工具性效率测度和农民满意度的非工具性效率测度”两个维度创新评估方法。

一些学者着眼于公共服务在不同区域的实践，理论联系实际，研究了公共服务在不同区域的质量评估问题。杨畅(2010)立足于长株潭城市群服务型政府建设实践，研究区域城市群公共服务质量评估体系；唐晓英(2011)关注地方政府公共服务质量评价的标准建设，提出以“职能导向标准、价值标准、效益标准、公平标准和公众满意度标准”为核心的标准体系；吴乐珍(2012)以省域为单位，评估公共服务质量的省际水平与差距；徐卓顺和丁晓燕(2013)运用因子分析法，对吉林省公共服务质量的省际和省内水平差距进行实证研究。

此外，在不同的公共服务领域中，公共服务质量评估研究也有长足发展。在科技(史敏和肖雪葵，2010；吴成颂等，2012)、医疗卫生(孙婧，2010)、文化服务(肖婷婷和黄燕玲，2011；尹章池和赵旖，2012；董德民等，2013)、体育事业(刘亮，2011；宋娜梅等，2012；王芹，2012)、人口服务(李云飞等，2012)等具体领域中，这一阶段的学者们致力于公共服务质量评估体系构建和方法运用。

3)2013年以来：总结反思、研究深化

2013年以来，催生了政府改革和建设的新思想、新论断，对服务型政府建设提出了新要求；加之，公共服务质量评估研究经过全面发展后，研究成果日益增多的同时，出现了研究质量参差不齐，研究逻辑亟待梳理等问题。因此，这一阶段的公共服务质量评估研究开始走向总结反思、深化研究的新阶段。

受以上宏观政策变迁和研究阶段性特征的影响，这一阶段的研究大体按照两条脉络加以展开。①经过全面发展时期，公共服务质量评估研究取得了丰硕成果，学术共同体开始总结梳理现有研究，发现不足、反思问题，在评估的价值理念、制度建设、方法完善上进行了深入研究。②党的十八届三中全会提出“推进国家治理体系与治理能力现代化”“推进基本公共服务均等化”，服务型政府建设出现了购买服务、公众参与等新理念、新趋势，公共服务质量评估研究也顺应治理理念和服务型政府建设的革新发展，对政府购买服务、公众参与服务和服务均等化等课题进行了深入研究。

首先，在梳理现有研究、总结反思、深入研究方面。本阶段在梳理总结的基础上，着重发现不足、反思问题，深化价值理念、制度建设、方法完善方面的研究。郭金云和苏楠(2015)运用知识可视化工具(CiteSpace)，对以往公共服务质量评估研究进行了文献综述，从概念内涵、价值取向、指标体系、实践模式的维度，梳理了研究现状，分析了研究不足，提出了研究趋势；沈亚平和陈建(2017)指出目前公共服务质量评价过于注重实践，面临理论和实践上的价值理性虚化问题，学界应以“核心-导向-过程的逻辑”，将人本、服务等价值融入公共服务质量评估过程，实现价值理性复归；韩万渠(2015)从当前公共服务质量评估运行机制失调的问题出发，反思现行运行机制的现状，提出建设“公民在场、媒体监督和行政问责”的公共服务质量评价创新机制；张金刚和刘志辉(2016)总结了现今中国公共服务质量评价制度及其存在的问题，提出以“公民本位的多元评价主体、评价制度的法制化、评价制度的整体性设计”为思路，深化公共服务质量评价体系研究；马亮和于文轩(2013)通过对第三方评估双案例的深入对比分析，创新了公共服务质量评估的方法研究；张月义等(2016)立足于现有方法论研究中主观因素对评估方法的扰动问题，应用田口扰动模糊法，深化了公共服务质量评价方法研究；王家合(2017)基于现有研究中存在的政府组织归因错误导致的评估效度问题，分析了归因错误的表现及原因，并针对性地提出解决对策。

其次，在结合政策变动、顺应时势、深化研究方面。该阶段的研究带有明显的政策导向，党的十八届三中、四中全会将“治理”和“法治”理念作为重要治国指导，服务型政府建设强调强化服务职能和实现服务均等化的重要性，并出现了购买服务、公众参与和法治化的新趋向。结合政策变动和服务型政府建设的时势变化，公共服务质量评估研究在强化服务均等化、公众参与服务、政府购买服务、服务法治化进程等方面进行了深化研究。孙彩红(2015)以全国地级市政府公共服务为研究对象，通过衡量地级市政府府际公共服务质量差异，提出了市级政府层面推进基本公共服务均等化的可行之策；杨光(2015)以省级政府公共服务为研究对象，运用泰尔指数对省际基本公共服务均等化差异进行了评估，分析了原因和改善策略；华彦玲和王江飞(2016)以江苏省下辖地区为分析样本，运用泰尔指数测度了地区间基本公共服务均等化水平，提出了针对性的促进均等化措施；睢党臣等(2015)运用改进的SERVQUAL模型，评估了农村公共服务质量现状，提出质量提升策略，力求推动城乡基本公共服务均等化；张启春和江朦朦(2016)运用“纵横向拉开档次综合评价法和数据包络分析法”，对2003～2012年10年间的全国31个省区市农村基本公共服务质量进行了评估，提出了促进城乡基本公共服务均等化的可行举措；原珂等(2017)专门对城市社区基本公共服务质量进行了评估，以期提升水平、实现服务均等化；曾莉等(2015)以某市警察服务为样本，专门研究公众参与公共服务质量评估的效度问题；高洪贵(2015)着重研究地方政府层面，公众参与服务质量评价的困境与出路；宁靓和赵立波(2017)则是从政府购买公共服务质量评估出发，研究公众参与其中的影响因素，力求巩固公众参与质量评估的主体地位；吴楠(2015)认为政府购买公共服务的质量评价刚刚兴起，需要以法治思维和方法完善评价制度；刘素仙(2017)着力研究了推进政府购买服务质量评估的价值维度和关键要素，为建立完善的政府购买公共服务质量评估体系和制度奠定基础。

2.3 公共行政领域关涉关怀伦理的研究

由于关怀伦理脱胎于西方女性主义思潮，在研究公共行政中的女性主义议题时，会有很多内容论述或启发到公共行政中的关怀伦理问题。为了参考文献研究样本的全面性，本书将女性主义和关怀伦理均纳入检索范围，结合研究内容，全面收集公共行政、公共管理和公共服务中所发表的关于女性主义和关怀伦理的文章，以期利于全面的文献综述。

如表 2-1 所示，国内关于公共行政领域的关怀伦理问题研究还处于初步阶段，CNKI 检索结果(不限年份)显示现共有 49 篇研究文章，研究文献较少，主要集中在：①公共行政领域的性别平等问题；②公共行政学科构建对关怀伦理的借鉴。此外，也开始出现在公共行政具体领域如人力资源管理、非营利性组织、社会工作、临终关怀等方面关于女性主义和关怀伦理的零星研究。

表 2-1 公共行政中的关怀伦理问题研究的 CNKI 检索结果(不限年份)

关键词		检索项	检索结果	主要内容
女性主义	行政	主题	33	行政学逻辑、政府建构 女性参与、女性公务员
	公共管理	主题	6	女性主义公共行政 性别平等、社会性别主流化
	公共服务	主题	3	社会工作、女性 NGO
关怀伦理	行政	主题	5	公共行政重塑、行政伦理
	公共管理	主题	0	—
	公共服务	主题	2	临终关怀

说明：检索项“主题”=篇名+关键词+摘要同时检索，有一满足即为符合。

来源：作者自制。

剔除与关怀伦理关系较小的女性主义关于追求公共行政性别平权，消除性别社会差异的文章，就关怀伦理而论，现有文献直接或侧面涉及了公共行政的如下问题。

2.3.1 关怀伦理与公共行政的非理性主义建构

从现有文献看，关怀伦理对公共行政非理性建构的研究文献主要涉及反思公共行政的价值基础，建构关怀式公共行政。

据挺挺(2015)借鉴女性主义和关怀伦理的视角，反思公共行政的知识生产方式，提出建构一种带有家长温情式的公共行政。琚挺挺(2015)借鉴关怀伦理的内涵，提出了人是一种“关系性的存在”，关怀伦理要求个人间的理解、倾听及其行动，也要求反思广泛正义的原则，制定有效的公共政策。琚挺挺(2015)从四方面总结了关怀伦理对公共行政的改造作用。①将关怀的价值取向引入公共行政的价值体系，将关怀与效率、公平等公共行政价值纳入互相依赖、互相关联的关系之中。②“公共事务范围需要进行调整，即将更富有‘关怀’精神的活动(如：学校教育、社区工作、对老年人的精神与健康照料等)提升到更为重要位置”(琚挺挺，2015)。③公共服务主体和客体间应具备关怀关系，服务主体作为关怀者“不仅需要具备关怀他人的能力，还需要致力于培养‘关怀’的德性，即‘照顾、同情、关心、爱心、体贴和慷慨的美德’”(赫尔德，2014)。④公共治理方式的适当转变，转变传统公共行政“案子”(Case)式的办事风格，呼吁“一种更为人性化的治理方式，即公共治理需要关心人们的现实生活，帮助人们解决其所面临的实际困难”(琚挺挺，2015)。

关于公共行政中的关怀伦理研究的外文文献，也是主要集中在运用关怀伦理反思公共行政的价值基础，提出公共行政的非理性主义价值取向，构建关怀行政的研究。

卡米拉·斯蒂福斯(2010)关注公共行政领域的规范性基础，他认为“公共行政形成了一种男性特质的意识形态或者说潜在规范，即所谓的‘兄弟关系’”。这种“兄弟关系”带有鲜明的男性特质，“这种意识形态将‘工作’抬高到更尊崇、更光荣的地位，从而将承担了更多家庭负担的女性，或者提供关怀、照料他人的公共事业边缘化，使得女性的职业前景日趋暗淡”(张乾友，2013)。

在此基础上，卡米拉·斯蒂福斯(2010)通过创造“机关男人”与“社区女人”的概念，以此来反思公共行政的价值基础。他认为“机关男人”们致力于构建去女性化的公共行政，结果，“正如在改革中女性牺牲了她们从事慈善工作时独特的女性方法，以便达到公事化实践的标准，因此，公共行政为了效率至上也牺牲了民主”。所以，尽管现代公共行政的效率中心主义追求不断取得进展，但公共行政的满意度并未呈现高相关性的提升，反而受到不断的批评。“要改变这种情况，就必须对公共行政的性别形象进行改造，承认社区女人的价值，并通过对这些女性化的行政价值的追求来达致社会公众的满意”(张乾友，2013)。

布尔涅(Burnier)进一步从关怀视角提出构建关怀型行政的主张。布尔涅提出“关怀视角的假设基础是关系，在公共部门中创建相互关怀的、民主的关系是与追求公共物品和服务提供中的官僚效率或市场效率同等重要的事”，“关怀伦理学坦承，满足一种‘更高的善’并不必然优于满足单个个体的需要，且个体不能被视作一种可以被归入特定范畴中的抽象”(张乾友，2015)。此外，关怀伦理学还将这种“关怀”贯彻到行政过程中，要求政府变革内部管理体制，即“一种以关怀为中心的公共行政应当采纳一种注重人际关系的领导方式，它试图在组织内外建立起相互关心的人际关系”(张乾友，2015)。

与此类似，Engster(2007)提出了关怀型政府的概念，他认为，关怀型政府的“首要目标是帮助人们生存、发展与避免不该有的或不必要的痛苦或苦难，使他们能够成为一个正常的社会主体，能够工作、关怀自己和他人、并追求美好生活”。鉴于此，关怀型政府需要对关怀关系中赖以需要的公共物品、依赖性关系和依赖关系中的弱势方提供关怀。

关怀型政府在本质上要求政府以“授之以渔”的方式提供公共服务，即政府职能致力于“提高个人关怀自身及其依赖者的能力，从而促进社会成员之间更好的相互关怀”(张乾友，2015)。这不同于福利国家式的政府直接施行关怀，而是将“服务的供给寄托在每一个人关怀自身及其依赖者的道德义务之上，进而要求通过关怀型政府来保障和促进这种道德义务的实现”(张乾友，2015)。

2.3.2 关怀伦理与公共行政价值的重塑

关怀伦理对公共行政价值的重塑主要通过两个方面展开：①从女性主义批判性别社会差异切入，批判公共行政的性别歧视，以引入女性特质如关怀等对公共行政价值进行重塑；②从公共行政的学科发展视角切入，通过分析公共行政学科发展的不同价值进路，以关怀伦理批判之，完善之。

首先，通过女性主义的性别社会差别批判入手，批判公共行政发展中业已形成的男性主导、边缘女性的深层价值歧视，提出回归女性价值，重视女性经验，进而引入关怀价值。卡米拉·斯蒂福斯(2010)从女性主义关怀伦理的视角，批判了公共行政对科学主义的追求和专业知识的崇拜。卡米拉·斯蒂福斯(2010)认为，“对科学客观性的宣称，对自主权的追求，它所寻求的权威本质上是等级制的，以及兄弟关系这种潜在的规范”；公共行政中的专业知识取向也受到了卡米拉·斯蒂福斯的如下质疑：专业知识强调客观中立、无偏见，以启蒙以来的西方思想发展来看，“专业知识通常与男性特质(如：理性、客观、稳重等)密切联系，试图通过抹去研究者的个人痕迹，以期获得一种硬数据的特征，从而将基于女性特质的观察方式(如：注重个人经验、观察、情感交流等)获得的‘知识’，放逐到某种极为次要的位置”(琚挺挺，2015)。因此，卡米拉·斯蒂福斯(2010)认为公共行政领域已经形成了一种男性特质的潜在规范。这一规范被定义为“兄弟关系”(brotherhood)，即“职业成员采用共享的规范和共同的看世界的方式”。这种“兄弟关系”的借喻带有明显的男性特质的意味，它意味着“职业”或“工作”需要的共同性知识被放到了更尊崇的地位；从而女性承担的家庭关怀活动、强关怀属性的公共事务被边缘化。总之，通过对公共行政价值取向的批判分析，卡米拉·斯蒂福斯揭示了隐藏在背后的男性意志，提出了对女性特质的重视。

其次，通过分析公共行政学科的价值演进，批判现有公共行政发展的价值进路缺陷，分析关怀伦理引入的可能性，提出关怀伦理对公共行政价值的重塑。

戴维·罗森布鲁姆(D.H.Rosenbloom)在其著作《公共行政学：管理、政治和法律的途径》中提出，公共行政学存在着三种不同的解释框架，即管理、政治和法律的框架，且各自基于不同的价值理念。具体而言，管理途径对应的是“3E”——经济、效率和效能，在新公共管理运动中，深化了对效率问题和基于顾客需求的效能问题的认识；政治途径更为关注公共性、回应性和参与协作等理念；法律途径则突出的是公平正义、公共秩序、公民权利等价值诉求(戴维·罗森布鲁姆和罗伯特·克拉夫丘克，2002)。“需要注意的是，管理主义途径仍然是当前公共行政研究的主流范式，对经济、效率、效益的追求仍是这一领域的主导理念”(马骏和刘亚平，2007)。

琚挺挺(2015)提出，运用女性主义关怀伦理转变公共行政价值理念十分必要，即“以‘关怀’为核心，重塑公共行政的价值理念”。琚挺挺(2015)同时强调，关怀伦理的重塑行为并不排斥效率、经济、公平等理念，关怀与效率、公平等理念根本不同但需要统一于公共行政价值体系。由于“关怀”要求关怀者对被关怀者的情景遭遇要有改变的能力，故而“关怀”的实现需要其与效率、公平相配合。但“关怀”又与效率、公平有本质不同，“关怀”意味着公共行政中对象的非匿名化，反对只关注“空洞、抽象的公共服务的数字”，“更加注重人之实际生活的改善”，“关怀是对效率、经济、公平等的一个有益补充，并且，它还影响着我们对于公共事务之本质、公共行政之方式的理解”。

最后，公共服务领域的许多基础研究已表明公共服务的非理性迹象，公共服务自身特性和服务过程蕴含的情景内涵和主观多因素影响，表明公共服务供给，在效率、公平、民主等价值导向外，更需关注具体情景下个体直觉、体验、情绪等非理性因素，因此，关怀伦理对公共服务价值取向的完善就显得十分重要。

张锐昕和董丽(2014)总结了公共服务质量的特质属性，其中分析到，公共服务质量具有交互性，即“公共服务质量无法像有形产品质量那样可以完全固化于某个物质实体上，它只能通过公共服务提供者与其服务对象之间的相互作用和影响来实现”，这明显体现出公共服务质量所具有的情景化特征。进一步，交互性导致的不可传递性，既然公共服务质量是具体情景下服务双方交互形成，“不同的服务对象受其性别、年龄、性格、阅历等的局限，会对公共服务质量有不同的感知”(张锐昕和董丽，2014)，进而不同公共服务间就不会有服务质量感知的传递，即公共服务质量是不可传递的。公共服务质量的交互形成，公共服务质量“在形成过程中会受到具体情景下情绪、环境、偏好等多重主观因素的影响”(张锐昕和董丽，2014)，质量的衡量具有模糊性。

詹姆斯·A.菲茨西蒙斯等的“服务包”理论，将服务界定为“一个由支持性设施内使用辅助物品实现的显性和隐性利益构成的‘包’，由支持设施、辅助物品、显性和隐性利益四个方面组成”(张锐昕和董丽，2014)。其中，“显性利益指那些可以用感官感知的和构成服务基本或本质特性的那些‘利益’；隐性利益指顾客在体验了服务过程之后所感知到的精神方面的享受”(詹姆斯·A. 菲茨西蒙斯和莫娜·J. 菲茨西蒙斯，2007)。不管是显性利益还是隐性利益，都强调了服务过程和事后感知；故公共服务的衡量不可缺少情景化的非理性因素的考量。

在公共服务的分类研究方面，也体现公共服务情景化下的非理性迹象。从按服务经历分类的角度看，间接使用者会更加基于服务的后果和其他的因素来衡量公共服务，而直接的服务接受者则是受到他们与服务提供者之间接触的过程和其他的因素影响(朱国玮，2007)。也就是说，公共服务在直接的服务接受者层面更需注意的是服务传递过程中的接触、交流以及伴随着的态度、礼仪等。

2.4　公共服务质量评估领域关涉关怀伦理的研究

根据表 2-1 可知，关怀伦理涉及公共服务研究的较少，仅有 2 篇指向临终关怀，直接涉及公共服务质量研究的几乎没有出现。既有研究更多是从侧面体现出了人性关怀的内容或关怀价值。因此，具体到公共服务质量评估研究，关怀价值更多是在质量评估的各个环节间接体现，本书即是从公共服务质量评估的具体环节中，展开现有研究所直接要求和间接体现出的关怀价值。

2.4.1 关怀伦理与公共服务质量评估的理论基础和价值取向

第一，公共服务质量的概念界定是公共服务质量评价的基础性工作。在纷繁多样的表述中，满足公民需要和期望是公共服务质量的落脚点，公民对公共服务质量的满意和感知评价是至关重要的质量评价维度(陈振明和耿旭，2016)。张成福和党秀云(2001)认为，政府服务质量是指民众第一次及每一次接受政府服务时，该服务均能满足民众的期望和需求。吕维霞和钟敬红(2010)则从客观质量和主观质量的角度具体阐释了公共服务质量的含义，并认为公共服务质量就是服务的卓越表现及公众的满意程度。公共服务质量围绕公民需求，关注公民满意和感知，侧面体现了人性关怀的观念，但更多的还是关注统计意义上的整体满意，还未能上升到关怀伦理层面。

公共服务质量的客观部分也是公共服务质量所不可缺少的。吕维霞和钟敬红(2010)认为客观质量指各种公共服务本身的产出质量和结果质量，以实现卓越的目标。陈振明和李德国(2011)则指出，公共服务质量是指终端使用者获得、享用公共服务的实际水平、可获得性、及时性、经济性、准确性和响应性等。王家合(2011)在地方政府公共服务质量管理的论述中，认为公共服务质量要以质量为中心、以全员参与为基础，关注公众满意和服务供给的优质高效。公共服务质量概念的客观部分主要体现了公共服务供给的功利性和公共性；同时，从公民立场设身处地考虑了公共服务的可获得性、及时性、参与性，着眼于公民更快捷、更具针对性地获取公共服务，一定程度上内含着对公民的关怀取向。

此外，贝尔特米(Beltrami)提出了公共部门质量的三阶段论，即“遵守规范和程序意义上的质量、有效性(效益)意义上的质量、顾客满意意义上的质量”(季丹等，2016)三个含义。公共服务质量已经不再仅仅指向符合程序和效率主义，顾客满意成为新公共管理运动以来公共服务供给最为重要的质量内涵，这其中内含着公共服务对公民个体需求和满意的高度重视，一定程度上体现了关怀伦理的人性关怀取向。

第二，理论基础是公共服务质量评价科学性的必要要件，公共行政的不同理论学派对公共服务质量评价研究的影响各有侧重。新公共管理运动时期的公共服务质量是公共部门对私人部门质量管理理论的借鉴，是公共服务与质量管理理论的结合，侧重公共服务的结果导向型成本效益分析。以公民为中心的新公共服务理论要求政府公共服务的质量目标，是及时回应公民对公共服务的需求和关注公民在公共服务中的公民权实现。以公民及其需求为中心，在公共价值理论和治理理论中体现得更为明显，公共价值理论和协作治理理论强调公民需求和参与为核心的公共服务，凸显了公民作为公共服务主体，对其需求和参与的全面保障(陈振明和耿旭，2016)，体现出了对公民需求和权利的关怀。

在公共价值理论和治理理论中，Coats 和 Passmore(2008)强调公共服务的公共价值理念，建立以公民为核心的服务供给，包括“将服务标准的公民需求化、服务供给公民参与模型以及以服务评价的民意优先等”。协作治理理论呼吁公共服务供给的“不同主体之间通过建立社会网络机制实现互助合作，充分利用社会资源、部门能力和公民责任提供公共服务”(陈振明和耿旭，2016)。

女性主义作为后现代公共行政理论的重要思想渊源，在女性主义发展而来的关怀伦理的影响下，公共服务也开始直接涉及关怀价值取向。张乾友(2013)分析了公共行政中关怀行政的趋向，及致力于顾客关怀的公共服务可能带来的社会不平等问题，关怀伦理开始在公共服务质量的理论基础中起到重要作用。

第三，在公共服务质量评估的价值规范方面，公共服务在管理主义和政治价值层面找到了不同维度的价值规范。Halachmi(1999)总结了公共服务供给形成的相互对立的两种质量观，即民主质量观和商业质量观。在服务价值取向的定位上，民主质量观注重回应性、公平性和参与性等民主价值标准；商业价值观倾向于管理主义，注重经济、效率和效益等管理主义标准。陈振明和耿旭(2014)在总结西方公共服务质量评估价值取向的基础上，提出公共服务质量改进的标准及价值目标可以分为不同的层次。首先，效率、效益等标准是基础；其次，回应性、公平性是政府在公共服务质量改进过程中追求的第二层次；“在不断回应的基础上，引入参与机制和协作机制”是第三层次。

以上公共服务质量评估价值取向，愈益走向政治价值取向，公民在公共服务质量评估中的重要性和主动性被不断重视，关怀伦理的价值取向就是在批判以上公共服务价值规范的发展趋向的基础上所引入的非理性价值标准。

2.4.2 关怀伦理与公共服务质量评估的标准制定

标准制定是进行公共服务质量评价的前提条件，将公共服务质量标准化后，才有可能实现公共服务质量的数字化衡量，质量评价才有开展的依据。在公共服务质量评价标准制定的研究中，主要遵循的是管理主义、政治价值尤其是正义理论的路径。现有研究主要包括以下方面。

(1)公民参与、需求导向与回应性。公共服务质量评价标准注重公民平等参与和需求意愿的满足，一定程度上体现以公民为中心的人性关怀。卓越等(2014)在公共服务质量标准的顶层反思中，提出标准化过程中公共性问题急需得到关注，具体包括导向上的公平正义和过程中的公开参与。根本上讲，这是将公民的需求和公民的主体性放在关键位置，这样的思辨反思，为公共服务中对公民人性关怀的伦理考量的出现奠定了基础。

国外研究也是在顾客满意的方面，体现出对顾客的关怀倾向。卡尔森(Carlson)和施瓦茨(Schwarz)的公共服务的质量标准，将个人关注——“测量的是雇员为公民提供信息并且利用这些信息来帮助满足他们需要的程度”(珍妮特·登哈特和罗伯特·登哈特，2010)纳入其中，体现了关怀顾客的理念。

(2)服务态度和服务传递中出现关怀价值的取向。公共服务态度纳入标准体系，体现出质量标准对具体服务中公务人员对公民个体关心与否的重视，这也体现了关怀伦理的价值取向。丁辉侠(2010)在分析公共服务质量影响因素的基础上，提出的公共服务质量一级指标体系中包括公共服务数量、公共服务结构、服务态度以及公共服务产品质量。Boyne(2003)在衡量公共服务质量时，将投入的质量作为重要维度，他将投入质量定义为公共服务的速度与可信度、服务人员的态度等。公共服务态度并不是关怀伦理的充分条件，服务态度也可能导向顾客满意等新公共管理的主张。但是，服务态度在公共服务日益强调公民参与的背景下不再仅仅局限于顾客满意而是关心公民，这为关怀的价值取向埋下了伏笔。

服务传递中的关怀取向，即公共服务提供方在传递过程中体现出的人文关怀。沙塞、奥尔森和威克奥佛(W.EarlSasser，R.Paul Olsen，D. D.Wyckoff)论述了三种公共服务绩效的维度：物质水平、设施和服务人员，他们发现服务质量不仅仅与结果有关，而且也与服务是怎样被传递的关系密切(朱国玮和刘晓川，2010)。

(3)在东亚儒家文化圈国家中，公共服务设计和传递中也体现出了关怀价值倾向。在深受儒家文化浸染的东亚儒文化圈国家中，公共服务质量评价除了借鉴西方国家的效率-公平-民主价值取向和量化方法外，基于人本主义的“仁爱”观念、“亲和”观念也被提到重要位置。这些观念，为发展公共服务中的关怀价值及其行为提供了条件。

由于受到儒家文化的长期熏陶，韩国公共服务质量管理就具有儒家文化色彩，这集中体现在韩国公共服务传递给公民的过程中所表现出的“亲切态度”“微笑服务”；例如，“亲切地接听电话”“以明朗、亲切的态度迎接来宾”，“对公务员进行‘微笑’培训，要求语言、表情让客人感到亲切、舒服，有宾至如归的感觉”(陈振明和李德国，2012)。

2.4.3 关怀伦理与公共服务质量评估的模式和方法选择

模式、方法等方法论问题是施行质量评估的关键步骤，在国内关于公共服务质量评价的方法研究中，关涉到关怀伦理取向的主要有以下两个方面。

1)既有评估模式意涵着对服务主体和对象的关怀

公共服务质量评价模式包含着组织内部成员的重要性和重视公民满意的取向，关怀伦理是对以上取向的深化，它注重组织内部人即重视关怀人的人，也注重对关怀对象的敏锐感知和满足。

公共服务质量评价的模型方法中，重视组织内部成员对服务质量提高的重要性的方法，与关怀伦理对关怀人的人的重视不谋而合。质量圈理论体现了公共服务质量评价对组织内部人的关注，这一理论认为公共服务质量的提高源于雇员的直接参与，质量提高是自下而上的途径，即“质量创新源于基层员工而非管理者，组织机构的不同要素的意见能够被倾听或者容易进行信息交换，服务质量将得到改善”(陈文博，2012)，组织内部资金和人力支持员工创造性地提供服务，服务质量形成一个圈层。质量圈理论注重组织内部人的创造性和积极性发挥，将其视为服务质量提高的关键，与关怀伦理在公共服务中注重关怀人的人不谋而合。Boyne 总结了公共服务质量评价的五种模型：“目标模型(强调公共服务标准的变化)、系统-资源模型(关注公共服务供给者获得技术支援的能力)、内部过程模型(聚焦组织如何利用投入的资源要素)、竞争价值模型(试图将上述的要素整合到一个评价指标体系中)以及多元持续模型(强调只有组织利益相关者关心质量改进)”(陈振明和耿旭，2016)。这些模型主要从管理学的角度分析高质量的公共服务提供；其中，以管理主义和组织理论的分析为主。但也在内部过程模型等部分内容中注意到了员工的发展、福利与质量改进的关系，这与关怀伦理对组织内部关怀人的人的重视有很大的相似性。

在公共服务质量评价模型方法中，对服务对象需求的感知和满足，初步体现出对公民的人性关注，一定程度体现了公共服务的关怀性，侧面体现了关怀伦理的价值取向。李晓园和张汉荣(2009)借鉴 SERVQUAL 模型以评估县域公共服务质量，在其中重视移情性因素，体现了对具体情境和特殊群体的关怀。朱国玮和刘晓川(2010)更是详细介绍了

SERVQUAL 模型中移情性因素，包括个别关注、方便公众、公众利益、特殊需求等。移情即是设身处地地为他人着想，在公共服务中就突出体现为公共机构对情景化的公民个人基于人性的关怀。SERVQUAL 模型的原创者——美国管理学者帕拉休拉曼(A. Parasuraman)将移情性界定为，设身处地地考虑公众具体情景下的感情、需求(Parasuraman et al.，1988)。在伦理学意义上，移情因素体现公共服务提供者对公民的人性关怀，是在公务人员和公民的具体关系中，体现公共机构对公民这个“他者”的责任，具有很强的关怀色彩。张钢等(2008)基于公民价值设计了公共服务质量评价指标体系，将情感价值列为重要维度，将其定义为公共服务所附带产生的个体需要满足效应，这也体现出公共服务质量评估需重视情感因素，而这正是关怀伦理意欲着力解决的。

2)诠释性评估为关怀伦理的公共服务运用打开空间

曹堂哲等(2013)总结了公共管理评估范式的历史演进，指出公共管理评估范式在“科学主义范式和非科学主义范式、实证主义范式和后实证主义范式、经验维度和规范维度、定性途径与定量途径之间展开了错综复杂、犬牙交错的争议”，进一步，他们将评估研究范式的演变划分为前后相继的三个阶段——“实证主义评估范式、诠释主义评估范式和整合评估范式”(曹堂哲等，2013)。诠释主义评估范式“扎根于人类学传统，通过与评估对象的深度观察和深度访谈，依靠定性数据和资料，形成对评估对象的全面深入理解”(曹堂哲等，2013)。

公共管理评估范式的进化，反映了从实证主义向后实证主义的演进取向，反映了单纯的科学主义方法论的不足，需要规范的价值取向评估。诠释主义研究范式通过扎根具体案例，全面了解评估对象，体现了基于深入具体情景进而研究个体对象的研究取向。这样的研究范式重视具体情景，关注个案群体的状况、需求，初步体现出了基于人性关怀的关怀价值取向。

第三章　关怀伦理及其理论体系

关怀伦理作为当代新兴的应用伦理学理论，受到女性主义的深刻影响，而女性主义的源起和发展离不开对性别歧视和社会性别差异的批判。在这样的背景下，女性主义发展在伦理层面，才逐渐产生了基于女性主义的、重视女性关怀经验价值的关怀伦理。因此，对女性主义关怀伦理的完整阐述需要交代清楚其被贬抑和忽视的历史，再结合女性主义的主张对关怀伦理进行阐述。此外，关怀伦理的跨文化阐释，必须考虑本地文化传统与关怀伦理的关系，以此方可形成具有适用性的伦理理论和实践。

综上所述，本章对于关怀伦理的理论阐述，基于关怀伦理的历史审视，重点说明女性主义对关怀伦理的影响和传统“仁爱”伦理的可资借鉴之处。最后，呈现出关怀伦理的伦理内涵和理论体系的完整内容。

3.1　关怀伦理的历史审视

3.1.1　传统道德理论对女性角色的贬抑

在能够匡清如何认识道德和践行道德的规范性理论中，自古希腊亚里士多德以来，总是两、三种理论占主导地位。义务论(尤其是康德的义务论)和后果论(特别是功利主义)是西方社会启蒙以来占据主导地位的传统道德理论，二者主要着眼于如何道德地行动，都是用抽象方法依靠普遍准则来推演道德问题，简言之，义务论和后果论都是唯理性原则的。就康德的义务论而言，绝对命令需要靠理性来理解，道德的行动需要理性意志来指导；对道德性而言，重要的是行为动机而非行为结果。就后果论来看，行为的道德性全在于其后果，后果的考量全在于所涉群体实现最大化的功利、幸福或偏好的满足，最大化的考量全在于运用理性计算所显示的最合理选择。

从传统伦理学的历史来看，道德理论的唯理性取向和美德特质都存在对女性的忽视和贬抑。在传统伦理建构中，原本男刚女柔的生物学意义上的性别差异，被男尊女卑、男贵女贱等社会文化所建构的社会性别差异所取代，这体现了社会价值主导者的意义指向，而主导者无疑是男性(彭华和杜帮云，2013)。亚里士多德认为，妇女是有缺陷的男人，是缺乏男性特有推理能力的人类；中世纪经院哲学家阿奎那继承了亚里士多德关于男女本性区别的概念；18 世纪时，卢梭认为妇女如果从童年开始不被灌输屈从于男性，那么社会将会崩溃；康德也认为，道德基于理性，而妇女缺乏理性，故而妇女不能成为充分道德的人；弗洛伊德将对妇女的偏见扩展到行为科学研究的方面，他把妇女归为心理劣势群体(赫尔德，2014)。伦理学发展的历史长河中，尤其是由于启蒙运动对西方现代社会的深刻影响，人们一直认为是理性给予了人类发展的荣光，理性必须克服“那些被认为是女性的东西和非理性、热情、感情和身体需要等黑暗力量，这些黑暗力量使女性身份几乎是长期不变，女性被视为有缺陷、不足和危险的”(Lloyd，1984)。

女性主义对传统道德理论唯理性特质所蕴含的男性支配取向做了深刻的道德性别差异批判，提出“具有普遍主义特质的传统规范伦理本身就象征着一种规训机制与话语权力的运行方式，在社会生活中体现的是男性权力支配的意识形态，权力、知识和价值规范的一体化”(胡军良，2011)。女性在传统道德的知识建构中被置于非理性的角色，“将女性作为自然、作为身体，在等级制结构中被贬抑、被忽略和被漠视”(罗蔚，2004)，女性角色在社会生活和道德建构中都被贬抑于主流话语之外。

显然，在主流道德理论中，伦理知识建构和思维模式的主体被限制在男性范畴，“女性变成了他者，这就无疑消弭了女性作为另一种伦理学主体的可能”，男性特质成为“无根据的普遍性——这种普遍性建立于对女性的排斥之上”(帕森斯，2009)。

3.1.2　传统道德理论对关怀价值的忽视

如上所述，传统意义上的主导性道德理论带有明显的男性特质，即强调“演绎推理乃伦理推理的核心方式，抽象与普遍的原则乃伦理运思的核心原则”(胡军良，2011)。演绎推理将传统道德理论聚焦于逻辑必然性，演化为披着“数学外表”的普遍原则(肖巍，1999)；抽象和普遍原则是传统伦理逻辑的核心原则，即“道德行为者让自己的道德体验服从于一个抽象的原则”(肖巍，1999)，康德的“绝对命令”和功利主义的最大化福利的原则都是普遍原则的具体体现。

主导性道德理论以推理式的普遍原则为根本构建方式，关怀特质天然地被忽视于理性的光环之中。如功利主义者所认为的“功利主义要求道德行为者同样地考虑到每一个感性生物，无论这个感性生物是自己的亲人还是陌生人”(肖巍，1999)，显然，功利主义排斥关怀伦理所诉求的基于血缘、亲缘的人性关怀。

此外，在20世纪中后期，源起于亚里士多德的美德伦理再次引起人们的研究兴趣，美德伦理作为主流道德理论之外的第三条道路，认为要培养良好品格的人、实现一个充满品德高尚的人的社会，那么，具有美德的人和社会将会做出富有美德的行为；但是，对于美德体系，研究者纳入了许多美德品质，但“一直未给与女性为主体的关怀实践以适当关注”(赫尔德，2014)。

3.1.3　公共行政学对关怀伦理的关注

自20世纪初公共行政学产生以来，公共行政学的发展路径和研究范式一直忽视关怀伦理所体现的对关怀价值的关注。直到20世纪后半期，女性主义关怀伦理研究的兴起，公共行政学中的关怀伦理研究才开始出现并取得一定的发展。

在公共行政学史上，D·Stewart第一次就公共行政中的女性主义关怀伦理研究进行了文献回顾，Stewart(1990)指出，“早期的文献很少关注女性从质量和数量上对公共服务的贡献。甚至到了20世纪70年代早期，在一些主要的公共行政著作里，女性还是被忽视”。Condit和Hutchinson(1997)统计了美国公共行政评论上刊登的由女性所著的和关于性别研究的论文，她们发现“很少学者尤其是女性学者的论文与性别相关，或是讨论主要与女性有关的公共政策”。她们得出结论，“在过去的三十年里，虽然女性主义研究和女性主义认识理论都在蓬勃发展，但很少迹象表明公共行政学界对此有所关注”（王宇颖，2011）。

公共行政学对女性主义关怀伦理的忽视，源于传统公共行政学的男性特质。作为传统行政学的理论基础之一，韦伯的官僚制理论旨在建立与工业社会相符合的组织形式。官僚制建立在他的统治正当性的权威分类中，魅力型、传统型、法理型权威都共同体现了理性分析的运思方式。在充满逻辑演绎、假设推论的关于权威分类的分析中，韦伯的分析充分展现了理性之光的魅力，这与传统伦理学中的唯理性特质一脉相承，带有明显的男性主导的特质。

男性主导之所以在公共行政学发展中一直自然而然的存在，这是因为现代社会的劳动性别分工导致对男性的性别崇拜，这种崇拜导致了男性的性别优越性，这种优越性潜移默化于公共行政学之中。现代性是启蒙以来现代社会的主要特征，“它将父权制时代产生的有关劳动性别分工的物质和意识形态遗产，与瓦解这种遗产、创造性别平等秩序的物质与意识形态力量结合在一起，这种迅疾变迁以及由此产生的相互矛盾的力量，不可避免地创造了性别崇拜的意识形态”（约翰·麦克因斯，2002）。

对男性的性别崇拜在公共领域十分突出，现代社会的政治构建、学科发展等诸多方面都是男性特质的唯理性主义的产物，以男性特质为主导的公共行政也受此影响，导致理性思维的主导地位，女性在公共领域中被边缘化。男性主导的结果在道德上的体现为男性特质在公共行政学中的道德优越性，由此，公共行政学中的性别差别衍生出了道德的二元对立，男性特质是好的、对的，是应该“统治”公共行政的，而女性特质则应该服从于这样的“统治”。这样，西蒙·德·波伏娃(1998)所说的“男性的神话”就得到了应验，“一个神话总含有一个主体，他把自己的希望与恐惧投射到超越的天空。女人未将自己树为主体，所以也没有创造过反映她们设计的男性神话。她们没有属于自己的宗教或诗歌：她们仍要通过男人的梦想去梦想”，“男性的神话使得女性进一步被边缘化，失去了真实的‘自我’，女性参与公共行政的基础被‘男性神话’掩盖了”（赵林栋，2013），女性主义所主张的女性特质的关怀伦理也就会被公共行政的“男性神话”所掩盖而被忽视。

随着女性主义关怀伦理理论自身的发展，特别是公共行政学发展对理性主义路径和公共行政的男性特质的反思日益增多，女性主义关怀伦理在公共行政学研究中逐渐得到关注。

理性主义深刻影响着人们建构世界的方式，在女性主义理论中理性主义是男性特质的关键指标，理性主义追求的是确定性，这就必然对一切不确定性会予以自然地拒斥。这样，理性与非理性、确定与不确定性等二元对立格局不断出现，这样的二元对立将社会分为公域和私域，将人类分为男人和女人。理性对人性关怀的漠视，导致公域与私域对立，男性与女性的对立，公共领域成为男性发挥理性之光的领域，公共行政亦不例外。公共行政学对以上理性主导造成的二元对立进行了反思，“公共行政要实现公域和私域的统一、男性和女性的统一，才能应对环境和社会结构变迁所带来的挑战”（赵林栋，2013）。

女性主义在公共行政学研究中的运用经历了女性主义经验论—女性主义立场论—后现代女性主义三种模式（王宇颖，2011）。在这一过程中，关怀伦理逐渐进入公共行政研究视野。女性经验论批判主流公共行政学的性别歧视现象，强调性别平等；女性立场论主张推翻公共行政学研究传统中的男性主导话语，构建女性主义为知识生产方式的公共行政学，但如此推倒重来犯了“女性的男性主导”的弊病(王宇颖，2011)。受后现代思潮的影响，公共行政学中的女性主义研究更多聚焦在了重构女性话语的视角，它从理性话语对包括女性在内的无边界或不确定性的人的拒斥出发，批判理性话语，通过理性的女性话语分析，取代理性的独尊性地位。例如，O. C. 麦克斯怀特(2002)通过对女性话语分析，“采纳以福莱特等实用主义者的观点为基础的公共行政模式，即与公民合作的实用主义模式”，用之以取代理性主导的公共行政构建范式。

3.2 女性主义视角下的关怀伦理

3.2.1 女性主义对女性和关怀价值的颂扬

女性主义对女性的颂扬以批判性别的社会差别为突破口，它批判了人类在性别的生理差别基础上人为地建构性别的社会差别，性别的社会差别造成褒扬理性、崇拜男性却贬抑关怀的不正当现实。

“尽管这个世界可以分成男人和女人，但对世界的治理却不可以简单分为男人的治理和女人的治理”(赵林栋，2013)。男女的社会差异是人类在政治生活、社会活动等活动足迹中建构出来的，男性被延展为理性、意志、公正等的素质集合，适合于公共活动；女性被视为感性、情感、关怀等的素质集合，适合于家庭活动。男女的生理之别，被社会建构为两种价值取向、两种社会气质之别，公共空间成为男性的独有性空间，女性被排除在公共生活之外，女性所代表的女性气质——情感、关怀等价值因素也被排除在公共价值之外。

女性主义批判了上述的性别社会差异，认为“在社会实践中，男性和女性并没有完全分开，处于公共领域的公共活动和处于私人领域的家庭活动之间存在着千丝万缕的关系”(范伟伟，2008)。

女性主义认为人类是女人、男人和儿童共同组成的，强调感情的重要性、关怀在道德生活中的重要性，它要求将妇女的经验与那些享有特权的男子的经验置于同等重要的地位。女性主义的核心主张即在于女性享有平等权利，女性经验(家务活动、养育子女、关怀他人等)都与道德理论相关，女性的道德经验与男性的一样重要。胡军良等通过关怀伦理的视角分析了性别差异下的道德理论之不同，即“道德的性别之殊”；他们认为女性主义以女性的另一类语言言说了一种“不同的声音”，女性主义在道德的价值取向上“以关怀伦理学呈扬了一种综观又不乏深刻的伦理思考”(胡军良，2011)，以关怀伦理打造一种不同于理性取向的道德价值。

3.2.2 早期女性主义关怀伦理的不足

1)关怀的“私有化”会催生新的不平等

在传统道德生活中，女性已经被封闭在家庭层面的关怀工作之内，如果强调关怀价值，就会给将女性局限于家庭关怀活动提供佐证，家庭的关怀工作本应男女共同承担，意欲实现男女平等的女性主义关怀伦理加重了本已经存在的男女不平等。

此外，关怀伦理“将关怀的主要责任赋予女性，有可能忽略家庭和社会中出现的种种暴力行为”(范伟伟，2008)，这种关怀伦理会强化女性对现状的沉默，乃至自我合理化解释，导致南辕北辙的实际效果。因此，这种意义上的关怀伦理并不能真正促成男女平等，反而会强化不平等的社会现实和性别歧视。正如Tronto(1989)所言，“关怀的‘私有化’使得我们讨论关怀的词汇逐渐变得枯竭和狭隘”。

2)关怀过于注重情景的重要性，限制女性参与公共生活

关怀伦理对具体情境的关注，忽视了现有社会体制对男女及对应的公私领域的框定。一旦关怀伦理对情景的强调被嫁接在现有的社会格局上，就会限制关怀伦理的视阈，但这并不是女性主义的过错。范伟伟(2008)就对此问题有深刻的认识。他认为，“男性统治的社会可能很高兴看到女性将精力都放在较小范围的情境中，因为这些注意力将会遮蔽女性对男性所偏好的更大范围的社会背景的感知与关注”，显然，“关怀伦理赋予碎片式的情境片段以极高的地位，就会限制女性对更广泛的公共领域的道德问题的视角”(范伟伟，2008)，关怀伦理也就背离了其提高女性地位和价值的初衷。

3)作为关怀的前提，理解他人境遇的困境

关怀得以实现的前提是人的同情心，通过关怀活动，设身处地地感知他人的遭遇，从而使自己的理解和他人需要的被理解达到一致，这种能力即是“通感”。

但是，依靠通感来进行关怀活动面临着一个很大的认识论困境，即你所感知的是对象的真实境遇还是自我想象的境遇。当我们看到一个人因为考试失利而沮丧不已时，按照关怀伦理进行关怀活动，我会设身处地地想，我也和他一样考试失利会是怎样的心境，以此我开始变得沮丧，我和他产生通感，进而引发有效果的关怀活动；可是，如果我在遇到考试失利时，不会陷入沮丧，情绪反应小，可能只是情绪低落、遗憾。这样一来，我对考试失利的境遇就会按情绪低落做出感知，按这一感知去对对象做出关怀，这一关怀是无效的，因为想象在对方遭遇的情景下自己的情感体验，不是总与对象对同一情景的情感体验一致，而且自己在发出关怀活动前无法确认这一一致性。由此可知，以感知为出发点的关怀是基于自我设想的情景感知。这样看来，关怀伦理的前提条件——感知情景，其实是个体对自我设想的他人遭遇的回应而已。因此，不对关怀人的人进行情景感知的严格界定和设计，关怀伦理就做不到“在具体的与他人相遇的关系中对他人的实际遭遇有所关怀”(郭菁，2011)。

4)关怀伦理论者过于激进地赋予关怀伦理独尊性地位

关怀伦理的重要代表人物吉利根，只是在批判女性经验被忽视的现实后，强调了女性所展现的道德取向与男性所具有的平等地位。但是，关怀伦理的另一位重要人物诺丁斯却在吉利根主张的基础上更加激进地突出了关怀价值的独尊性地位。

诺丁斯宣称，关怀伦理学要优于公正伦理学，关怀伦理主张的同情、关怀等道德核心价值更为优越；“‘男性化’特点的伦理观否认伦理主体发展过程中的社会性和相互作用性，强调人的分离性和孤立性，强调自由意志的各种形式的个人主义”(安乐哲和温海明，2002)；相反，关怀伦理关注具体情景中的情感性关系互动以展现和探求伦理问题，“具

有普遍性的不是原则，而是情感”（胡军良，2011）。

3.2.3　关怀伦理与义务论、功利论的调适

关怀伦理是随着女性主义思潮而出现的，产生时间较短，不同的关怀伦理论者对关怀伦理的理论体系，及其与传统道德理论的关系问题出现了不同的认识。在思想碰撞中，关怀伦理找到属于自己的伦理学定位，则是关怀伦理走向成熟的关键风向标。而这一定位的关键是它与义务论、后果论、美德伦理等现有伦理理论的相互关系的厘清。

随着研究的深入，关怀伦理论者逐渐意识到，关怀伦理与主流道德理论不再是非此即彼的替代性关系，“关怀伦理学者都不否认公正的价值，有学者还致力于将公正和权利的概念包括在关怀伦理学之内”（肖巍，1995）。

但是，关怀伦理也深刻批判了主流道德理论的抽象普遍原则和理性推理方法论。关怀伦理不再追求指导人们道德行为的终极道德原则，而是转而关注对具体情景的感知、关怀，道德不再是抽象原则的理性集合，而是具体关怀行为的蕴含；关怀伦理也不再崇拜理性推理的方法论，道德知识不再是道德的充分条件，美德即知识不再普遍有效，关怀伦理转向情景化的道德关系和体验。如诺丁斯所述，道德义务建立的根基在于“爱的情感、自然的情感关系而非形式化的理性”，道德教育的任务在于“培养人的同情心和体验他人痛苦的能力”（Noddings，2003）。

关怀伦理深刻批判了主流道德理论对普遍抽象原则和理性方法的推崇，同时也论证了关怀伦理不能否认主流道德理论所体现的效率、公平、民主等价值对社会的适用性。关怀伦理与主流道德理论各有适用领域，它们都是人具有道德性必需的两个视角，正如吉利根所言“人要具有合理的道德性即需要两种视角：男人要克服难以依附并且具备关怀，而女人要克服不愿独立并且关心正义”（赫尔德，2014）。

3.3　“关怀伦理”的伦理意涵与理论体系

3.3.1　“关怀”与“功利”“正义”“美德”

关怀伦理将人作为关系的集合概念进行研究，而主流道德理论是将人的理性高扬，理性背后体现的是独立个体的“自由意志”、逻辑推理的运思方式、唯一可证的宇宙真理，主流道德理论将人性假设建基于自由主义之上、自由政治和市场经济的背景之下。关怀伦理从关系型个人的理论假设出发，使得理性主义的个体假设和思维方式与其格格不入，个人不再仅是自由意志之独立个体还是互相依赖的关系个体。这样的伦理分野，使得关怀伦理成为一种和主流道德理论相竞争的理论，厘清关怀与主流道德理论——“功利”“正义”“美德”的关系，成为定位关怀伦理的关键。

1）“关怀”与“功利”“正义”

不同的道德理论告诉我们在道德性上应该重视什么，在道德实践中应该如何合道德性地行动。关怀伦理和正义伦理、功利主义都有各自强调的道德重点，三种伦理观的内容很容易分辨，但他们的关系却在伦理思想的交锋中难分清晰。

思想论争的重点不在于它们间非此即彼。关怀中需要正义，正如家庭中出现的暴力；正义中也需要关怀，因为法庭上永远存在弱者；如同 Ruddick（1995）所说：“正义总要与关怀前后出现”。争论的焦点在于哪种伦理在认识和实践中具有优先性，正义伦理和功利主义优先的理论将关怀价值作为补充，关怀伦理优先的理论将正义伦理和功利主义作为具体领域的实用伦理。

正义论和功利论的学者否认他们不能处理好关怀问题，他们都希望将关怀划入自己的伦理框架中去，正义与功利本不相同，但在与关怀伦理的对比研究中，正义与功利的相似之处要比它们间的差异之处的研究更有意义，甚至正义伦理被认为整合了康德义务论和功利主义的方法。这种观点认为，功利主义是“隐性”的正义伦理，它追求最普遍人的偏好最大满足，并通过偏好计算来衡量。这样的功利也依赖于一个抽象的普遍原则——最大化普遍福利，这一原则和康德义务论中的绝对命令一样，也成为功利主义中的绝对命令。因此，正义伦理在根本上包括功利主义，功利主义只是在偏好满足和计算方面优于正义论。

此外，一些关怀伦理学者认为关怀伦理替代正义伦理而占主导是不合适的，正义伦理的主导地位不能轻易撼动。如内尔·诺丁斯认为，应谨慎取代正义为中心概念的道德，“关怀怎么能独自处理结构性不平等和性别、种族、阶级和性取向方面的歧视”“关怀关系如何才能足以防止家庭暴力、犯罪控制以及国家间的暴力冲突？道德上的决定和后果似乎需要正义”（赫尔德，2014）。但是，很多关怀伦理学者也不愿将关怀伦理视为一种在价值上逊色于正义伦理的道德理论。Darwall（1998）认为，“把关怀的思考想象成仅是对主导性理论的添加附会”是不令人满意的；内尔·诺丁斯（2014）认为，“将关怀伦理学局限在私人领域，同时又认为关怀伦理学不适合公共生活”是必须反对的。迪玛特·布贝克以关注受压迫的妇女为切入，以关怀伦理来整合关怀与正义，她论述道，“关于正义的思考是从关怀实践本身产生的，故而正义也是适当理解关怀伦理学的重要方面”（Bubeck，1995）。

如上所论，关怀与正义的关系一直存在理论纷争，上述论争从侧面说明了关怀伦理和正义伦理都有各自合理的差异。随着关怀伦理的不断完善，关怀伦理论者不再过于强调关怀和正义整合于一个道德框架中，因为这样的整合会丧失两种伦理的合理差异。提出一种综合性道德理论包括正义和关怀的合理差异同时又不失各自优先性，成为关怀伦理的重要任务。“关怀”与“正义”的关系从竞争性关系，过渡到更合理的包容而不失各自优越性的互鉴共存关系。

在关怀伦理中，“关怀”与“正义”“功利”各自保持其概念独立性，它们之间的关系体现在以下方面。①各自的优先适用领域不同且需要互相配合。政治和法律层面，正义和功利应具有优先性，但对特殊群体（如妇幼、残疾人、老人等）的公共政策须要充满关怀；在家庭和朋友层面，关怀具有优先性，但不应忘记公平的性别劳动分工和免除家庭暴力需要正义；在人道主义层面，普遍人权是正义的优先领域，但跨区域、跨文化的普遍人权实现又需要人性关怀。②关怀是深层的基本价值，“关怀可以没有正义，没有关怀却不会有正义”（赫尔德，2014）。关怀伦理不再要求关怀整合正义，使得正义失去其合理差异的部分；而是承认关怀与正义各有优先性，并在各自领域发挥作用。但是，关怀伦理认为关怀价值具有背景性，即它不再替代正义，但正义的思考离不开关怀价值。产生这一认识的基础是社会产生与运行的客观情况，社会实践告诉我们，生命的诞生和个体形成完善人格以前需要大量的关怀，朋友关系、人际往来都需要且希望存在关怀，关怀让人际关系有了家庭关系的温度，是人们希望的，也是实际中人们追求的。显然，没有关怀，我们不可能有其他一切关系，正义得以运行的公民社会也离不开关怀关系的大背景，关怀要比正义更合适地解释社会运行的实际情况。没有正义(如极度压迫的社会)，生命仍然在成长，这一过程中的家庭关怀伴随存在；但没有关怀，就没有生命的养育、没有健全的人格，这样建构的社会，人不再是其目的，公然违背康德义务论之"人作为目的的存在"的绝对命令，正义也就不复存在。

2)"关怀"与"美德"

关怀伦理将女性特有的关怀活动加以道德化和普遍化，致力于道德层面对关怀特质的重视和关怀实践的强调，这样的关怀伦理本身就有将关怀作为一种高尚美德的意味，美德伦理和关怀伦理学者都有将关怀作为一种美德的论述。在一些关怀伦理学家看来，关怀伦理学是一种形式的美德伦理；在美德伦理学家 Slote(2001)看来，"关怀是最重要的美德，以关怀为动机的道德性思考能够提供关于对和错的行为和政治正义的总体描述"。由此观之，关怀伦理与美德伦理确有相似之处，两者都要重视关怀作为一种重要的道德品质，都认为个体道德品质必须被培育和塑造。

虽然"美德"与"关怀"有相似之处，但根本上二者是不同的，美德伦理注重个体品格，而关怀伦理更注重关怀关系，关怀关系在关怀伦理中具有首要价值地位。美德伦理学实际上关注的是道德动机，关怀伦理当然有美德或动机问题，但不只如此，关怀伦理更重视"有德之人对被关怀者的行为的后果"(赫尔德，2014)。

3.3.2　体现"关系"的关怀

1)关系与情景——情感关系与非对称情景

通过关怀与"正义""功利""美德"关系的剖析，关怀伦理的定位明显立足于"关系"，这不同于一般的社会关系，关怀伦理之"关系"始于母子、母女关系，即此种"关系"带有强烈的情感色彩。内尔·诺丁斯(2006)认为，"关系性自我的发展始于子宫"，Ferguson 和 Folbre(1981)提出"性情感生产"的概念来解释这一情感性关系，其认为家庭中母亲与子女的关系依托于"生育、养育子女，并提供抚育、情感等"的"性情感生产"过程，关怀提供的是有感情地培养关系。

始于母性关怀活动就意味着关怀从开始就是典型的面对面的关系建立、维护、发展，不仅如此，随着关怀活动的发展，在亲属、朋友乃至公民社会层面，关怀伦理之"关系"也指向如同家庭关怀那样的具体个人间面对面的关系，关怀态度和行为发生于面对面的具体关怀者和被关怀者之间。因此，关怀伦理之"关怀"具有典型的情景性特性，即关怀关系体现在具象人际关系中，而非抽象普遍的关系中，关怀价值的生发和关怀行为的实践都是在具象情景中完成的。

这样的情景具有非对称性，在关怀关系的情景中，关怀的出现是他者的依赖，触发关怀者高尚的关怀美德而实现；在其中，他者是主导者，关怀取决于他者的需要，他者不需要向关怀者进行关怀活动。因此，关怀关系的情景中，关怀者与被关怀者关系是不对称的。

虽然，关怀伦理学家内尔·诺丁斯曾主张，关怀关系是平等关系，需要我关怀他者，也需要他者对关怀做出回应；但是，内尔·诺丁斯含混了他者作出回应与他者作出关怀间的概念差异，他者的回应不等于他者在关怀被关怀者。倘若，关怀关系也要求他者对被关怀者的关怀作出报答，“那么这种关怀就不是无条件地为他者，而是有条件地为自我”，“如果坚守道德是为了获得某种回报的话，那么这就不是道德了”（郭菁，2011）。所以，在关怀的情景中，关怀关系是一种非对称的伦理关系，关怀只关注关怀者对他者的单向度的关怀行为。

2）照顾与美德——饱含关怀美德的照顾行为

“关怀”与“美德”之关系的论述告诉我们关怀包含关心、信任、同情等富于关怀价值的美德，更包含在具体关系中实现关怀价值。简言之，关怀有单纯的关心，也有“照顾他人”的关怀活动。

“照顾”是关怀在实践层面褪去道德动机的朴素表达，“照顾”顾名思义是照看、看护的意思，达成这种行为，一是需要被照顾对象存在，二是基于人道主义和人际互助角度的浅层情感和意识被激发。在这种条件下，照顾者出于人道主义和互助互爱的共同体意识与情感，对需要被照顾的对象施行了照顾行为。显然，照顾行为表达的意识和情感并未到“关心”的层面，但已和关怀行为有了某种关联，就如赫尔德(2014)所说，“与关怀伦理学相关的关怀必须至少能够涉及诸如照顾别人的活动……关怀远不止这一点……行动上照顾别人和有温暖爱心地关怀别人是不一样的”。

真正的关怀是美德与行动的统一，拥有关怀美德即高尚的关怀动机很重要，否则，对被关怀者满足其需要的活动就完全沦为照顾劳动乃至投机行为。关怀的美德包括爱心、关心、体贴等源起于母爱、伴随于关系的心理特质，它们单独不足以完整诠释关怀，但关怀缺失了它们则沦为照顾工作乃至投机活动。就如赫尔德(2014)所质疑的一样“只要欺骗成功，有人会走过场地关怀孩子，同时希望这孩子死亡，这类关怀行为和另一种有好意又有感情地寻求对孩子最好的关怀在道德价值上能一样吗？”。

3）依赖与感知——回应依赖与倾听通感

上文已阐述了关怀伦理之关怀本质上是一种情感性关系体现，关怀关系既有关怀行为也有关怀动机，二者缺一不可。在微观层面，关怀关系之行为和动机的结合要求关怀者以关怀美德对被关怀者的需求，感知之、回应之、满足之。

在关怀伦理的视野中，被关怀者的需求，不是一般意义的任何需求，也不是功利主义意义上的普遍化福利需求。关怀伦理中的“需求”更精确的表达是“依赖”，正如Bubeck(1995)论道：“被关怀人的需求具有这样一种特质，它不可能从所需求人自己那里得到满足”，关怀是“针对特定一部分的人类基本需要作出的反应，比如说那些使我们依赖他人的需要”。

关怀伦理要求关怀者对被关怀者的依赖性需要，感知之、回应之、满足之，这样的满足需要的过程，关键步骤就在于正确地感知，做到正确地感知是关怀者设身处地地感知被关怀者的情景，倾听被关怀者反映的需要，将其感知转化为自己的感知，即以己感知描述彼感知——通感。切忌以自我为中心，想象如果我是他，我会如何如何，总要提醒自己，他人总是有不为我所知的一面，更多地倾听他人，由他人来决定我需要回应什么。

4）层次与结构——圈层嵌套与价值结构

关怀作为情感性关系，注重的是面对面的具体情景，加之其始于母性关怀的现实，决定了关怀关系具有“由近及远、由亲及疏”的圈层嵌套特点。内尔·诺丁斯就指出：“关怀是以自我偏离为特征的，我非常关心和我交往亲密的人，而对离我生活较远的人却显得有些淡漠……关怀的行为是随着条件状况和关系类型而改变的”（范伟伟，2008）。内尔·诺丁斯认为关怀的发生是一个以自我为中心的圈层：“关怀是一个以‘我’圆心，根据与人交往强度和频率的不同为半径的圈层结构，对于较近的内圈，‘我’付出的关怀最为强烈；对于较外圈的陌生人，即使想要关怀也不是那么容易达成，反而需要诉诸伦理关怀的激励，甚至可能还会受到现实条件的制约”（范伟伟，2008）。简言之，关怀的圈层嵌套呈现为：母爱关怀（基于生育）—家庭关怀（基于血缘）—亲情关怀（基于亲缘）—朋友关怀（基于人际网络）—公民关怀（基于公共精神）。

关怀伦理的结构性特征也体现在关怀伦理与义务论、功利论的关系中，即作为背景性基础价值，关怀与正义、功利的优先性领域和相互关系。如前文对关怀与正义、功利关系的分析，关怀伦理的结构特征体现在三个方面：一是关怀关系是道德判断的背景性价值取向；二是正义、功利和关怀的优先性各有适用领域，正义伦理主要在法律和政治事务内具有优先性，功利主义在公共政策选择的方法论是有益的，关怀伦理的优先领域体现在能力缺失群体的公共服务、体现情景关系的社区、体现人文价值的文化活动等；三是各个价值的适用是优先性的适用，不是绝对排斥其他价值，在关怀伦理的适用领域需要正义伦理和功利计算，正义和功利价值的适用领域也需要关怀价值的补充。

3.3.3　“关怀”与“仁爱”

关怀伦理是女性主义生发而来的理论成果，仁爱伦理是传统儒家思想的重要内容。“关怀”与“仁爱”在概念内涵和具体内容上有诸多联系和区别，在运用关怀伦理进行批判分析时，需要厘清关怀伦理之“关怀”与仁爱伦理之“仁爱”的相互关系，以更好明晰关怀伦理的伦理意涵。

1）二者都是关系性建构，仁爱基于社会角色，而关怀基于女性经验

关怀伦理和仁爱伦理都重视关系的意义，它们都反对将社会作为契约建构的结果。契约建构意味着个人权利自主，个人权利满足，道德就实现自足，关怀伦理和仁爱伦理都不认为道德基于个人权利，而是基于社会关系。

儒家仁爱伦理认为“忠孝同义、家国同构”，社会即是家庭功能的延伸，不存在公私域之确然而分。仁爱伦理的道德认识不存在个人权利的空间，道德事关个人的社会角色，在这些社会角色构成的关系中，道德观念及其行为才得以产生。《荀子·王制》曰：“力不若牛，走不若马，而牛马为用，何也？曰：人能群，彼不能群也。”这表明人区别于动

物最显著的不同是“能群”的能力，“荀子所说的‘群’并非天然的群居之群而是人为建立起来的社会关系”(李丹丹，2015)。所以，儒家对社会性关系的重视可见一斑，仁爱伦理正是建立在关系的社会性基础上。

关怀伦理也认为道德建构于社会关系，但它更强调母子关系是首要的，是其他社会关系的雏形。正如吉利根所言，关怀伦理关于“道德理解的建构并不是基于个人的首要和普遍权利，而是基于对世界强烈的责任感”(Chengyang L，1994)。同样都是对关系的重视，指导关系的核心道德概念，“仁爱视角就是仁，女性视角就是关怀”(范伟伟，2008)。

仁爱伦理与关怀伦理的不同之处在于，对关系的内容认识上，仁爱伦理所指关系与关怀伦理有本质不同。儒家仁爱伦理的关系是以个体的社会角色为依托，指导原则以仁爱为准，这意味着不同社会角色——父子、君臣、夫妻、朋友等的关系都需要仁爱准则且具体内容不同，所谓“父子有仁，君臣有义，夫妻有别，长幼有序，朋友有信”(杨伯峻，1960)。但是，关怀伦理则不看重社会角色在关怀中的重要性，关怀价值不存在基于不同社会角色的不同内容；关怀伦理所指的关怀是从女性的家庭关怀活动出发，注重在个体具象关系中对被关怀者理解、通感，施行关怀。

2)二者都主张差别关爱，但仁爱基于礼制，而关怀基于实践

仁爱伦理与关怀伦理都注重关爱，仅在是否可以差等关爱上有所不同。儒家仁爱伦理和关怀伦理，都认为关爱不可能是等同、均一、无差别的；儒家仁爱伦理讲求“爱屋及乌”，关怀伦理认为母爱是关系的基础，关怀从母子、家庭、亲情、朋友、公民社会依次展开。

儒家仁爱伦理特点是“推己及人、由近及远”，孟子曰：“老吾老，以及人之老；幼吾幼，以及人之幼”，儒家强调孝悌是仁爱的基础，“君子务本，本立而道生。孝悌也者，其为仁之本与”(张岱年，2011)。

关怀伦理的核心也是对人的关爱，它是从实证性的女性关怀行为和特质入手，显示了由女性关怀特质生发的关怀伦理是由人际间关爱行为所维系的情感性关系。吉利根在对女性的个案研究中揭示了关怀的普遍性，卡罗尔·吉利根(1999)指出，“在妇女心理发展的过程中，充满了对他人的关怀和关切”，“妇女不仅在人际关系背景下定义自己，而且也根据关怀能力判断自己”。她认为“你必须爱别人，因为你与他们不能分开。爱的方式就如同爱你的右手一样，它是你的一部分。其他人是巨大的个体集合中的一部分”(卡罗尔·吉利根，1999)。

仁爱伦理与关怀伦理的区别在于“关爱”依托的背景不同，仁爱伦理所论的“爱”背后是遵循“礼制”，而关怀伦理所述的“爱”背后是注重“实践”。

仁爱伦理的“礼”集中体现在儒家仁爱伦理上，儒家伦理向来都是把“礼”和“仁”结合论述。孔子认为“克己复礼为仁”，仁和礼是内容和形式的关系，礼的形式必须具有仁的内容，孟子也认为礼是仁义的表现形式(张岱年，2011)。对礼的尊崇尤其是在秦之后，客观上对古代中国压迫妇女起到了推动作用，儒家仁爱伦理所主张的差等之爱就带有了性别等级的意味，这样的仁爱对女性是不平等的、不尊重的。

关怀伦理之“关爱”不仅体现在将关爱作为人的一种美德，更要求关爱必须落到实处，即关爱必须具备美德与行为兼具的特质。儒家仁爱伦理将“仁爱”定位为君子必备的品质，既体现了对人类的情感关心，又体现了维护这种情感关心所产生的仁爱道德品质；故而儒家仁爱伦理偏向于美德伦理。就如范伟伟(2008)所总结的：“即使最初出发点是出于对孩子的同情心，但是儒家的落脚点主要是对关怀者‘美德’的提升，而关怀伦理的落脚点却是对‘关怀关系’的维护。”

3.3.4　关怀伦理的理论体系

前文已经将关怀伦理的伦理内涵、伦理关系(包括传统仁爱伦理与关怀伦理的关系)作了全面介绍。现就关怀伦理的理论体系做一梳理，以利于后文对关怀伦理具体运用的展开。

1)关怀伦理的内容体系

关怀伦理的内容体系如图 3-1 所示，关怀伦理本质上强调情感性关系对公民个人和社会关系建构的重要性，家庭情感性关系衍生出社会关系是关怀关系的实质特征。关怀伦理也强调关系与美德结合，即既要有关怀关系的实践，又要有关怀美德作为高尚的道德动机相伴左右。在关怀美德的伴随下，关怀的进行和实现包括以下步骤：他人出现依赖性需求，关怀者在高尚关怀美德的自觉下，投身行动，通过通感以倾听、感受他人依赖性需求的真实情况，继而通过回应需求、努力满足需求实现对他人的关怀。

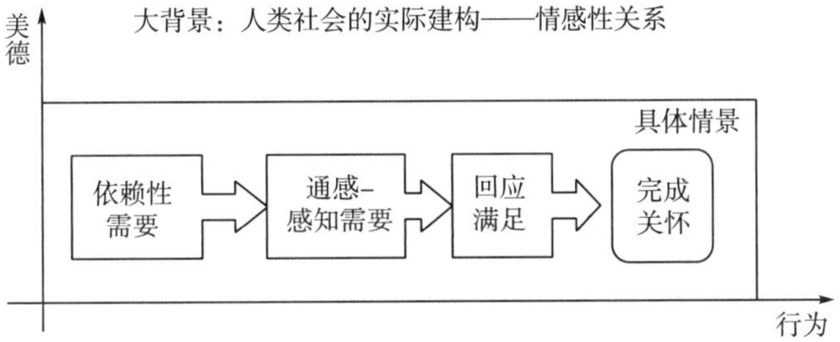

图 3-1　关怀伦理的内容体系

来源：作者自制。

2)关怀伦理的时空构成

关怀伦理的时空构成如图 3-2 所示。关怀伦理的圈层嵌套结构表明关怀始于母爱，会随个体年龄成长不断扩展；扩展的依据在于关怀伦理所主张的情感关系，在人的一生中有不同的表现，从母爱、亲情、友情一直到同为人类共同体的公共精神。因此，关怀在个体生命的不同阶段就会生发不同的表现形式，这些关怀关系是随着人的成长依次生发、层层嵌套的，即母爱关怀(基于生育)—家庭关怀(基于血缘)—亲情关怀(基于亲缘)—朋友关怀(基于人际网络)—公民关怀(基于公共精神)。

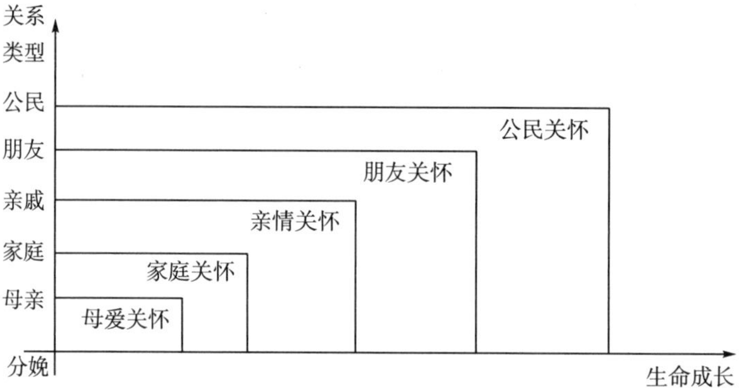

图 3-2 关怀伦理的时空构成

来源：作者自制。

3) 关怀伦理的价值结构

图 3-3 总结了关怀伦理的价值结构，如前文所述，“关怀”与“正义”“功利”间的价值结构的主张包括：①关怀价值是背景性价值取向；②正义、功利和关怀的优先性各有适用领域，正义观主要在法律和政治事务内具有优先性，功利论在市场经济和公共政策选择上具有优势，关怀伦理在能力缺失群体的公共服务、体现情景关系的社区互动、体现人文价值的文化活动等中有优先性；③各个适用领域不绝对排斥其他价值，关怀伦理的优先适用领域需要正义伦理和功利计算，正义和功利价值的优先适用领域也需要关怀价值的补充。本书所研究的公共服务质量既有公共性又有供给的成本与效益考量，还有对服务对象的人性关怀，兼有三种价值取向，且在不同的公共服务质量评价领域，三种价值取向的优先性各有不同。

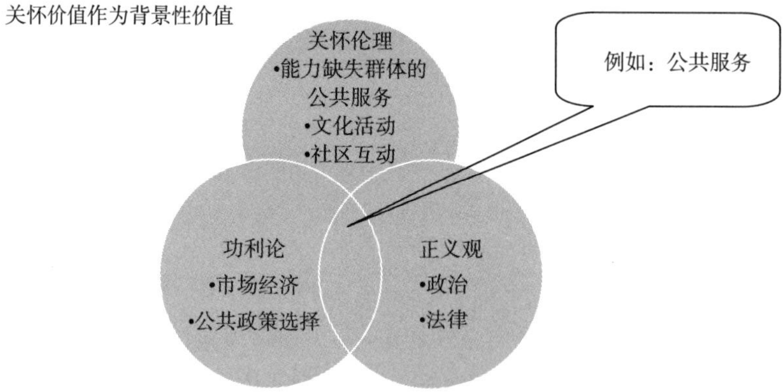

图 3-3 关怀伦理的价值结构

来源：作者自制。

第四章　公共服务质量评估的理性主义建构逻辑

公共行政领域的评估问题研究，是伴随着公共政策学科的发展和新公共管理运动而出现的。公共政策领域的政策评估和新公共管理运动所致的私人部门绩效评估理念与方法引入公共部门共同造就了公共行政学中评估问题研究的兴起。尤其是新公共管理运动以来，私人部门的评估理念和技术被全面运用到公共部门，再经过新公共管理运动后期的新公共服务理论、协作治理理论等的扬弃，公共部门运用的评估理论和技术日臻完善。在这样的背景下，公共服务质量评估在公共服务研究领域逐渐兴起。

在此需要特别说明的是，公共服务领域的评估经历了绩效评估到质量评估的理念演变。公共服务绩效评估，借鉴了私人部门的绩效评估理念和工具，突出的是“3E”评价，即经济、效率、效益评价。公共服务质量评估，吸收了新公共管理之后的新公共服务和治理理论等理论观点，完善了绩效评估的民主价值，体现的是效率效益、公平正义、参与协作取向的评价。

从绩效评价到质量评价是公共服务评价理念的批判性发展，梳理公共服务质量评估的研究现况和建构逻辑，离不开对绩效评估研究的梳理和总结。尽管，当下仍然存在沿用绩效评估话语体系的现象，但其内涵与质量评估的话语建构已经逐渐统一，故本书用质量评估这一概念统辖全书。

综上所述，公共服务质量评估是在新公共管理运动及其后续“理论丛林”的影响下发展起来的。回顾20世纪70年代以来公共行政学的发展历程，这两大思潮背后本质是管理主义和民主相交织的思想底色。新公共管理运动发端于西方国家经济“滞涨”和社会动荡导致的合法性危机，采用了被企业部门高度发展的经济结果导向的管理工具包，以实现公共部门节支增效，“3E”标准成为其代名词。新公共管理运动后期，无论是新公共服务理论还是协作治理理论等，都在回归公共行政的民主价值。

无论是管理主义还是民主主义，背后体现的都是理性的巧夺天工。理性属于认识论范畴，得益于近代自然科学的发展，理性自启蒙运动以来，成为主导的知识生产方式。尽管理性传统在哲学史上分化出诸多流派，但它们有一些共同特质：崇信普遍原则，对认识的唯一性和确定性的追求，通过演绎推理和经验归纳的方法合逻辑地得到或证实具有普遍性的结论或理论，理性获得知识离不开经验材料，但数学除外（它可以单纯用推理获得知识）。公共行政领域的管理主义和民主主义都有各自坚持的普遍原则——经济效益或民主价值，得到结论或者证实理论的方法都是通过对经验的归纳推理或演绎推理（即逻辑实证主义），都将知识的数学表达与运用作为理性主义的最高形式。

公共服务领域对质量评估的主流研究逻辑也是遵循以上理性主义的建构思路，即普遍价值原则、逻辑实证的方法论、追求数学化。如图 4-1 所示，在普遍原则方面，公共服务质量评估存在崇信普遍价值原则的意识，无论是 Subirate Joan 的民主和商业质量观分野，还是陈振明和耿旭(2014)提出的“效率、效益—回应、公平—参与、协作”公共服务质量评估三重价值观，都体现了公共服务质量评估对普遍价值原则的追求，只不过在内容上各家争鸣。在方法论上，逻辑实证主义的方法在研究中更为普遍，通过对经验事实的量纲化，赋予公共服务质量各个层次以度量体系和基本度量单位，这样，经验事实更容易地转换为统一的数据形式，演绎推理在便捷采集数据的基础上，把经验事实上升到普遍结论。最后，数学化的倾向在公共服务质量评估中占核心地位，尤其是在对经验数据的数学模型实证分析中更是如此。正如 Drucker(2003)所说：“无法度量就无法管理”，评估的研究不管目的如何、评估对象如何、依据价值如何，在方法上都突出对评估对象的“测量、评价、判定”(曹堂哲等，2013)，这样的要求实质上突出了经验事实采集的数据化，通过运用数学模型得到合逻辑的结论。

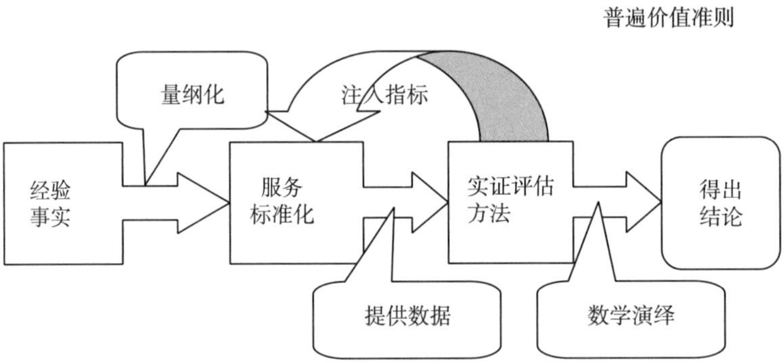

图 4-1　公共服务质量评估的理性主义建构逻辑

来源：作者自制。

陈振明、刘祺等所提出的公共服务绩效评价体系的开发模式，很好地印证了公共服务质量评估的理性主义建构逻辑。陈振明等(2009)提出，公共服务绩效评价体系的开发模式包括：“价值原则、评估主体、指标体系、评估方法和制度安排”五个方面。具体而言，公共服务绩效评估体系的建构“必须坚持公众导向的价值原则”“坚持多元评估主体”“坚持以结果为导向，‘软’指标和‘硬’指标相结合”“坚持公众评议与多指标综合定量评估相结合的评估方法”“完善反馈、奖惩、改革与创新等制度安排”。这一公共服务绩效评估开发模式是典型的理性主义的建构逻辑，公众导向的价值取向是他们所信奉的普遍原则，评估指标化、公众满意度与客观数据量化方法体现了明显的逻辑实证主义方法论和运用数学模型进行推理得出知识的倾向；整个开发模式体现了“价值指导-评估主体-评估内容(指标)-评估方法-反馈、运用、创新”的逻辑链条，以理性的方式将公共服务绩效评价建构成一个逻辑完整的体系。

4.1　追求具有普遍性的价值法则

顾名思义，公共服务质量评估就是对公共服务质量的性质和状态进行定性和定量描述与分析。评估的前提就是要确立对公共服务质量的内涵认识和价值追求。只有对何谓好的或者值得尊崇的公共服务质量有了正确的认知和价值判断，公共服务质量评估在出发时方能保证不出现方向性错误，避免南辕北辙的效果出现。因此，公共服务质量评估对普遍性价值法则的追求，集中体现在对公共服务质量内涵认识的价值判断上，即现有公共服务质量评估总要对所评估的质量内涵提出具有普遍性的价值判断。

对公共服务质量内涵的价值判断有一个发展完善的过程，质量的概念借用于私人部门，在新公共管理运动中，质量管理的观念和方法在公共服务中普及开来。质量和绩效是这个时期存在的两个公共服务评价概念，绩效是在借鉴私人部门效率中心主义的基础上，结合公共部门的特殊性，提出的衡量公共服务成本、效率、效果的概念，它是从产出端对公共服务品质的刻画，是包括“政府成本、政府效率、服务效果、社会公平等在内的整体内涵”(姜晓萍和郭金云，2013)。可是，绩效概念毕竟带有浓重的结果导向意味，并不能涵盖公共服务品质评价全部。相对而言，质量并不偏向于公共服务的产出衡量。贝尔特拉米(Beltrami)将质量的内涵划为三个发展阶段，即“遵守规范和程序意义上的质量、有效性(效益)意义上的质量、顾客满意意义上的质量”(张锐昕和董丽，2014)；在此基础上，张锐昕和董丽(2014)提出了公共服务质量的三个维度，“以内部过程为核心的质量、以消费者需求为核心的质量和以社会效果为核心的质量”。显然，用质量概念衡量公共服务，要更为全面亦更为中性。

从道德理论的层面，中国公共服务质量内涵的价值判断还处于主流道德理论的框架内，也就是说，关于什么是好的公共服务质量，界定这一概念的道德判断基本倾向于功利主义、正义伦理和权利论的范畴，体现在具体价值法则上则是效率效益法则、公正正义法则和民主法则。

4.1.1　效率效益法则

公共行政自产生以来，效率中心主义的价值追求就得以确立并得到尊崇。古德诺等创立的“政治行政二分”，所主张的就是行政是对国家意志和政治决策的执行，强调行政的执行效率和价值中立，此时的效率关注官僚组织设计和公务人员的行政过程的产出。新公共管理运动对公共行政的改造，赋予了效率法则以新的含义，现代公共行政对“效率”的追求，体现在借鉴私人部门组织活动高效率的理念、工具和确立“顾客至上”的“效益”导向上。

对公共服务质量的重视和追求，产生于新公共管理运动以来，公共组织对私人部门的“质量”理念和技术的借鉴与运用，公共服务质量议题本身就带有强烈的新公共管理运动及其后续理论的时代背景。因此，公共服务质量的内涵和价值取向体现了明显的现代公共行政的效率法则，即追求公共服务最终产品的经济最优和以公众满意为核心的服务效益。

公共服务质量内涵和价值取向的效率中心法则，突出体现为公共服务质量的“3E”标准——“经济、效率、效益”。陈振明和李德国(2011)指出，公共服务质量是指“终端使用者获得、享用公共服务的实际水平、可获得性、及时性、经济性、准确性和响应性等”。尚虎平和陈星宇(2013)提出了公共服务质量具有“客观物质性数据提高的属性”，物质性数据提高主要指“社会保障、医疗卫生、公共教育、公共安全、公共信息等领域承载了公共服务功能的客观物质数量的提升”。贝尔特拉米(Beltrami)关于公共服务质量的经典阐述，也注重作为标准和程序的服务质量，这种服务质量把“重心置于公共服务供给的投入产出效益分析，重视公共服务供给相关的硬件设施、人力资源等投入的成本-效益分析”(韩万渠，2015)。张锐昕和董丽(2014)提出了以内部过程为核心的质量，“内部维度主要从管理视角对提供服务的整个过程进行管理和控制，确保其产出符合或满足预先规定的质量要求或规范”。

公共服务质量的效率法则也体现在服务质量的公众满意至上方面，注重实现公共服务最终对公众需要的满足，体现公共服务的社会效益。学界对公共服务的公民满意方面的论述颇丰，张成福和党秀云(2001)认为，公共服务质量是指民众接受公共服务时，“该服务均能满足民众的期望和需求”。吕维霞和钟敬红(2010)将主观质量作为公共服务质量的重要内容，认为“公共服务质量就是服务的卓越表现及公众的满意程度”。林尚立(1998)将公共服务质量定义为“民众每次接受政府服务时，该服务所能满足民众的期望与需求的程度”。陈振明和耿旭(2014)认为公民满意是公共服务质量的一大评判维度，“从公民角度来看，服务质量意味着服务达到或超过其期望的程度”。此外，国内关于公共服务的公民满意度研究更是专门聚焦这一领域，公民满意度评价的方法论引入和运用研究更是层出不穷，这也侧面证实了公共服务质量追求公众满意、追求社会效益的内涵和价值取向。

4.1.2 公平正义法则

在公共行政学的学科发展史中，新公共行政学派的作用使得以罗尔斯为代表的正义伦理被引入到了公共行政之中，公共行政不再仅仅是追求效率法则以及价值中立，而是肩负着促进社会公平和正义的重任。公共服务质量这一研究领域的开拓虽然是在新公共管理运动时期开始的，但是，随着新公共管理运动后期的新公共服务理论等对正义伦理的重拾和民主价值的回归，公共服务质量不再只注重效率中心法则，公平正义的价值追求亦成为具有支撑性的价值法则。

在公共服务质量内涵和价值取向的正义法则方面，学界在论述公共服务质量评价的理论和方法中，公平正义的价值取向在公共服务质量研究中也得到了一体遵循。比如，张锐昕和董丽(2014)在分析公共服务质量的特点属性时，提出“公平正义是全体社会成员的共同价值诉求和理想，是社会发展的基本价值目标，应作为对公共服务质量的基本要求”，在论述到以社会效果为核心的质量内涵时，她们认为社会效果维度的服务质量是从“公民视角评估提供的服务对间接消费者产生的影响，以实现公共服务的公平目标”(张锐昕和董丽，2014)。丁元竹(2009)在论述到公共服务的社会属性时，也指出，公共服务重视“正义、公平、履行义务、寻求公正的社会经济权，给予穷人实际的社会权”。陈昌盛和蔡跃洲(2007)将中国公共服务基本价值取向划分为效率和公平两大支柱性价值观，公平正义的价值取向在其中有支撑性作用。唐晓英(2011)在阐述地方政府公共服务绩效评估的标准体系时，首先提出了绩效评估标准的主要方面，她将公平标准列为绩效评估必须加以考虑的五大标准之一。

此外，在中国公平正义已成为学界和政界高度一致、一体贯彻的毋庸置疑的社会治理目标，并将其列入社会主义核心价值观范畴。在公共服务领域，中国公共服务质量对正义法则的追求，更为突出地体现在对基本公共服务均等化议题的重视，这一议题被党和国家提高到社会建设和服务型政府建设的高度并成为学界持续研究的公共服务热点问题。党的十六届六中全会通过的《中共中央关于构建社会主义和谐社会若干重大问题的决定》将“逐步实现基本公共服务均等化”列为构建和谐社会 2020 年阶段目标的主要任务之一；党的十七大报告有进一步将实现基本公共服务均等化作为社会建设的重要任务；2010 年，党的十七届五中全会也将基本公共服务均等化作为十二五时期的重要政策目标；2012 年，党的十八大也将实现基本公共服务均等化列入全面建成小康社会的主要任务；在 2013 年的十八届三中全会中，“推进基本公共服务均等化”也成为全面深化改革的重要任务。总之，从 2007 年以来，党和国家将基本公共服务均等化提升到社会建设和政府改革的高度，成为治国理政的重要目标。

与此同时，基本公共服务均等化议题也成为公共管理学界研究的学术热点，根据中国知网检索数据显示，迄今为止，将基本公共服务均等化作为研究主题的学术期刊文献数高达 869 篇[①]，这一数目还不包括图书、学位论文、会议论文等；另外，公共服务均等化的研究内容和范围也十分广泛和深入，以上述筛选的 869 篇文献为样本，本书依据中国知网的“公共服务均等化”学术期刊文献的关键词共现图(图 4-2)，直观展示了“公共服务均等化”议题的研究内容和范围分布。

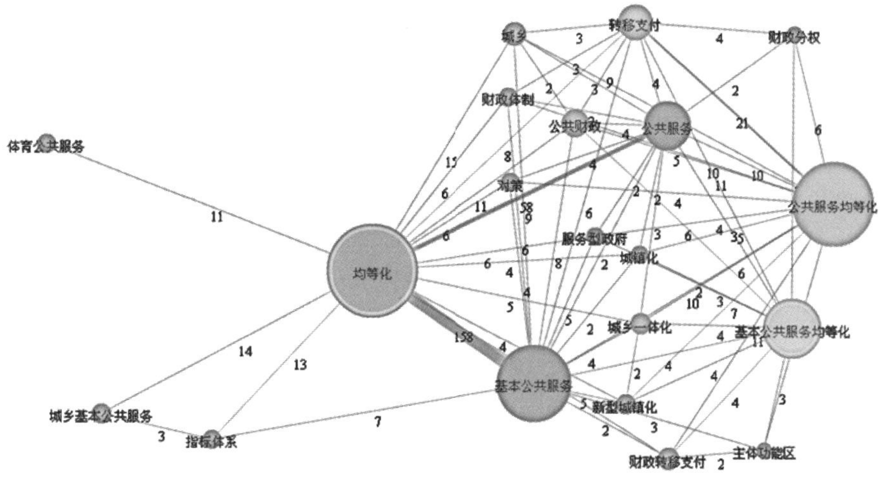

图 4-2 基本公共服务均等化研究学术期刊文献关键词共现图[②]

来源：中国知网“公共服务均等化”学术期刊文献的关键词可视化分析结果；

注释：图中数字表示关键词间的共现次数，作者出图时并未刻意筛选次数；圆圈大小表示关键词共现次数多寡；出现白色环的圆圈表示经聚类分析后具有中心点意义的关键词。

① 数据来源：中国知网学术期刊，检索式：TI=“公共服务均等化”or KY=“公共服务均等化”，检索时间：不限，检索范围：核心期刊 or CSSCI.

② 作者声明：本书此处所用关键词共现分析技术和共现图皆出自中国知网计量可视化分析结果，本书作者承认并尊重中国知网对本书此处所用技术与最终产出的知识产权，承诺本书此处用到的可视化分析结果仅限于本书写作和交流，不用做商业目的等其他用途。

如图 4-2 所示，公共服务均等化研究以基本公共服务均等化作为中心性研究议题，研究范围主要包括在均等化的财政问题、区域以及城乡均等化、均等化制度性研究(财政体制、服务型政府、主体功能区等)，“指标体系”关键词的突出，反映了对均等化的标准设定、均等化的测量和定量化评估的研究也成为重点。以上领域的公共服务均等化研究，归根到底是为了公共服务供给在区域、群体、城乡等范围内尽可能实现公平正义，均等化的财政问题、制度设计问题和测量评价问题等都是为了公共服务均等化能持续、有效、精准地实现。

4.1.3 民主法则

公共服务质量内涵和价值的民主取向是公共行政发展到新公共管理运动之后时期的思潮更迭的反映，呼应了当代公共行政对民主价值的重视。当代公共行政在破除政治行政二分以后，政治领域中的民主、自由等价值开始被频繁地引入公共行政规范中。新公共行政学派的代表人物乔治·弗雷德里克森(2003)认为，公共行政应该重视“政体价值”，即寻求并借鉴政治思想和制度中宝贵价值，承担起公共责任，推进公平正义以实现善治。新公共服务理论的代表人物登哈特提出，公共行政思想一直存在民主政治的“民主、正义、平等、回应”等价值取向，“这种思想价值和宪法原则连同民主理想一起构成美国公共行政的伦理基础”(张书涛，2012)。公共行政的民主价值整合入一个稳定、权威且凝聚共识的法治框架内。

在公共服务质量的民主价值方面，中国公共管理研究者，在公共服务质量的界定和质量评估的价值理念上，都体现出对管理主义之外的平等、参与、回应、协作等民主价值的重视。例如，张锐昕和董丽(2014)在总结公共服务质量的特质内涵时，提出参与性是公共服务质量的重要内涵，公共服务的公民不仅是顾客，也是公共服务的主人，有权利也有义务表达需求、参与监督。姜晓萍和郭金云(2013)系统梳理了公共服务的价值内涵，认为公共服务是具有政治性，“公共服务从其本质上是一种政治理想，……应该被置于由民主、社区和公共利益构成的更大环境中”；公共服务质量内含着公民价值诉求，它赋予了“公众选择要求质量和评价质量的权利”；公共服务也是“一种公共道德意识”，它保障公民权，“与公民一起致力于寻求、确定和创造公共价值”。公共服务质量内涵，在道德层面体现了从政治价值中寻求绝对命令以规范公共服务质量的道德内涵。

4.2 致力于高度集成的质量标准化体系

4.2.1 质量标准化之于公共服务质量评估的必要性

标准化议题的研究产生于近代工业化进程，最早出现在机器大工业牵引下的社会化大生产中。1934 年，约翰·盖拉德(J. Gaillard)在《工业标准化——原理与应用》一书中，首次提出标准化的概念和议题。标准化主要是指在科学技术和经济活动中，针对具有重复性的结构化问题，活动参与者组织协商，提出批量解决此类问题的统一操作规范，并通过订立契约或组建标准化组织等方式，实现操作规范一体实施、全面覆盖的过程。在经济活动和科技研究中，标准化的运用可以大幅节约时间、提高效率，便于使人的精力集中于探索不确定的领域。标准化运用最早和最成熟的当属工业领域，高度的标准化体系和组织方才造就了利用能源和机器开展大批量、高效率的工业制造，也是在这一领域，产品质量标准化伴随生产标准化而来并得到长足发展。

中国公共服务质量标准化肇始于建设服务型政府对于公共服务提供和均等化等方面的要求，也深受新公共管理运动所致的私人部门标准化实践对公共服务领域的影响。自党的十七大以来，建设服务型政府、促进基本公共服务均等化正式成为国家战略，提供公共服务、促进公共服务均等化成为政府施政的重要工作，为了满足不断增长的公共需求，公共服务的供给效率、公平和可持续性等问题亟待破解，公共服务质量标准化就成为解决这些问题的有效选项之一。此外，得益于新公共管理运动的兴起，经济活动中的产品质量标准化实践扩展到公共服务领域，经济领域中的质量管理理念和技术工具被大量运用到公共服务之中，如全面质量管理、平衡计分卡、ISO 质量管理体系等，这都极大地促进了公共产品和服务的质量标准化进程。

公共服务质量标准化由多方面的动因促成，有多维度的作用和价值。在众多对公共服务质量标准化的研究文献中，公共服务质量评估与公共服务质量标准化的相互关系被界定为公共服务质量评估对质量标准化的要求和促成、质量标准化对公共服务质量评估的重要价值和作用，是较被认可的研究结论。胡税根和徐元帅(2009)提出公共服务标准化具有重要的“绩效评估价值”——“通过公共服务标准化建设，可以对各部门行政管理和公共服务的行为进行规范，从而可以为各部门工作制定出一个可测量和可评估的依据”。尹昌美和卓越(2012)认为公共服务标准是“衡量政府服务质量的天平”，标准化的主要目的是提高服务绩效。卓越等(2014)总结了欧美发达国家在推进政府绩效评估的过程中不约而同地促进了公共服务标准化进程，美国全国绩效评估委员会制订了政府服务的全国标准，英法等国公布公共服务质量标准、推行公共服务承诺制。

质量标准化是公共服务质量评估理性建构逻辑的基础性环节，它将理性设计的公共服务质量度量体系和基本度量维度统一应用于公共服务质量界定中，以实现公共服务质量认识、实践、评估等环节的统一化和高效率。对此，桑德斯也有对标准化的类似看法，他在《标准化的目的与原理》一书中指出，标准的表现形式“可以是通过文件形式描述其内容要求，或者是规定基本单位以及给出常数”(郁建兴和秦上人，2015)。因此，通过公共服务质量标准化的实践，公共服务质量有了统一明确的量化表示，便于后续对公共服务质量评估的指标设计和数据采集。

这样的标准化过程本质上是自然科学的“量纲化”方法在社会学科中的借鉴运用。以物理学为例，研究物体的时间、距离、质量等物理概念离不开对其观测，用单位度量其“量”，以之才能进行后续“量”的采集，通过数学推理得到结论；简言之，度量单位是将自然科学数学化的桥梁，没有数学化，科学就无法进行演绎推理得出让人信服的结论。度量物理量所用到的单位就是量纲，比如，衡量时间所用到的秒、分、时、日、月、年等就是时间的量纲。

在理性主义的视野中，公共服务质量评估如同自然科学研究一样，也需要最终通过数学化的演绎推理得到普遍意义的结论。要实现这一点，经验事实有效的数字化是基础性环节，而转化的关键就在于公共服务质量的度量，只有将公共服务质量区分出基本量和导出量，赋予基本量和导出量以度量单位，形成量纲体系，导出量就可通过基本量演绎得到，公共服务质量也就成为一个可量纲的量。这一过程就是典型的公共服务质量分层分解、全面细化的标准化过程。显然，公共服务质量标准化及其标准化体系是公共服务质量评估理性主义建构逻辑的基本方面。

4.2.2 公共服务经验事实的量纲化

公共服务质量标准化是通过将质量概念以层层分解并构成多级解释体系的形式实现，多级解释体系通过层层阐释实现公共服务质量从概念到实操的转变，完成这一转变的关键就是通过标准设计使得层层分解后的基础概念过渡到实操性标准体系。具体而言，通过对公共服务质量的概念剖析，可以得到具有层次性的质量解释概念体系，经过体系化解释，公共服务质量的基础概念得以出现，再通过对应地设置标准，构建具有实操性的质量解释操作体系，这一操作体系也即统计学中的操作化，标准的出现和运用就体现在质量解释体系从概念向操作的过渡中。

因此，公共服务质量标准化本质上是对公共服务质量从概念和操作层面构建的解释体系。这使得公共服务成为一个“标准工程”，“施工者”(公务人员)只需要按照确定的“施工图册”(标准体系)，通过“项目部”(标准制定者)的“技术交底”(标准培训)，在“监理单位”(政府监督)的监督下，按图索骥般地完成定点、定时的“工程量”(服务内容)；“施工图册”能够成就高质量的“标准工程”是给定的、无可置疑的标准化前提要件，“施工者”无须关心这一前提假设的正确性和可能性，他们只需按部就班地完成“施工图册”要求的工作量，“标准工程”的高质量就会在个体对标准化的贯彻中得以实现。

显然，在公共服务质量的标准化中，处于关键环节的就是质量理念从概念解释过渡到实操解释；可是具体应该如何过渡？概念和操作之间如何贯通联系？在这里，自然科学发展中的量纲化思维为我们打开了思路。以物理学为例，“距离”属于物理学研究的典型基本概念，就像质量一样，“距离”可以进行一步步地细化解释，但关键是把“距离”过渡到具有操作性的解释中去，物理学就通过赋予“距离”以基本度量单位以及多层次的度量体系来解决此问题，米级度量体系、公里级度量体系和光年级度量体系等构成了“距离”的量纲，对于“距离”而言，度量单位形成体系，量纲化就得以实现。

综上所述，公共服务质量的标准化，就其本质而言，关键在于实现公共服务经验事实的量纲化。具体而言，就是将事关公共服务质量的概念解释和操作解释进行层次性、体系化的搭建，进而将质量解释操作体系细化到与公共服务经验事实对接，赋予经验事实以度量单位，再搭建匹配质量解释操作体系的度量体系(量纲)，完成公共服务质量量纲化。

中国公共服务质量标准化从起初的各地公共服务标准化探索实践逐步发展到聚焦公共服务质量标准制定和体系化阶段。基于此，本书从中国地方公共服务标准化探索和公共服务系列标准两个方面说明中国公共服务质量标准化实操中体现出的经验事实量纲化的重要性。

首先，在地方政府公共服务质量标准化探索方面，浙江省杭州市上城区公共服务标准化较为公开透明，相关标准化建设资料在上城区政府网站上容易获取，该区从 2007 年以来一直开展公共服务标准化建设工作，并成为国家级服务业标准化试点地区，《居家养老服务与管理规范》等 18 项公共服务标准被采纳为各级政府服务标准，该地区的公共服务质量标准化建设具有典型，故以此地区公共服务质量标准化作为典型分析地方政府的公共服务标准化探索。

杭州市上城区所构建的政府公共服务标准化体系，将公共服务进行了层层分解，即“公共服务分类层、服务保障标准和提供标准层、具体工作项目标准层”（胡税根和陈雪梅，2014），公共服务质量被分解到具体服务项目。在具体工作项目标准层中，以居家养老服务工作项目为例，按浙江省《居家养老服务与管理规范》规定，居家养老服务被进一步分层阐释，即按管理监督、职责确定、服务内容、评价改进四方面分类设置操作规则；然后将每个分类再进行细化，如将“服务内容”再细化到“生活照料、助餐服务、助浴服务、洗涤服务、助行服务、代办服务、康复辅助”等 10 项服务（浙江省标准化研究院等，2011）。依此类推，各个分类再次逐层细化直到与现实中的经验事实对接，如“康复辅助”又细化到“专业指导、适合老人、观察意外、配备器具、被动运动、辅助运动”等方面（浙江省标准化研究院等，2011）；至此，居家养老服务从概念到实操，通过逐层细化的标准体系拆分成了若干经验事实，这些最基础的经验事实被赋予度量单位，居家养老服务就通过这样的经验事实量纲化实现了标准化。

其次，在公共服务的系列标准方面，公共服务的标准制定主要依三条线索推进：①以商业领域的《服务业组织标准化工作指南》（GB/T 24421.2—2009）为蓝本，制定的公共服务标准，以国标委制定的《公共服务标准化指南》为代表；②以国际标准化组织（ISO）的《质量管理系统.地方政府 ISO 9001—20××的应用指南》（ISO IWA 4—20××）为底本，制定的基于 ISO 质量管理体系的公共服务质量管理标准，以国家标准化管理委员会牵头制定的《质量管理体系.地方政府应用 GB/T 19001—20××指南》（GB/Z19034—20××）为代表；③21 世纪以来，各地方开展公共服务标准化探索形成的成熟标准为基础，通过国家标准化组织认定，产生的公共服务质量标准。

这些标准化文件都对所指导行业的标准化工作做了系统的部署。在标准制定上，标准要实现量纲化是必备要求。在《服务业组织标准化工作指南第 3 部分：标准编写》（GB/T 24421.3—2009）中，第五章“服务要求的编写”明确要求服务规范的“特性要求是定量的（可测量的）或定性的（可进行比较的）”（辽宁省标准化研究院和沈阳标准化研究院，2009），在附录 A“服务要求编写示例”中，各项服务要求均细化到实际操作中的具体细节（辽宁省标准化研究院和沈阳标准化研究院，2009）。在《质量管理体系地方政府应用 GB/T 19001—2000 指南》（GB/Z19034—2008）中，第四章“质量管理体系”要求“建立质量管理体系，形成文件，加以实施和保持”（中国标准化研究院等，2008），在“4.2 文件”部分，专门论述了落实文件体系、实行质量手册需要包括“证明地方政府的过程（如采购活动）透明度所需要形成的文件及文件程序”（中国标准化研究院等，2008），这充分说明 ISO 质量体系下的地方政府服务标准化要求质量文件体系的完善并与之配套。正如卓越和刘洋（2013）所述：“政府贯标的基本流程是以文件规范行政程序，力图用文件规范每一项工作，用文件形成一套新的工作模式，构成文件化的质量管理体系。文件规范贯穿于整个服务过程，有文可据、有据可查。”由此可见，质量文件包括对政府活动过程的记录、证明所需要的文件，这需要质量标准化细化到政府日常公共服务活动中并进行全过程文件体系管理，这样的全过程留痕离不开对公共服务活动的量纲化，只有将地方政府公共服务活动进行多角度量化，形成服务活动的量纲，基于ISO体系的公共服务质量标准化才能实现质量文件管理和控制，进而产生实际的质量改善效益。

4.2.3 公共服务质量标准化体系

固然，要实现公共服务质量标准化的关键在于对经验事实的量纲化，量纲化是标准化的本质特征。除此之外，标准化的又一重要特征抑或必然结果就是标准化最终会走向体系化，这既是因为标准化须对概念理解做层次性剖析以致概念体系化，也是由于标准化需对概念实操做层次性落实使得操作体系化。

中国公共服务质量标准化建设也体现了显著的体系化特质，这既是标准化之必须也是其走向成熟、实用的标志。综合中国公共服务标准化体系建设的实践和学界研究，标准化体系构建主要通过以下三种思路展开。

(1) 从标准化建设的内容视角构建公共服务质量标准化体系。在国家层面，2012年，国务院发布了《国家基本公共服务体系“十二五”规划》，该规划从基本公共服务的内容视角初步拟定了8大类基本公共服务的国家基本标准，各类标准以表格的形式列明，简单明了、重点突出，各类标准按基本公共服务的内容分类形成了统一的标准体系；同年，国家标准化管理委员会会同26个部委出台了《社会管理和公共服务标准化工作“十二五”行动纲要》，该纲要也将公共服务标准化体系按照公共服务的具体内容——公共教育、劳动就业服务、社会保险、基本社会服务、公共医疗卫生、人口和计划生育、公共基础管理与服务、公共文化体育、公共交通、司法行政与服务、公共安全、生态保护与环境治理、社会组织管理、社会公益科技服务等——加以搭建；此外，国家标准化管理委员会在《标准化事业发展“十二五”规划》中也明确提出按公共服务具体领域开展标准化研究，建立公共服务标准体系。郁建兴和秦上人(2015)则从更为全面的角度，按内容构成视角总结了基本公共服务标准化体系，包括“基本公共服务事项、服务流程、时限、品质、机构与设施、人员、预算与支出、资源配置”等的标准化。

(2) 从标准化建设的过程视角推进公共服务质量标准化体系。标准化建设的过程视角主要是通过将标准化的过程按时间先后进行拆分，按照实施标准化的先后步骤和运作流程，将这些环节进行标准化设计，以实现整体标准化建设的推进。李霄锋(2015)就将基本公共服务标准化阐释为按照标准化施行过程分解并整合的过程性标准化，他认为基本公共服务标准化体系实际上是按照“标准的表达与呈示、研究与评估、制定与发布、执行与监管、评价与调整等阶段的过程”构建起来的。国家标准化管理委员会于2010年制定的《公共服务标准化指南》提出了按照“范围、类型、制定、实施、评价和改进”(卓越等，2014)的角度进行标准化建设，实质上这也是按照过程视角来构建公共服务标准化体系。

(3) 从标准化建设的生态视角搭建公共服务质量标准化体系。这是更多文献是所遵循的视角。陈伟和白彦(2013)将公共服务标准化体系定位为“政府提供服务的各项标准，按其内在联系形成的有机整体”，体系的构建遵循“三步走”思路：①建立公共服务标准，

②运用系统科学思维将各类标准进行“简化、统一、协调和选优”进而形成由多级“子体系”构成的标准体系，③制定标准体系图表以直观明了地指导标准化工作。郁建兴和秦上人(2015)也认为公共服务标准化是一个“立体体系”，这一体系涵盖“服务提供的环境、提供主体及多元参与者、服务提供机制、提供标准的量纲设置、评估机制以及服务内容”，他们从公共服务的生态系统的视角全面分析了公共服务的环境、提供者、服务内容、提供机制、评估及监督机制等方面，用生态观构建起了公共服务标准化体系。胡税根和陈雪梅(2014)以杭州市上城区为案例，分析了地方政府公共服务标准化实践，提出了公共服务标准化的体系建设包括“组织体系、框架体系、服务标准体系、绩效管理体系”，他们从公共服务标准化的系统视角，分析了构建标准化体系除服务标准体系之外不可或缺的组织保障、框架支撑和评价改进机制。陈振明和耿旭(2014)则以福建省漳州市的行政服务标准化建设实践为样本，总结了漳州市政务服务标准化体系的三大构成：“后勤保障标准体系、业务运行标准体系、监督检查标准体系”，以此提出了“服务-保障-监督”三位一体的系统观点推进构建行政服务标准化体系。

4.3　遵循逻辑实证主义的评估方法

4.3.1　质量评估方法的逻辑实证主义本质

公共服务质量评估的方法论问题是实现评估的关键环节，不同的方法论选择，质量评估的路径选择和最终结果就会不同。综合国内现有对中国公共服务质量评估方法的研究，评估方法论以逻辑实证主义取向为最普遍导向，即将哲学思辨向语言逻辑分析转化以做实概念解释，赋予概念操作化以经验意义，运用数理统计方法，采集数据进而进行量化分析，以统计的原理演绎推理进而得到普遍性结论，这其中都涉及数学尤其是概率论和统计学方法的运用。总之，公共服务质量评估的方法论以逻辑实证主义为最主要指导。

综合国内现有关于公共服务质量或绩效评估方法的引介、运用和专题研究文献，逻辑实证主义导向的公共服务质量评估方法主要演化为公众感知与客观衡量相结合的二元评估方法，在方法运用中结合使用定性和定量工具。譬如，陈文博(2012)提出，“公众评价”与“专业评价”相结合的二元评价模型是公共服务质量评估的主要方法；陈振明和耿旭(2014)认为应从“服务提供者”和“公民角度”判断公共服务质量，陈振明等(2009)提出“公民满意度”与“公共服务供给情况”相结合的“双元综合评估模型”；丁元竹(2009)提出公共服务绩效由客观和主观两部分构成，“两者缺一不可”。此外，与以上方法类似，一些学者提出了概念不同但内核一致的评价方法。例如，杨宏山(2012)提出的“内部控制”和“外部责任”相结合的“复合型绩效评估模式”，倡导的仍还是组织内部的服务供给和外部环境中的公众满意评价，本质上是主客观二元质量评价方法的变种；尚虎平和陈星宇(2013)提出“人民满意”与“物质提高”构成了公共服务质量的两级，对这两个方面的评价和恰当组合形成了“公共服务绩效评估的基本逻辑”。

不管研究者对公共服务质量评估的方法论如何定义和阐述，从本质来看，学者们的论述都没有脱离主客观二元质量评估方法，即客观的服务供给质量和主观的公众感知质量相结合。具体而言，二元质量评估方法包括以下两个方面：①注重公共服务供给侧质量的客观评估，这种评估方法设计指标体系，收集公共服务客观数据，应用数学模型与方法，对公共服务投入、过程、产出等服务供给数据进行测量。例如，数据包络分析[数据包络分析(data envelopment analysis，DEA)]及加权EDA，测量特定服务单位的产出投入比，通过建立特定单位与类似单位间产出与投入的比较函数，实现效率最大化。②注重公共服务需求侧质量的满意度评估，此类评估方法奉行公民至上，将公民对公共服务的需求满足、权利保障、服务参与、公共利益等作为公共服务质量评估最重要的方面，主要通过抽样调查(也包括定性分析方法)获取需求端数据，运用统计和数学模型与方法，对公共服务的公民满意度、公民参与、正义公平等政治与社会效益进行评估。例如，利用泰尔指数衡量公共服务在个人或地区间的均等化水平；利用Kano顾客满意度模型和ACSI及其改进模型——公共服务机构的顾客满意度指数模型(PSCSI)、服务接收者满意度指数模型，通过测量公民预期质量与感知质量的差距得到公民满意度水平进而分析公民的抱怨或信任行为；服务质量(service quality，SERVQUAL)差距模型和重要性-满意度(importance-satisfaction analysis，ISA)模型均通过服务期望与感知质量的差距和最低可接受质量的对比，测量公民满意度；利用顾客感知服务质量(SERVPERF)模型，直接测量公民对公共服务质量的感知，以之反映公共服务满意度水平。

需要特别说明的是，为了方便论述，本书将公共服务质量评估方法做了分类论述，也有部分研究只从客观质量或主观满意的单一视角衡量公共服务质量；但是，多数公共服务质量评价方法是将公共服务的客观质量衡量和主观满意评价都纳入其中，或者方法本身可以兼顾评价客观质量和主观满意，力图实现对公共服务质量的全面评价，譬如平衡计分卡、欧洲通用评估框架(common assessment framework，CAF)、因子分析法、面板数据模型、层次分析法(analytic hierarchy process，AHP)及网络层次分析法(analytic network process，ANP)、熵权-TOPSIS法、基于模糊数学理论的模糊综合评价法及其多级模糊综合评判法与L-R模糊数等。

4.3.2 供给侧评估：公共服务质量客观评估

公共服务质量的供给侧客观评估是以公共服务生产过程和最终形态为评估载体，以公共服务生产和最终产品的投入与产出的客观数据为载体，通过运用成熟的统计模型构建反映公共服务质量的量化指标，进而以之测量公共服务生产和产品的客观数据，最终得到公共服务生产过程和最终产品的效率水平和效益状况，以此衡量公共服务质量。客观评估所使用的数学模型借鉴于统计学尤其是计量经济学中成熟应用的统计技术，主要的评估模型方法有DEA及其加权DEA模型、模糊DEA模型($\alpha^2FC_R^2$模型)等衍生模型；蒙特卡罗模拟技术、马尔可夫过程分析法、泰尔指数等。

DEA及其衍生模型主要是针对同类型的公共服务部门，通过“投入数据”(公共服务活动的成本消耗)和“产出数据”(产生的表明公共服务活动富有成效的信息点)进行比较性评价，以得到部门间公共服务质量的优劣，即评价公共服务部门间的相对质量。这一方法被许多学者采用，王立华等(2011)等将其用在评价农村电子政务的服务效率上，朱玉春等(2010)等将其用在评价农村公共服务供给效率上，娄峥嵘(2011)将其用于评价地方政府公共服务支出绩效。

蒙特卡罗模拟技术、马尔可夫过程分析法是从数理统计和高级计量经济学中借鉴而来的数学方法，二者各有侧重，蒙特卡罗模拟技术将某一现实或抽象现象的部分具体特征，用计算机模拟系统进行替代或模仿，使得所解决问题之答案正好成为模拟系统的参数值或特征值，在通过统计检验，得出一般意义上的参数值或特征值的估计值，进而得到所求问题的近似答案；马尔可夫过程分析法主要用于行为预测，即在符合马尔可夫过程特征(即在已知目前状态的情况下，目前状况的未来演变不依赖于它以往的演变规律)的这类随机过程中，通过分析随机变量的现在变化情况，预测这些变量未来变化情况。

泰尔指数与基尼系数一样是用来测度收入差距或不平等的方法，与基尼系数不同，泰尔指数是利用信息论中熵的概念来测度群体和地区间的收入差距，它可以方便地将样本分解成组以衡量组内差距和组间差距与总差距的关系。泰尔指数在公共服务质量评估的研究中主要运用在服务的均等化评价和供给公平性方面，如李凤月和张忠任(2015)将泰尔指数运用于测量中国社会保障支出的地区间差异，以提出完善央地支出责任等解决办法；成新轩和柳佳龙(2016)利用泰尔指数对河北省城市内、农村内和城乡间的社会救助服务的差异性进行了测度，借以构建社会救助公共服务综合发展指数；白晨和顾昕(2015)通过采集全国地级市农村医疗救助给付数据，利用泰尔指数测量了农村医疗救助内“一次救助(新农合)”和“二次救助(大病医疗救助)”的不平等水平，以及不同地市间的差距水平，研究农村医疗救助给付的横向公平问题。

4.3.3 需求侧评估：公共服务质量公众满意度评估

在公共服务质量的主观感知层面，公共服务质量评价主要基于公共服务受众——社会公众对所提供公共服务的满意程度，公众对所享受的公共服务的满意水平越高就意味着公共服务在主观感知层面具有高质量。

现今中国公共服务质量公众满意评估主要是借鉴西方发达国家自新公共管理运动以来所形成的成熟的满意度评估技术，这些技术源自公共部门对商业领域企业顾客满意度评价技术的借鉴，故而，公众满意度评价有很多经过多次改良的、成熟的满意度评价模型。具体而言，具有代表性且发展最为成熟的满意度评价模型当属ACSI及其衍生模型：美国政府顾客满意度指数模型、政府服务公众满意度模型(China public satisfaction index，CPSI)、PSCSI、服务接受者满意度指数等。除此之外，还有狩野纪昭提出的Kano模型、Parasuraman提出的SERVQUAL评价模型、Cronin和Taylor提出的SERVPERF模型、Martilla和James提出ISA模型等。

ACSI模型是美国企业界在借鉴瑞典顾客满意指数的基础上，运用较为成熟的满意度评价方法，它的核心是构建一个结构方程组，以公众满意度为因变量，以顾客预期、感知质量、感知价值作为自变量，通过样本抽样统计的方法，得到顾客忠诚抑或顾客抱怨的满意度结果变量。在此基础上，新公共管理运动给ACSI模型引入公共部门提供了契机，美国政府机构开始引入ACSI模型并做了优化完善；鉴于公共产品和服务的非排他性，美国政府顾客满意度指数模型“剔除了感知价值”这一自变量(吴建南等，2007)；同时，由于政府公共服务非竞争性，结果变量“顾客忠诚”不体现在重复购买行为上，而是体现在信任建立上，故“顾客忠诚”在政府部门中体现的是“顾客信任”。

中国学者在借鉴 ACSI 模型的基础上，基于各自的理论认识和学术观点，各有侧重地批判提出了适合中国国情的公共部门公众满意度评价模型。譬如，盛明科和刘贵忠(2006)借鉴美国 ACSI 模型，对其中的组成变量进行了重组，提出了中国 CPSI，该模型将“感知质量”用客观的政府“服务质量”考评替代，也重新提出对“感知价值”的重视；朱国玮(2007)在综述满意度评价相关理论的基础上，修正了 ACSI 模型，提出测量公共服务机构的 PSCSI，并将其运用到公共服务实务中进行测评，不过，PSCSI 对 ACSI 模型的改进有限，仅仅是将顾客忠诚变量替换为“公众信任”；刘武和朱晓楠(2006)系统总结了 ACSI 模型和公共部门 ACSI 模型，提出了服务接受者满意度指数，这一指数将“感知质量”加入对“微观质量的测量”，用“投诉想法、熟人抱怨、陌生抱怨”来反映出“顾客抱怨”，用“忠诚度、政府初衷”来测量“顾客信任”，这些调整都使得 ACSI 模型在操作化时能够更好地适应中国国情。

除了 ACSI 及其衍生模型外，中国公共服务质量的公众满意度评估也频繁地应用到 Kano 模型、SERVQUAL 模型、SERVPERF 模型和 ISA 模型。Kano 模型是由日本学者狩野纪昭于 1979 年提出，这一模型脱胎于赫茨伯格的双因素理论，将顾客的需求划分为基本型需求、期望型需求和兴奋型需求，不同类的需求，顾客满意度的分布就不同；基本型需求，不满足的情况对顾客满意度的弹性很大；期望型需求，满足情况与顾客满意情况属正比例关系；兴奋型需求，满足的情况对顾客满意的弹性较大；这一模型对公共服务进行分类提供和测评具有重要启示意义。有学者也运用这一模型进行公共服务评价，马欣和西宝(2014)将这一模型用于测量电子政务的公众满意度，赵生辉和汤志伟(2007)将此模型用于分析电子化公共服务的公众需求情况。SERVQUAL 模型是现今中国公共服务质量评估应用较为广泛的方法，SERVQUAL 模型也即服务质量差距模型，它将服务质量划分为五大内涵：有形设施、可靠性、回应性、保障性、情感投入，并将服务质量定义为：顾客感知与顾客期望的差距，以此测量公众主观感知层面的服务质量；SERVPERF 模型的服务质量内涵以此类似，区别在于服务质量的衡量方式，此模型摒弃了 SERVQUAL 模型的“差距”概念，直接将服务质量确立在顾客对服务实务的感知上。ISA 模型关注公共服务的权重问题，另辟蹊径地提出了满意度与重要性(即权重)间不可忽视的关系，这一模型提出满意度与重要性的不同组合构成了不同形态的公共服务，高满意度-高重要性意味着成功的公共服务，低满意度-高重要性意味着关键的公共服务，高满意度-低重要性意味着浪费的公共服务，低满意度-低重要性意味着可忽略的公共服务。

4.4 理性主义建构逻辑的反思

4.4.1 公共服务质量评估的道德评估本质

评估的研究横跨自然科学与社会科学，在自然科学中，评估主要在于对自然现实的准确把握和理论实践效果的呈现与改进，这样的评估本质上涉及的是真假问题，即真实性问题，评估对象的真实情况要有唯一精确性或概率上的显著确证性结果，因而，自然科学领域的评估本质上是科学评估。

可是，公共行政领域的评估问题就不是如此明了了。公共行政领域的评估不是简单地掌握客观事实，而是目标导向型评估，即设立预期目标、评估执行效果、改进执行方式、实现预期目的，预期目标在公共行政评估研究中处于核心导向位置。E.戈登堡提出的政策评价目的理论也注意到了在政策评价活动中预期目的导向性作用，他认为："政策评价的目的是通过关于政策的效果评价来改善政策成果"，其具体包括"对政策执行和效果的学习、组织控制、影响环境"；此外，托马斯·R.戴伊提出，政策评估研究的是"相对于预期目标而言，作用于目标群体的效果"；陈振明提出，政策评估的目的在于取得有关评估信息，"作为决定政策变化、政策改进和制定新政策的依据"；林水波、张世贤认为，政策评价是"用以论断政策概念与设计是否周全完整，政策实际执行有无偏离既定的政策方向，指明社会干预政策的效用"（邓剑伟和樊晓娇，2013）；邓剑伟和樊晓娇（2013）在总结以上学者的论述后，提出了公共政策评估的目的在于"改善公共政策系统，提高公共政策决策质量，保证政策目标实现"。这些学者的论述都佐证了公共行政领域的评估研究本质上是目标导向性的。

既然公共行政中的评估具有鲜明的目标导向性，那么，对于公共服务质量评估的预期目标的探究就成为理解公共服务质量评估本质的关键。公共服务质量评估为的是掌握公共服务质量的现实情况，对比公共服务质量的应然目标，实现公共服务质量改进的最终目的，如同政策评估的完善政策目的、改进政策质量的目的一样。

因此，公共服务质量评估的预期目的在于实现不断改进、完善公共服务质量。回顾公共行政学者关于公共服务质量的观点，我们发现，不管是民主和商业二元的质量观，还是效率、效益-回应、公平-参与、协作的三元质量观，公共服务质量的改进与完善都是在道德的"场域"中论及，它不涉及质量的真假问题，而是关涉何谓一个好的公共服务质量这一根本道德问题，不同的质量观都是在对这一问题做出道德界定。效率、效益质量观将公共服务质量评估建立在了功利主义的最大化福利的计算与实现上，公平正义质量观将公共服务质量评估建立在差别原则和机会平等上，回应、参与、协作的质量观将公共服务质量评估建立在民主价值上。

所以，公共服务质量评估本质是道德评估，即以道德标准界定预期目标，以之评估公共服务质量，以推动实现应然的公共服务质量目标。

4.4.2　公共服务质量评估理性建构逻辑的道德缺陷

公共服务质量评估的本质既然是道德评估，主流的理性主义建构逻辑就存在必然的道德缺陷，因为在西方伦理学中，理性不等于道德的全部，理性只是道德性的必要而不充分条件。

西方伦理学在启蒙运动开启现代性之路以来，理性传统一直占据道德伦理的主流位置。道德在理性运思的规约下，崇尚普遍标准，即道德是人类共同或共有的特征或传统，追求道德的演绎推理和逻辑自洽。不过，随着后现代思潮的兴起，理性统摄道德思维的现实，受到了广泛批评。

公共服务质量评估理性建构的道德缺陷在于道德理论中理性主义的固有缺陷，即未认识到普遍原则的适用性与有效性，缺少道德思维方式的非理性空间。具体而言，公共服务本身就不是理性所能完全刻画的，公共服务既是一项公共政策，也是一种公共产品，更是一个交流场景，它本身兼具公共性、经济性、关系性的特质，既需要政治价值以体现公共性，又需要功利计算以表现经济性，还需要直觉、感情、关系等非理性价值以呈现交互性。作为好的公共服务质量评估，反思普遍价值取向的有效性，重视公共服务质量评估中直觉、情感、关系等非理性方面的重要性也是重要方面，而理性主义的建构逻辑忽视了这些。

第五章　关怀伦理视阈中公共服务质量评估建构逻辑批判

从伦理学的视角看，对公共服务质量评估这一议题有价值的研究在于对评估的道德反思。具体而言，公共服务质量评估的现有道德性体现为何，关怀伦理适用于分析质量评估的理由为何，应用关怀伦理进行批判的逻辑为何。

因此，在承接上文总结中国公共服务质量评估理性主义的道德性建构的基础上，本章着重分析阐述关怀伦理批判的适用性和具体内容。首先，阐明关怀伦理批判公共服务质量评估的合适性；其次，具体分析运用关怀伦理对公共服务质量评估具体内容的批判。

5.1　关怀伦理批判运用的适当性

5.1.1　公共服务质量的交互性与关怀伦理的关系性吻合

一般来说，公共服务提供的是无形的产品，不同于有形产品的供给与需求的满足存在时延，公共服务的供给实现与需求满足具有高度的共时性，服务是在主体与对象间的供给与反馈的交互中实现与改善的。尤其是经历了新公共管理运动和新公共服务、治理理论等的洗礼，公共服务质量更多侧重于在对公众需求的实现中所体现的服务内容和过程的高水准。因此，公共服务质量无法完全像商品那样直观地线性衡量，它需要在主客体的相互作用中实时反馈、评价与改进，公共服务质量及其评价具有明显的交互性。

关怀伦理是基于情感性关系而阐述的道德理论，关怀关系体现的是始于母爱的关怀者与被关怀者间表达依赖、感知需要、施行关怀、回应反馈的关怀活动。关怀伦理强调关怀理念中关怀者和关怀对象的互动关系，也强调关怀实践中关怀关系的与时俱进。关怀伦理从母性的家庭关怀活动出发，弘扬母性关怀的价值，重视关怀活动中基于情感的关怀关系，这样的关怀伦理具有明显的关系性特征，关怀关系充满了家庭关怀活动生发的主客体间的互动关系。

新公共管理运动以来，顾客至上的理念深入人心，公共服务质量的评价看重服务提供者和社会公众间存在的服务-反馈的交互关系；新公共服务和治理理论等思想，倡导公民参与、互动协作，公共服务供给者和社会公众间的交互关系，渗透到了公共服务供给全过程，质量评估中的交互性考量就更为重要和频繁。而关怀伦理中的关怀关系是关怀价值指导下的互动关系，这与公共服务质量交互关系吻合，为关怀伦理引入公共服务质量评估的反思批判奠定了基础。

5.1.2　公共服务质量的异质性与关怀伦理的情景性契合

公共服务的互动性决定了不同环境下的互动对公共服务供给的要求不同，服务对象的服务感知也会随之不同。公共服务在不同环境中会受到当事人性别、年龄、性格、阅历、受教育程度等多种自身因素影响，也会受到环境、情绪、态度、情感等服务提供中多重互动因素的影响。因而，公共服务质量会随着情景不同而有不同呈现，具有异质性。基于公共服务质量的异质性，对服务质量的评估也会随着具体情景的不同而出现差异。

关怀伦理主张的关怀关系，不是普遍意义上一般化的社会关系，它强调关怀关系源于家庭关怀活动而具有情感性。随着关怀伦理的发展，为了突破女性家庭关怀经验对关怀关系适用范围的限制，关怀的情感关系属性被扩大为情景关系属性，即关怀理念和实践立足于具体情景下的关怀关系，情景化的关怀关系再被赋予情感性色彩才有意义。因此，关怀伦理具有明显的情景性，即面对面的具体情景中生发的，且是始于家庭关怀的情感性关系。

关怀伦理的情景性强调具体情景下的关怀关系，而公共服务质量的异质性也注重不同主体和环境因素对服务质量评价的影响，故而，公共服务质量的异质性与关怀伦理强调情景属性是相契合的，关怀伦理适合于分析公共服务质量评估，可以为公共服务质量评估的批判反思提供别样的视角。

5.1.3 基本公共服务的垄断性与关怀需要的依赖性相通

在公共服务中，基本公共服务是其中最具普惠性、基础性、保障性的公共服务，这类公共服务的公共性突出，公众对其需求具有普遍刚性，所以，主要是由政府为代表的公共机构提供或者由公私合作生产并以政府购买的形式提供。显然，基本公共服务在供给侧具有垄断性特征。

基本公共服务的垄断性是由于其公共性突出和需求刚性明显，基本公共服务是公众普遍需要且必须需要的。换言之，公众对基本公共服务的提供者具有依赖性，即公众没有其他选择且政府提供基本公共服务是职责所在。

关怀伦理所主张的关怀对象的需求是依赖性需求，即不可能从关怀对象自己那里得到满足，这种需求是公众的基本需要，且依赖他人而无法自足的需求，关怀伦理关涉的依赖性需求与基本公共服务的垄断性及其需求刚性不谋而合，可以说关怀伦理用于对基本公共服务进行伦理分析具有适当性。

5.2 理论基础的“关怀失序”和价值取向二元化的批判

5.2.1 新公共管理理论的功利主义取向和“狭隘关怀”问题

1)新公共管理理论功利主义取向的具体表现

20世纪80年代，面对因经济滞涨和社会运动引起的政府合法性危机，以英美等国为代表的欧美国家，因战后奉行的福利国家政策负担沉重而难以为继，掀起了政府再造浪潮，它们借鉴私人部门的“重视成本、绩效管理、服务品质、顾客满意等”策略与方法(盛明科和彭国甫，2008)，对公共行政的官僚体系进行市场化改造。在这一改革实践中，许多实干家和公共行政学者加入理论和实践总结的行列之中，逐渐形成了公共行政学中的“新公共管理”运动及其理论体系。奥斯本(David Osborne)、盖布勒(Ted Gaebler)总结美国的政府再造经验，提出将私人部门的成功管理方法移植到公共部门，建立“企业家政府”，即“引入竞争机制、树立顾客意识、视服务对象为上帝”。胡德(Hood)也总结了新公共管理运动对政府管理提出的要求，即“应以市场或顾客为导向、实行绩效管理提高服务质量和有效性，以及界定政府绩效目标、测量与评估政府绩效”(蔡立辉，2003)。

新公共管理理论将市场经济和企业管理的视角引入公共行政之中，使得公共行政带有浓厚的边沁、斯密所确立的功利主义色彩和市场经济逻辑；加之，公共行政的公共利益目标追求与功利主义的最大多数人的福利最大化原则具有内在一致性，在传统公共行政官僚制的弊端凸现之时，借鉴功利主义和斯密式的市场逻辑改造传统公共行政成为可能。新公共管理运动的兴起，就是市场经济逻辑和功利主义伦理在公共行政中的高扬。行政人员立足于经济人的定位，追求自身利益被视为自然的合道德行为，透过市场机制“看不见手”的作用，实现行政效率最优化；最终，公共利益的最大化就会自然实现。这一市场逻辑中的功利主义伦理法则贯穿于新公共管理运动之中，新公共管理运动中的分权与竞争、绩效管理、顾客至上等实践成果无不体现了贯彻市场效率逻辑、完善公共行政市场机制、推动公共利益最大化的功利主义原则。

因此，新公共管理理论将公共行政的道德界定即何谓好的公共行政，集中在功利主义的伦理取向上，包括公共行政的功利计算、效率逻辑、绩效管理和顾客中心等。具体而言，主要有以下几个方面。

(1)价值理念上，新公共管理奉行的是“3E”的价值取向，即公共行政全环节、全过程需要满足“经济(Economy)、效率(Efficiency)和效能(Effectiveness)”的价值标准。“3E”标准既关注了公共行政运作过程的成本效益分析即经济性和效率最优，也关注了在公共行政产出端，公民作为公共行政产出的服务对象即“顾客”的需求满足和服务满意，即效能标准。

(2)目标导向上，新公共管理理论关注产出端的效率、效益，特别是服务对象的满意，其将公共行政的目标确立在顾客满意上，这一目标设定借鉴了商业管理中的消费者至上的理念。新公共管理将顾客概念引入公共行政，顾客是公共行政活动围绕的中心，公共服务提供要在满足顾客需要的目标上实现效率最佳。

(3)管理方法上，实现顾客满意和公共行政的3E价值标准，新公共管理对公共行政进行了全面的方法论改造，如推行市场化策略、商业式改造，引入商业管理工具包(全面质量管理、标杆管理、绩效管理、公私合作等)，实现效率效益最大化。绩效管理是新公共管理的重要工具之一，它要求“明确标准，确立绩效目标并进行衡量”，具体来说，就是“明确组织和管理者目标，根据绩效指标——‘3E标准’，对工作的完成情况进行衡量”(毛寿龙和李梅，1998)。绩效管理对于目标、标准、评估的强调，极大地推动了公共服务领域的评估之路，公共服务质量评估也是在绩效评估的基础上发展而来的。

2)新公共管理理论功利主义取向的“狭隘关怀”缺陷

固然，斯密所创立的自由市场逻辑在功利主义内涵上，将个人本性定位于自利驱动，他的功利是在个体“自然的自由”驱动下，通过市场这一“看不见的手”的作用，功利目标自动实现。这一功利实现的假定和机制与边沁主张的个体“理性的自由”驱动下，通过理性计算实现社会功利的功利主义路径有所不同。但是，斯密和边沁的主张殊途同归，二者的区别仅是功利实现的假设与机制的区别，二者在本质上都将“功利”作为根本的伦理追求和道德判断。

新公共管理理论所倡导的绩效价值和市场方法，实际上是将斯密创立的自由市场逻辑运用到公共行政领域，其在伦理价值上突出地表现为浓厚的功利主义价值取向。作为公共服务质量评估的理论基础之一，新公共管理理论的功利主义取向和市场经济逻辑，在关怀伦理层面上存在重大缺陷。

首先，新公共管理的功利主义取向，将公共行政活动的目标聚焦于3E标准，绩效成为公共行政的核心追求，这容易导致公共行政活动的利益短视行为，使得公共行政对公民诉求的回应聚焦功利、化为数字、浮于表面。新公共管理的功利主义取向会推动建立一套目标明确、职责分明、追求绩效的公共行政活动模式，这一模式以“功利最大化”作为核心目标，运用市场化手段将目标操作化，致力于需求本位、激励约束、考核评估，以最大程度地实现目标。在功利主义取向下，公共行政活动高度关注功利实现，而功利目标的实现离不开绩效管理以推动成本控制、效率最优，也离不开面向市场、顾客至上以实现效益最优。然而，功利主义及其绩效管理和顾客至上的管理实践将公民的需要狭隘化为经济利益，公共行政的民主价值被湮没，公民的自利性被过度放大，公民的道德素养和关怀意识在无形中会被削弱。

其次，新公共管理的功利主义取向，将公共行政的方法论聚焦于市场机制，自由市场逻辑成为核心的方法论依据；这容易导致公共组织迷失于效率改进和经济效益，逐渐丧失对普遍民主价值和社会道德关怀的塑造能力，出现政府公信力和合法性的“温水煮青蛙式”的减损。为了实现功利导向的管理目标，新公共管理主张借鉴私人部门实现商业利益的市场化手段，由于新公共管理理念的方法论均源自市场经济中的商业理念和市场化方法，因此，在实践上，新公共管理理论必然导向市场化“工具箱”在公共行政中的全面应用。新公共管理运动中所应用的诸如竞争与分权机制、公私合作关系、绩效管理制度、全面质量管理等方法工具都是致力于公共行政活动功利目标最大化。这样的公共行政改革，使得公共行政过度聚焦于效率提升和经济效益的实现，会导致公共组织的公共性逐渐迷失，公共组织对社会道德的引领和规范日显不足。在市场化方法的统摄下，公共行政目标的狭隘化被日益强化，公共行政活动所应体现的公共价值、民主追求、人性关怀因得不到方法论支持而日消月损以致虚化。

在公共服务研究中，功利主义取向和自由市场逻辑忽视了公共服务的关系和情景意义，将公共服务仅仅定位于经济学意义上的公共产品。如果公共服务质量评估按照功利主义的进路发展，那么，公共服务将被导向单纯的普遍意义上的福利改善和极度数学化的功利计算；在具体服务情景中，公民个体的道德责任和公共精神将被稀释殆尽，公共服务的“关怀价值”将被狭隘化为对个体需求的普遍回应和数字化的福利改善，成为数字式的“狭隘关怀”。

3) 公共服务质量评估功利主义取向的狭隘关怀问题

功利主义取向的新公共管理，秉持“顾客至上”原则，它将服务对象定位于顾客，强调顾客需求的满足和普遍的顾客福利实现，这体现出了公共服务"顾客关怀"的狭隘一面。具体而言，新公共管理忽略了顾客需求的多样化、碎片化和冲突性，为了达到顾客满意，公共服务的顾客导向会导致具体行为碎片化、行为价值相冲突，最终，顾客满意至上也会在顾客需求的彼此折冲中无所适从。

20世纪90年代，英国梅杰政府大力推动"公民宪章"运动，提出要"建立顾客服务标准，吸收顾客的输入，并承诺予以满足"（戴维·奥斯本和彼德·普拉斯特里克，2002），并定期进行公共组织服务绩效的监督和评估，最后按九项宪章标准进行服务质量认证。宪章运动促使公共组织公布并执行了详细的服务标准，诸如"90%的列车将在列车时刻表规定时间的十分钟之内到达"，或"你打电话给就业中心，30 秒以内将得到答复"（戴维·奥斯本和彼德·普拉斯特里克，2002）等。经过几年发展，宪章运动的参与部门和标准体系得到极大扩展，大量公共组织颁布执行服务宪章、接受政府考核评估。但是，公民宪章的全面推广和内容日渐庞杂，不同的顾客需求间、是否纳入公民宪章的需求间，经常出现不同的声音，不可避免出现了顾客需求多样化乃至冲突性。比如，公民宪章对政务服务规定了"等待的时间"以及"公务员如何迅速回复电话"，但有公众又对此表示不满，表示"你们承诺要进行改革，而我们只得到了一条电话热线？"（戴维·奥斯本和彼德·普拉斯特里克，2002）；公共组织对公共服务质量追求的顾客满意显得无所适从。

此外，公共服务质量评估的功利主义取向要求评估聚焦于普遍的顾客满意的实现，服务质量的顾客满意维度主要通过统计技术以数字形式呈现，以刻画公共服务对顾客普遍需要的回应度。统计意义上的顾客满意极容易出现"多数人的暴政"——统计数据掩盖了甚至损害了少数群体的服务诉求，也容易导致"目标置换"效应——服务提供者的精力聚焦于服务标准的达到和数据的完成，个体的道德责任和公共服务的精神被不断淡化，这样的顾客关怀是狭隘的关怀。

在欧美国家的新公共管理改革浪潮中，顾客满意的数据化体现成为重要的改革抓手，顾客满意度评估成为衡量公共服务质量的核心工具。英国的公民宪章运动将顾客至上分解为具体领域的量化服务标准，例如"《病人宪章》中明确规定：病人到诊所就诊时，应该在约定时间的30分钟内就诊；市区内急救车14分钟必到，市郊为19分钟等；《乘客宪章》也规定铁路旅程的准时率和诚信度的最低限度，如低于其最低限度，铁路公司将提供10%的折扣优惠等"（毛立红，2006）。政府对公共组织的审计考核主要以服务标准进行顾客满意度评估。这样的顾客至上式公共服务评估取向会造成两大弊端：①未纳入公共服务量化标准的顾客需求被剥夺了呈现和实现的权利，这意味着少数派的公共服务需求将不会被纳入政策议程，也就不会动员公共资源加以解决，所谓顾客就狭隘到了"数字顾客"的层面；②公共服务被明确量化后，配套相应的监督、评估机制，极容易造成服务提供者出现"目标置换"效应，即公共服务精神、个体道德责任消磨于程式化、标准化、定量化的服务提供中，最终，提供者们只会关注服务标准的达到和数据的最优，顾客亦会被异化到"程序顾客"层面。

综上所述，公共服务质量评估的功利主义取向，要求在公共服务中秉持顾客关怀，普遍回应顾客需求并着重于顾客的普遍福利实现；顾客需求的碎片化和冲突性，容易导致公共服务行为碎片化和价值冲突；而普遍福利实现需要用统计方式量化衡量，而量化方法对少数顾客的需求损害和对公共精神的间接消磨又使得公共服务无法真正实现顾客至上，新公共管理所追求的顾客至上存在内在冲突和悖论。

显然，在公共服务质量评价中，功利主义取向主导的顾客关怀，将公共服务质量过分聚焦于顾客满意。这种对顾客需求的关怀，立足于个人需求的整体数字化呈现，个体需求只是整体量化顾客需求并评价公共服务质量的一个工具。总之，公共服务对个体需求的忽略乃至损害，只要控制在一定量化范围内，不会导致顾客满意度的显著变化，亦不会对公共服务质量有明显影响，但这样的顾客关怀还是公共服务精神和顾客至上的本意吗？所以，功利主义取向的顾客关怀，将公民视为顾客、将服务公民视为顾客需求的统计化呈现与满足，这实际上是将关怀作为对个体需求的统计之和的满足，没有注意到关怀与正义和公共性的恰当关系。关怀伦理主张的关怀体现的是圈层结构，即关怀要有层次和重点，处理好关怀与正义、功利的关系。顾客关怀最终只是追求数字化的普遍需求满足、程序化的服务标准贯彻，实际上是一种“狭隘关怀”。

5.2.2 新公共服务理论的公民美德假设和“泛化关怀”问题

1)新公共服务理论民主价值取向的公民美德假设

新公共服务理论是在批判新公共管理运动的基础上发展而来，其核心理念在于“在人民主权的前提下，作为最主要公共管理主体的政府，其基本职能是服务于公共利益，既非亲自‘划桨’又非代替公民来‘掌舵’”(肖建华和邓集文，2007)。珍妮特•登哈特和罗伯特•登哈特(2004)在其著作《新公共服务：服务而不是掌舵》一书中，系统提出了新公共服务的7大原则：①服务于公民，而不是服务于顾客；②追求公共利益；③重视公民权胜过重视企业家精神；④思考要具有战略性，行动要具有民主性；⑤承认责任并不简单；⑥服务，而不是掌舵；⑦重视人，而不只是重视生产率。新公共服务理论提出以民主公民权、社区与公民社会理论、组织人本主义和新公共行政为主要理论来源，总的来说，新公共服务要重新恢复民主政治价值传统在公共服务中的主导地位。在其理论中，有三个重要的理论观点：强调公共性，注重公共服务的公共利益属性；重视公民及其公民权；重视社区与公民社会理论所表达的参与、对话、协商。

新公共服务理论所重视的民主价值观，根植于“亚里士多德-卢梭”的共和主义传统。具体而言，新公共服务理论重视公民地位、公民权以及由此生发的参与、对话式公共利益观，背后预设了共和主义思想体现的公共精神和民主参与等公民美德的核心地位。在论述新公共服务理论中，登哈特夫妇就将“亚里士多德-卢梭”的公民美德作为重要的理论来源，包括亚里士多德主张的“公民理想”——为了实现更高的“公共善”、公民积极主动参与公共事务，也包括卢梭的公民权理论——“公民权包含着对公共事务的一种重要参与水平……并且包含着一种将个人自己的利益置于更广泛的社会利益之下的临时意愿”(珍妮特·登哈特和罗伯特·登哈特，2004)。桑德尔认为在公共利益和民主参与的议题上公民具有政治美德，“公民能够根据自身利益做出选择……会超越自身利益去关注更大的公共利益，并具备更广阔、更长期的视野”(罗伯特·B.丹哈特等，2002)。故而，新公共服务理论重视公民及公民权，提出公共服务是公民权的扩展和延伸，要重视公共服务中的公民参与、对话与协作。

可见，新公共服务理论所依托的公民之本质，并未脱离共和主义政治传统，尤其是现代协商式民主政治的范畴；共和主义和后来兴起的新共和主义思潮对人之理性和美德的界定，深刻影响了新公共服务。没有政治美德和公共精神，人还会处在中世纪的神学统摄和蒙昧主义；没有公民对良善政治的追求和参与政治生活的美德，公民会缺乏参与动力、共同体意识和公共精神，通过参与和对话实现公民与政府的双向互动就会成为无本之木、无源之水。因此，不同于传统公共行政和新公共管理的政府本位思维，新公共服务理论将公民推向了政治舞台的核心，强调政治学传统中公民美德的意涵，将公民定位于注重公共利益、参与政治生活、富有政治美德的人。

2)新公共服务理论公民美德假设的“泛化关怀”缺陷

新公共服务理论对公共善、公民美德的弘扬，受到了多方的批评，存在诸多缺陷。批评者从个体利益诉求、社会政治结构、文化宗教传统、资源稀缺有限等方面提出批评，认为新公共服务对公民的道德性界定和公共利益的协作式实现，是理论构想和道德推演，忽视了个体的多面本性、资源的稀缺性、社会群体的碎片化、消费文化盛行和价值多元的现实。陈世香和谢秋山(2013)从避免囚徒困境的“合作非占优”策略出发，提出个体自由、理性需要“宪法秩序的防护”，他们也从“文化信仰、政治权力结构、资源稀缺性和欲望无穷性”的方面说明新公共服务依托的公民美德假设是理论构想，与现实世界存在距离。袁年兴(2013)详细阐述了新公共服务对公民美德的强调会导致公共利益的模糊性和易变性，这就要求通过参与和协作达成共同的利益及行动；故而，新公共服务借以公民美德实现了公共利益的道德化；这样的理论建构“忽视公共利益的客观物质基础以及人在实践中的主观能动性”，没有充分考虑资源稀缺带来的生计压力会极大影响公共意识和公民参与的精力与热情，忽视了市场规则和消费文化的泛滥造成了新公共服务“无法形成这种统一的公共利益的表达机制”，特别是社会价值间的张力和主流价值体系的危机会导致公共利益的达成失去互信、公民美德的衡量缺失标准。此外，新公共服务的公民美德假设忽视了社会群体碎片化带来的政治议程中的信息不对称和实力不平衡，导致“政治场域存在着被其中一支超大力量控制的风险，公民美德、民主精神在不同力量的博弈之中很难达成利益层面的一致性，贪婪、暴力、欺诈以及弱肉强食等人性丑陋的一面在国家的名义下日益膨胀……尽管它鼓吹公民美德，并贴上了民主价值的标签”(袁年兴，2013)。

可见，学术界对新公共服务理论的批评集中在理论建构与现实世界的脱节问题上。这本身无可厚非，学者们对制约公民美德和公共利益达成的现实因素的分析囊括了个体、社会、政治、文化宗教、自然禀赋等因素，可谓包罗万象；但这里的现实因素也是学者们认识出来的“现实”，这一“现实”一定是对客观世界的全面反映？难道不存在人们因思维模式导致遮蔽认识视角而“埋没”的现实因素！由此观之，学者们对新公共服务理论的缺陷因素的研究存在明显的认识方式或思维惯性的分野，从“资源稀缺、消费文化盛行”的视角体现了功利主义的思维方式，而“个体欲求、本性多面、价值多元和社会群体的碎片化”的角度则体现了典型的个人主义为核心的自由主义式的思维模式。这两种思维方式看似对公民美德和公共利益的制约因素做了全面的概括，而关怀伦理却给我们提供了不同的批判视角，因为以上两种思维方式都忽略了女性角色和家庭活动对公民道德和公共善培育的重要性，这与传统政治学学科发展中对女性及家庭关怀活动的忽视是一脉相承的。总之，学者们对新公共服务理论公民美德假设的缺陷分析忽略了女性角色、家庭活动和关怀价值的认识视角，关怀伦理作为女性和家庭活动生发的系统理论对批判分析新公共服务公民美德和公共利益假设具有独特作用。

关怀伦理也认为，对人的美德和理性的设定，是理论上的假设和构想。但是，关怀伦理对美德和理性的批判却是从人们所忽视的家庭关怀价值出发的，关怀伦理对公民美德和公共利益的参与式达成的批判给我们打开了全新的认识视角。最重要的就是关怀伦理唤起了对家庭关怀活动的重视，并把它们带入了政治学科研究的话语体系中。在关怀伦理看来，新公共服务理论依赖的公民美德假设忽视了公民在现实成长中塑造美德的或然性、美德塑造偏差后纠正的困难性。换言之，公民美德只是概率性的存在而非客观实在；在现实生活中，人从出生开始，成长的每一步实际存在的是如影随形的关怀过程，公民实际是由情感性关系所建构、由从近及远的母爱、家庭、亲戚、朋友、社区等构成的圈层关系所建构，公民美德的培育与情感性关系的程度、关怀活动的到位与否密切相关；个体人格培育具有明显时效性，一旦公民美德培育偏差，再社会化的过程将十分困难。总之，新公共服务理论对公民美德发挥和公共利益达成的估计过于乐观，而关怀伦理启示我们，公民美德具有高度或然性和风险性，它是以情感性关系为底色、关怀之活动为保障，并不是天然存在的。新公共服务的公民美德假设实际上类似于通过霍布斯或洛克式的政治社会契约建构来设定并培育公民的公共美德，湮没了关怀行为培育公民美德的现实存在，关怀价值并未进入公民美德建构的视野，而是被泛化为民主或社会化进程中政府或社会对公共美德的回应。

因此，新公共服务重视公民权、公共利益和对话合作等民主价值，这些理论主张依托的公民美德假设又有一重大缺陷，即“泛化关怀”问题。具体而言，新公共服务重视了作为公民的“我”，但不等于重视了作为自己的“我”。表面上看，新公共服务回归了普适性的政治美德——在其中“我”被建构为公民，但是它忽视了“我”在现实中是如何成长为自己。作为公民的“我”之自由、权利、公共等民主价值都是理论建构并通过教育等社会化手段的产物，但同时作为自己的“我”之本欲、直觉、情感等也都是先验存在并随个体成长而自然生发，公民美德塑造是在这两种“我”的交织中完成的，而这个过程的最重要阶段——已经被人格发展理论证实①——是个体成年前的人格发展阶段；由于公民个体尚未成年，这个阶段是家庭和亲情关怀最活跃的时期，而政治和社会化进程通过教育的介入并不占主导地位。所以，新公共服务重视到了公民权及公民美德，也关注了社区和关系的重要，但它忽视了关怀价值和行为对公民美德培育的基础性影响，忽视了关系由于关怀活动出现的亲疏冷热，导致关怀价值泛化为民主或社会化过程中政府或社会对公民美德的回应，即“泛化关怀”。

---

① 埃里克森的八阶段人格发展理论显示，对形成公民美德最重要的是从婴儿到青春期的前5个阶段，在这期间，信任、自主、勤奋和自我认知与社会认知的同一性的发展，家庭关怀活动的影响至关重要，而这些个体人格的发展直接影响公民参与政治生活后美德的状况与再培育的难度。

3）公共服务质量评估民主价值取向的泛化关怀问题

作为公共行政学科发展的一个子领域，公共服务质量评估研究也深受公共行政学的范式演进的影响。在新公共服务理论的引导下，公共服务质量评估开始注重民主价值和公民本位的取向；在指标设计和操作化上，公共利益、回应性、参与、协作等方面的指标和实践在公共服务质量评估中得到高度重视。

民主价值取向指导和评估公共服务质量，将关怀价值泛化为社会和民主机制的作用，遮蔽了关怀价值对衡量公共服务质量的重要性，这会带来两个问题：一是衡量质量的维度缺失了人性关怀的价值取向，由于满意度评价方法与服务中的人性关怀关系明显，会造成过程性统计指标和满意度指标之间的不一致性，导致质量评估结果的不明扰动，影响评估的信度；二是对于具有明显关怀特质的公共服务项目，公共服务质量对关怀行为的弹性很大，质量评估缺失关怀价值考量，会影响公共服务质量评估的效度。

首先，公民服务质量评估的民主价值取向会最终体现在评估指标体系的设计和操作化上，现今质量评估的指标体系设计中多是将体现公共服务质量的客观统计数据指标与主观公众满意度指标相结合，在效率效益等功利价值取向和民主公平等民主价值取向的指导下，设计客观和主观指标的具体内容和操作化。由于体现民主价值观的满意度指标和过程性指标缺失了人性关怀的价值考量，这会造成人性关怀因素对质量评价效果的扰动，尤其是，一旦被评价的公共服务由于忽视人性关怀而带来对公民价值的忽视乃至损害，该项公共服务的质量评价就会陷入十分被动的伦理困境中，科学合理的主客观相结合的二元质量评价就会在伦理争议中面临评估信度争议的尴尬处境。

现有公共服务质量评估的研究中，关于民主价值取向的质量评价指标体系及其操作化的研究俯拾即是，它们都不够重视或忽略了指标设计和操作化中贯彻人性关怀的价值取向，这些研究大都面临着上述潜在的伦理风险。例如，2018 年 6 月某地“多人暴雨天触电身亡”事件，折射了当地公共设施和安全服务的人性关怀缺失造成的严重后果，当地城市基层公共设施和安全服务陷入伦理声讨中，服务质量大打折扣。显然，若城市基本公共服务质量评估忽视了类似人性关怀的操作化，一旦类似电力设施防水和避险等人性关怀存在不周就会造成严重后果，关怀价值缺失就会对公共服务质量衡量产生严重负面效果。结合城市基本公共服务质量评估研究和这一热点新闻事件，本书就缺失人性关怀对公共服务质量评估结果的扰动，进而影响评估的信度这一问题做如下分析。

针对城市基本公共服务的体系建设，原珂等（2017）提出了构建面向城市社区的基本公共服务质量评价指标体系，贯彻了系统思维设计指标体系，将城市社区的基本公共服务细分为“社区公共安全、社区基础教育、社区医疗卫生、社区社会保障、社区基础设施、社区劳动就业、社区文体休闲、社区环境保护、社区公共信息和社区基本公共服务”10 项内容；并将每项内容又细化为与百姓密切相关的具体项目，如“社区公共安全”细化为“安保服务、消防服务、自然灾害救助和冲突化解服务”，“社区基础设施”细化为“基础市政工程设施、基本生活服务设施”；每项指标的操作化设计则秉持了公民满意、公平公正、公共利益的价值取向，如，“基础市政工程设施”的服务质量考察“社区道路状况，社区供电、供水、供暖等状况，社区公共厕所数量，社区公交站数量”等指标。现在，我们假定用这套评估指标体系评价 2018 年某地社区基本公共服务质量，恰巧 2018 年某地城市发生“暴雨下多人触电身亡”事故——社区地下停车场、公交站点等公共场所电力设施安装和断电处置不当，导致过往群众直接触电身亡；显然，无论社区公共电力设施数量如何充足、维护如何到位、分布如何均衡，社区公共安全和基础设施的公民满意度会受到“暴雨下触电身亡”这样的关怀价值缺失的负向影响，会出现与统计数据评价明显不一致，公共服务质量评估受到了关怀因素的扰动；若关怀价值一直未被纳入质量评估体系，那类似公共设施防雨断电等人性关怀价值要求就始终会在背后影响质量评估的信度。

总之，现有的质量评价指标体系较为完整地评价了公共服务质量，但公共服务最终是由公民感知和受用，若现实中的某些关怀因素没被考虑却真实发生，这所引起的公共服务质量的伦理风波会极大影响公共服务质量评价的信度，甚至会让公共服务质量评估成果走到公民本位的对立面。

其次，公共服务的实现是由一次次面对面的服务过程所构成，服务价值也是在具体服务互动中由服务者和公民的行为取向体现，公共服务的实践本质上是在做人的工作，不仅要考量经济性、公正性和民主性，也要考虑人际关系和人性价值。民主价值对公民权利和公共利益的重视常被视为对普遍公民的普适性关怀，但这种所谓的普遍关怀是泛化关怀，不是关怀伦理意义上的人性关怀价值。尤其是在强关怀特质的公共服务提供中，民主价值的考量往往是统计意义上的公共利益和公民权利的维护和均衡，不等同于实现人性关怀，此类公共服务质量对关怀价值和行为的弹性很大，如养老、教育、妇幼保健等；即使民主价值观在公共服务供给中贯彻得力，人性关怀的价值实现程度还是会直接影响公共服务质量的高低；若公共服务质量评估对关怀价值不加重视，服务质量评估就会不断地被不同情景中的人性关怀因素影响，造成满意度评估的效度失真，甚至会把服务质量评估推向不可控的伦理风险境地。

以托幼公共服务为例，托幼公共服务的基本属性具有两个不可分离的面向，“一方面，它具有教育幼儿的功能，是基础教育体系的重要组成部分，具有社会公益性；另一方面，它对妇女就业、帮助工作妇女平衡工作家庭关系、解除妇女后顾之忧、促进妇女发展和社会经济发展有着重要意义和作用”（和建花，2017）。故而，对于托幼公共服务的质量评价，我们首先需要考虑的是托幼机构照料、教育幼儿的质量，这一质量的衡量离不开对幼儿的关怀理念及行为的落实；基于性别平等、女性权利、社会公平、人力资源开发等角度考量，托幼公共服务质量评价也需要关注正义、民主和经济效益价值，但这些都是建立在高质量的照料和教育幼儿的基础上。倘若将尊重女权、性别平等、阻断代际贫困等民主价值取向泛化为对女性群体、幼儿群体的平等权、发展权等普遍利益的关怀，这就是对人性关怀价值的误读，会影响托幼机构改进照料、教育幼儿活动的积极性。若具体情景中幼儿被不妥当地照料、教育，那么，此种关怀失范会通过家庭亲情关系的催化直接影响公众对托幼公共服务质量的评价；我们的托幼服务质量评价若未将关怀价值纳入考量，将会被不同情景中照料、教育幼儿的不当行为所干扰，影响评估效度；更为严重的是，如果群体性或典型性的照料、教育幼儿的不当行为被公之于众的话，未纳入关怀价值的托幼服务质量评价将会被卷入舆论风暴的中心，面临密集的伦理拷问。

5.2.3　“效率效益-公平民主”二元价值取向的普遍化问题

1)公共行政学科的价值取向发展脉络

公共服务质量评估的价值取向脱胎于西方公共行政学的价值演变，在行政学诞生后，传统公共行政以古德诺的“政治-行政”二分理论、韦伯的官僚制和泰勒的科学管理理论作为支柱，“它们在理论旨趣上具有一致性，即强调‘效率中心主义’”(柴生秦，2007)，它将公共行政的道德性定位于效率，即效率是公共行政最基本的善。不可忽视的是，在提倡公共行政效率至上和价值中立的同时，政府机构和人员的道德问题在不断被揭露、关注、批判，尤以美国的“扒粪运动”为典例；此后，公共行政学界对公共行政效率首善的价值取向，不断进行着反思，正如库珀所言，“由于对行政角色之本质的共识在 20 世纪 30 年代后期开始发生变化，从假定政治与行政的分离到承认公共行政工作所不可避免的政治性质，价值与伦理的地位开始在文献中出现了”(张乾友，2013)。20 世纪 60、70 年代，新公共行政学派兴起，其主张将“社会公平”作为与效率同等重要的标准，公平正义被引入公共行政的价值体系，成为“好”公共行政的基本要素。后来的新公共管理运动将传统公共行政的效率首善作了修正，它将效益、效能作为效率中心的必备要件，并强调“顾客至上”——真实回应顾客需要，将“3E”价值标准的关注重点从组织内部和流程转移到公共行政的产出端，并强调回应性。新公共管理运动后期，新公共服务理论和治理理论等重新发扬了新公共行政和民主价值，将民主与公民权、参与与协作、公共利益等价值重新纳入公共行政的价值体系。

诚然，一些公共行政学者提出公共行政还没有形成统一稳定的学科范式，我们要慎重借鉴经济学、物理学等学科的学术史传统，避免对学科演进问题进行逻辑分明的发展时序分析。比如，某些前后相继的公共行政理论流派，如新公共行政学派与新公共管理运动，并没有继承发展的传承关系而是互不相关的偶然前后关系。但是，学科流派的“山头林立”并不等同于公共行政价值纷繁杂乱，价值取向是对学科研究进行伦理性元研究，多范式的研究流派并不排除公共行政在多个范式的碰撞激荡中形成线索明显的价值演进脉络。何艳玲和张雪帆(2014)提出了尚未形成统一学科范式的公共行政学要慎重进行断代史式的学科史研究。其认为，“由于学科基础的分裂，仅凭时间先后而推断学科传承关系，极易出现对行政学说的误读”。基于此，何艳玲和张雪帆(2014)详尽分析了公共行政学科认识论渊源，探究公共行政流派背后隐藏的认识论法则；将公共行政的认识论法则归纳为“实证主义、解释主义、批判理论和后现代”，实证主义反映的是效率中心的价值主张，解释主义的认识论客观需要民主价值的回归，批判理论要求回应性价值取向要在公民与行政的实践互动中把握，后现代的认识论传统主张公共话语、沟通互动的重要性，反映了积极民主价值取向。分析每项认识论法则背后的价值取向依归发现，公共行政的认识论传统侧面印证了公共行政价值的发展脉络。

梳理公共行政的价值演进脉络发现，对何谓好的公共行政的思考即公共行政的道德界定，经历了从效率中心到强调回应、从公平公正到民主导向，最后走向二元综合价值框架，即公共行政的道德性不再是单一价值决定，而是由效率与效益、民主与公平呈现的综合面貌。

2)公共服务质量评估研究的二元价值框架

公共服务质量评估的价值取向，脱离不开公共行政价值取向的整体发展脉络。公共服务质量评估是公共服务研究的子领域，质量评估所应秉持的价值观脱胎于公共行政的学科价值观演进，尤其是新公共管理运动后期新公共服务等学科流派对服务质量伦理界定的影响。

纵观公共行政学科的价值取向发展脉络，可以清晰发现，公共行政学的发展始终受到管理学和政治学的钟摆式影响；历经一百多年的发展，公共行政学尚处在管理主义价值观和民主价值观的张力中寻求范式统一性的阶段；“效率效益-公平民主”二元价值框架是根据公共行政学科价值观发展脉络而总结的公共行政的伦理价值观念，这些观念是管理主义和民主价值的显化表达，且运用到了公共行政研究的具体领域。

在公共服务质量评估研究中，无论是理论研究，还是指标体系、评估方法等实证研究，质量评估背后的价值取向都集中在“效率效益-公平民主”的价值框架中，“效率效益-公平民主”二元价值框架已经取得广泛共识，可以称为公共服务质量评估的普遍价值取向。比如，陈昌盛和蔡跃洲(2007)提出了公共服务质量评估的“公平-效率”双重质量观，认为公共服务质量评估既要考虑“效率”即“公共服务的投入与产出转化关系”，也要注重“公平”即“地区间和城乡间的群体公平，……使最弱势群体的状况得到最大的改善，同时必须使所有的群体和个人享受公共服务的‘底线完全平等’”。Subirats Joan 提出公共服务质量的二元价值观——民主质量观和商业质量观。在此基础上，陈振明和耿旭(2016)总结了民主质量观和商业质量观的不同价值标准和维度，“前者更加注重民主、回应性和透明标准，而后者更加注重经济和效率的价值取向”，这与“效率效益-公平民主”的二元评估价值取向相一致。此外，陈振明和耿旭(2014)在 Subirats Joan 的民主与商业二元质量观基础上提出了自己的“效率、效益-回应、公平-参与、协作”依次递进式三元公共服务质量观，其反映的伦理价值意涵也在效率中心与公平民主的范畴内。姜晓萍和郭金云(2013)提出公共服务绩效评估价值取向的“工具理性”和“价值理性”的统一，工具理性涉及“政绩驱动、泛经济化、效率为上、工具导向等”，价值理性包括“科学发展、公平正义、公民满意、公民参与和公共责任”，这些价值取向根本上也没有脱离效率效益、民主公平的伦理价值框架。

综上所述，公共服务质量评估的“效率效益-公平民主”二元评估价值框架在现有学术研究中具有普遍适用性，不同学者对公共服务质量评估的价值取向在内容表述和体系编排上会有不同，但未突破或颠覆现有伦理价值框架。

3)二元价值框架普遍化的关怀伦理批判

公共服务质量评估的二元价值框架体现了伦理学中主流价值理论——功利论、义务论和权利论的影响，从伦理学的角度分析，“效率效益-公平民主”二元评估价值框架其实也是主流伦理价值在实务领域的运用，效率中心主义体现了利益最大化和精确计算的功利论导向，公平正义是“绝对道德命令”式的作为内在义务的伦理价值，民主以公民权利为本、公共利益至上体现保障公民权利的价值取向。二元价值框架的普遍化实质上是主流伦理理论的普适化的反映。

功利论、义务论等主流伦理理论的普适化受到了伦理学界的批判，关怀伦理就是其中一支。关怀伦理着力批判了主流伦理理论的理性建构和追求普适的问题，批判了主流伦理理论背后的男性话语主导和忽视关怀活动及其价值的现象，这为公共服务质量评估的价值思考打开了不一样的伦理视角和价值逻辑。

哲学史上，曾经存在的经验论和唯理论的学术争论本可以有助于发现关怀价值对知识生产的重要性；但是，经验论者并未充分注意到其男性话语的不足，对女性经验和关怀活动未予重视，换句话说，男性角色长期主导社会权力结构和价值分配，理性思维及其产生的伦理价值构建几乎排除了社会发展、政治进程和知识生产的女性关怀视角，理性主义成为伦理建构的主流逻辑，伦理价值的形成充满了概念、判断、推理环节乃至发展为数学模型的高级形式，似乎非理性因素（直觉、情感等）与伦理价值不是同一场域的存在。

在关怀伦理看来，理性主义作为道德伦理建构的主流的普遍逻辑是不合适的。关怀伦理着力批判了理性逻辑建构起来的追求普适性的主流伦理理论，提出道德伦理还应该看到其在非理性传统中生发的可能，认为女性的家庭关怀活动所展现的关怀价值应成为重要的普遍伦理价值，并与功利、正义等主流伦理价值形成互补格局。

具体而言，通过母爱关怀的原点，关怀伦理从关系的情感性出发，认识到在具体情景中情感性关系对人道德性的培养和塑造作用；在这样的关系中关怀伦理所倡导关怀美德和关怀行为也构成道德伦理的重要部分。公共服务质量评估的“效率效益-公平民主”二元评估价值框架的普遍化，本质上是理性主义的普遍运用，这一框架并未充分注意到个体成长环境中作为起点的母性关怀活动对个人价值观念形成的基础性影响。而公共服务是具体的人际间服务的供给、传递、享用的过程，既然称之为“公共”之服务，那么公民对公共服务就有明显的依赖性，自我满足不现实抑或不经济；加之，家国同构、忠孝一理的政治智慧作为重要的政治遗产延续至今；由此观之，公共服务的互动关系借鉴家庭活动的关怀关系具有必要性和可能性；而且这样做不仅能拉近政府与公众的情感距离、增强政府合法性，还能在公共服务的过程中激发家庭式的个体认同，自然提升公共服务质量。

总之，公共服务兼具有公共性、经济性和关系性的特点，三栖于科学、民主与人文之间，现有研究将公共服务质量评估的价值观局限在二元价值框架之中，并将二元价值框架普遍化，忽视了关怀价值对公共活动的重要借鉴意义，未充分重视到具体情景和情感关系对公共服务质量评价的重要性。

5.3 标准化导致的服务刚性及其策略博弈和目标异化批判

5.3.1 标准化下的服务刚性与情景化下的服务柔性的矛盾

1）公共服务质量标准化导致服务刚性的问题

公共服务质量标准化意味着公共服务质量的衡量将通过对质量内涵和服务类型的多级维度分解，细化到最底层的服务行为及对应的数量体现，以此，公共服务质量标准化将对公共服务质量如何认识、如何实践纳入普遍的标准框架，形成如何实现公共服务质量的操作手册。

《灾后过渡性安置区基本公共服务》国家标准（“GB/T 28221.1—2011”），将灾后过渡性安置区基本公共服务质量按“环境服务；安全服务；卫生服务；商业服务；文化体育服务；帮扶救助服务；残障人员康复服务等”（中国标准化研究院等，2011a）的服务分类分解，在每类服务中细化服务质量内容，通过 3～4 级细化，将公共服务质量的衡量细化到具体服务行为中；譬如在文化服务中，公共服务质量标准细化到了讲座、报刊栏、广场文化活动等(中国标准化研究院等，2011b)。英国在医疗卫生服务质量管理中也进行了标准化实践，其建构了卫生服务质量与结果指标体系(quality and outcomes framework，QOF)来管理卫生服务质量。QOF 质量标准体系包括“组织机构、患者反馈、临床方面”三个一级标准层，在“临床方面”按 10 种临床疾病划分了二级标准层，每个疾病种类下按“记录、诊断和治疗前、治疗中”划分为三级标准层(陈文博，2012)，在三级标准下具体设计了医务人员的操作规范，作为卫生服务质量的最末端控制；例如，高血压疾病，在三级标准层下，细化到了医务人员“建立高血压病人信息记录，……记录吸烟高血压病人吸烟次数，……建议病人停止吸烟……记录血压测量数值等”(陈文博，2012)。

公共服务质量标准化使得对公共服务质量的认识和行为规范被严格限定在标准及其细化操作体系中，加之，公共服务质量标准和后续质量评估息息相关，公共服务质量标准化的贯彻就更为彻底，服务刚性的特征愈发明显；这固然有利于公共服务的质量统一和精准控制，推动公共服务规模化供给；但是，这也导致了公共服务提供者对公共服务的认识和行为均受到极大制约，不利于鼓励创新公共服务提供和满足日益多样化的服务需求。

在关怀伦理看来，公共服务质量标准化是理性主义原则在公共服务质量衡量中的极致体现，标准化要求带来的服务刚性特征，导致的主要问题是公共服务供给主体缺失自主性、公共服务供给内容缺少应变性、公共服务供给方式缺乏灵活性。

首先，关怀伦理主张服务活动中关怀者的关怀价值培育和关怀行为激励，而现在的公共服务标准化将供给主体置于完全程序化的公共服务规范中，人之于公共服务如同于代码之于计算机程序。供给主体在多变的公共服务传递环境中会面临标准化与情景要求间的极大张力，囿于标准化建设将其与公共服务质量评价紧密结合，公共服务供给主体往往不得不刚性遵守标准化要求，不会关心培育关怀价值，也没有动力进行关怀行为；故面对多变的公共服务情景，公共服务质量标准化的刚性贯彻，使得供给主体严重缺失自主性。

其次，关怀伦理对于公共服务研究的可贵之处在于关怀价值为我们重新审视公共服务内容的优先性和结构性问题提供的别样的价值导向。公共服务的供给内容是面向社会公众的，公众满意是极为重要的衡量标准，而公共服务质量标准化将公共服务内容体系和优先性偏好以经验总结和理性设计的方式加以固化、推广，便于大规模产出；这样的刚性推广会导致公共服务内容缺少应变性，尤其是在关怀视角的审视下，这一弊端更为严重。

关怀价值注重人与人之间的情感性关系，这种关系建基于家庭关怀中母亲与子女的依赖性关系，故关怀伦理特别注重对社会关系中情感性依赖关系的价值支撑和关怀回应。仔细审视公共服务质量标准化，我们发现，标准化建设并未发现公共服务供给中存在的公众依赖性需求和情感性关系；对于安全、环境、交通、通信等公共服务，公众不能自给自足，故属于依赖性需求但情感色彩不强；可是，对于涉及特定群体（老弱病残孕等）的基本教育、养老、医疗、殡葬等公共服务，属于兼具依赖性和情感性的服务项目，特别需要供给主体如同家庭中的关怀者一样对特殊群体进行富有关怀价值的服务传递。但是，公共服务质量标准化并未对涉及特定群体的公共服务予以标准外特别对待，而是纳入一体化刚性标准，这样做使得供给主体缺乏自主性，也会导致公共服务供给内容缺乏应变性，即无法应对具体情境中的关怀要求。

最后，公共服务质量标准化缺少对公共服务供给的非标准化考量，也会带来公共服务供给方式缺乏灵活性的问题。由于长期以来关怀伦理并未引起相关研究的足够重视，公共服务质量评价中也鲜有涉足。因而，当用关怀伦理衡量公共服务时，我们发现涉及特定群体公共服务的供给不能仅仅唯理性地设计标准化路径，还应该重视关怀价值导向的非标准化实现路径，如情景化授权、主体关怀行为塑造、过程性相关者评价等。否则，此类公共服务也会和个别地方脱贫攻坚行动一样变成唯标准、唯痕迹、唯数据的集体秀。现有的公共服务质量标准化路径过于强调理性设计、过于突出经济价值和民主价值导向，尽管这样的标准化体系具有必要性，但这一体系并未考量到特定群体公共服务对供给方式的特殊要求。

2）具体公共服务情景化产生服务柔性的需求

在关怀伦理看来，公共服务的最终实现是面对面的服务传递场景，公共服务在面对面的服务传递中具有异质性，即服务对象的境遇和需要不同、老幼病残等群体的人性关怀需要的存在、服务环境的不确定性等；这使得服务提供者和服务对象的沟通对话过程产生了标准尚未涵盖的问题和诉求，故而，公共服务在最终落地的过程中离不开服务柔性的一面，需要富有人性关怀地提供服务，而在公共服务质量标准化的巨大刚性要求下，公共服务提供者就会在服务刚性和服务柔性的张力中无奈地选择前者。

第一，关怀伦理主张的依赖性需求和人性关怀的价值，要求我们对公共服务对象的依赖性特殊境遇和特别需求作出回应，要求供给主体提供柔性的公共服务，这是出于人性关怀的价值考虑。表面上，这好像与公共服务的公共性定位不符，但我们忽视了每个个体都会在公共服务享有中出现一些特殊情况和需求，虽然特殊情况的内容不同，但出现特殊情况的可能性是均衡的，况且纳入考量的仅仅是依赖性的特殊需求，故对公众依赖性特殊需求进行柔性的公共服务供给符合公共性定位，也是对普遍公众的人性关怀。

姑且不论特殊群体的公共服务，就普遍性公共服务而言，由于服务对象的依赖性特殊需求产生的公共服务柔性提供的案例屡见不鲜。流动人口的异地身份证办理等户籍服务，车辆审验的异地通办等公共服务都是考虑到流动人口异地办理业务的特殊需求而群众无法自己解决或户籍地提供服务成本过高；政务服务中的紧急情况绿色办理服务等都是针对群众依赖性特殊需求而设立的柔性化服务项目。

第二，具体公共服务项目的供给情景中，针对特定群体（老弱病残孕等）的公共服务中人性关怀价值与行为是关怀伦理所关注的，也是公共服务供给中不可或缺的，它要求公共服务供给主体要有充满关怀美德的关怀行为，而不仅仅是依据标准化程序而例行公事。故而，特殊群体的公共服务更为重视供给主体和服务过程对于服务对象的人性关怀，即真正决定公共服务满意程度的不是服务绩效而是服务过程中的关怀行为，这就对公共服务的柔性供给提出更高要求。

在公共服务体系中，特定群体的公共服务占有重要地位，但公共组织并未重视到这类公共服务质量评价的关怀价值导向，在公共服务质量标准化进程中，也没有十分重视特定群体公共服务的柔性化问题。往往是在该类公共服务中出现严重的人性关怀问题，导致舆情事件，才会进行应对式解决，并未从价值导向层面整体解决特定群体公共服务的柔性供给问题。例如，养老服务属于典型的特定群体公共服务，政府或公私合作提供的养老服务在公众看来如同家庭中的赡养老人的关怀行为；各级政府对养老服务设立了诸多服务标准体系，特别注重可持续、公平、协作等价值考量，但多少忽视了或者未意识到服务标准化设计中的关怀价值的基础性地位和全面贯彻，如本书开篇所举的养老金领取资格集中认证导致的“九旬老人社保年审，众人合力抬上三楼”事件，前文提到的河北某地敬老院的老人双脚溃烂、护理不周事件都引发了极大的舆论关注。这些实例都是养老服务中的细节问题，并不大范围关涉老年群体、也不涉及老年人重大权益损害，但却可能快速引发舆情事件，这本身就充分说明特定群体公共服务的关怀价值导向是必不可少的、具有基础性地位的，此类公共服务最应关注关怀价值和行为的贯彻，服务标准化建设的同时也必须建立促进关怀价值培育和关怀行为激励的柔性服务制度。

3)服务刚性的惯性与服务柔性的要求间的矛盾

面对公共服务在不同领域和不同情景中的异质性和人性化现实对标准化的批评和冲击，公共服务质量标准化将标准的适用设定在具体领域和情景，通过标准的层层嵌套，形成标准体系以实现整体公共服务质量标准化，通过标准体系设计以解决服务异质性带来的问题。

但是，公共服务标准化的体系建设不能从根本上解决服务刚性和具体情景下服务柔性的矛盾：①因为层层嵌套的标准体系也最终会要求服务提供者遵守最低层次的服务标准，这些标准不能完全预见一切突发情况和公众需求，也不能给予服务提供者应对具体情景的自主权，因而无法从根本上解决服务刚性与服务柔性的矛盾；②针对情景变化而进行公共服务质量标准的适应性调整流程长、耗时久，无法适应服务环境的变化。以英国卫生服务质量与结果指标体系(QOF)为例，其调整有“指标甄校、收集信息、审查和优先排序、指标试行和调整、决议与发布”(陈文博，2012)的完整程序，按陈文博等对指标体系的制定程序分析，指标体系完成更新需要 2 年时间，这显然无法适应当今信息社会环境的快速变化。

总之，公共服务质量标准化不可避免地面对着服务刚性的惯性和服务柔性的要求间的矛盾；特别是在当下公共服务标准化趋势日盛、标准体系不断完善的背景下，现代社会对于服务标准化的推崇，本身就是将理性推至“上帝”的位置。殊不知在具体公共服务的传递中，基于人性关怀的特殊情景五花八门，标准化建设根本无法完全囊括，全面推进标准化只会给公共服务主体带来服务刚性的巨大惯性，使他们认为服务的是“任务”而不是“人”，最终对人的关怀也变得无力、无需乃至无感。

这一矛盾的存在和加剧会给公共服务质量评价带来隐性但严重的负面影响，如果不加审视乃至麻木不仁，一旦隐性矛盾爆发，会极易酿成舆情风暴，导致公共服务建设长期成果面临严重的伦理危机。

首先，服务刚性和服务柔性的矛盾会造成公共服务投入与产出绩效的隐性失衡，且隐性失衡经舆情作用显性化后，会带来较严重的公共服务质量危机。公共服务标准化面对的是公共服务供给的共性程序，标准化的全面贯彻会持续带来良好的统计上的产出绩效，但也隐伏下了忽视人性关怀带来的产出伦理问题，这类问题不断积累，并在某一时刻经舆论的传播扩散，就会形成公共服务质量伦理拷问，公共服务绩效就会出现严重倒退。就像近年部分地区的疫苗造假事件，就是由政府部门对某生物公司的一则行政处罚通告诱发，此后舆情极速汹涌，连同前几年个别地区的疫苗造假等问题被一并翻出，对部分地区政府的药品安全服务质量形成了严重的伦理拷问；之所以会导致如此严重的局面，主要是由于部分地区忽视了药品安全服务质量的关怀价值取向，部分地区政府把药品安全服务质量重点放在普遍药品的安全性、执法的有效性和服务的均等化水平上，忽视了贯彻人性关怀的价值，即没有甄别针对特定群体的药品安全问题，一旦此类问题零散乃至局部出现，这些政府也没有采取超常规措施加以解决，而是等到特定群体的药品安全问题被舆论发酵后，才采取措施，导致过去隐性的个别的服务不到位的情况显性化，最终形成药品安全服务质量的伦理危机。

第二，服务刚性和服务柔性的矛盾会对特定群体公共服务中的服务对象造成更为频繁的个体权益损害，会更为快速地积累对个体的关怀缺失，也更为容易地引起舆论发酵，导致更为严重的公共服务质量危机。这类舆情引发的公共服务质量危机包括养老、医疗、基础教育、社会救助、妇幼保健、殡葬服务等，前文所举的河北养老院老人双脚溃烂、护理不周事件，疫苗造假事件、校园“毒跑道”问题等。在这些特定群体的公共服务中，服务的关怀特质十分明显，服务对象及其相关方常以自己的家庭人性关怀活动为参考，审视、评断乃至诘问该类公共服务供给的质量；不管这类公共服务标准化贯彻的多么彻底、设计的多么完善，一旦这类公共服务中出现对个体关怀的缺失而供给主体没有做好柔性化服务工作，服务投入与产出绩效的隐性失衡就已然开始，这样的个体关怀缺失就会不断积累，加之当下互联网时代的传媒极度便捷，极易诱发特定群体公共服务中若干个体关怀缺失问题的集中披露，借助互联网的传播优势，舆情会极速扩散，最终导致公民对这一公共服务质量的严重伦理诘问，公共服务的投入与产出绩效隐性失衡显性化，服务质量面临严重的认同危机。

5.3.2　“在策略中服务”——策略性服务导致的潮汐性质量退化

1）公共服务质量标准化与策略性服务的产生

公共服务质量标准化与公共服务质量评估是密不可分的，服务质量标准化为质量评估的指标设计和数据采集提供了规范化和集约化的平台，方便了同类公共服务数据的集中采集和评估指标的规范有效；公共服务质量评估的推进也为服务质量标准化建设提供了直接动力和改进方向。正是因为公共服务质量评估在组织奖惩和资源分配中所起的作用，且评估指标面向标准化内容、评估数据从标准化实践中取得。故而，公共服务质量标准化在实务中引起了公共服务部门的重视。

显然，公共服务质量标准化的推进离不开质量评估指挥棒对公共服务组织的巨大牵引力，完善服务标准化建设和服务质量评估，对于公共服务质量而言，是硬币的两面、不可或缺。此外，当下公共服务质量评估与标准化建设继续向纵深推进，评估体系、方法和标准体系、操作化都得到了极大发展，公共服务质量评估和质量标准化越来越展现出相互促进、相互推动的发展态势。

由此，公共服务质量标准化建设不可避免地出现选择性标准化的现象，即在公共服务质量标准化的实现中，被公共组织重视的，在实践中认真加以贯彻实施的是在评估中体现的服务标准尤其是评估中重视的服务标准。也就是说，在公共服务质量标准化的贯彻执行中，质量标准及其标准体系建设已经有了轻重缓急之别，即不同的质量标准在公共组织中的重视和执行程度不同，公共组织尤其优先贯彻在质量评估中权重高的、受重视的质量标准及其具体内容。公共服务的选择性标准化现象，加之，评估指标导向下的公共服务选择性供给，公共服务项目在选择性标准化建设的基础上不断强化评估导向的服务内容选择性供给。于是，公共服务实务中出现了许多策略性公共服务——在策略组合中追求统计数字最优的公共服务供给行为。

2）公共服务供给中策略性服务的具体体现

在现有研究中，一些学者也提出了公共服务质量标准化和质量评估中存在的策略性服务的问题。陈小华（2012）在对政府绩效评估的反思性分析中提出，“通过指标和数据无法充分反映影响政府管理的各种互相作用的因素”。

尚虎平和陈星宇（2013）在研究中更是详细论述了公共服务标准化和质量评估造成的服务选择性和策略性问题，他们通过探究 L 市的公共服务供给绩效，发现“与民生关系密切的评价指标倾向于产生低绩效，甚至负绩效”，且作为 L 市排头兵的 X 市也存在同样情况。他们针对这种现象进行了深入的理论分析，提出 L 市的公共服务部门在“总体公共服务绩效提升上更多采取了指标博弈的策略，即‘捏软柿子’，‘做更容易做的事情’，‘不做对的，只做有分数的’”（尚虎平和陈星宇，2013）；进而他们在绩效评价数据中分析发现，公共服务质量评估得分的上升多来自那些更容易完成、分数权重大的指标，对于一些难度较大的指标即使公众反映强烈也缺少解决办法。由此，数据事实印证了他们指标博弈的公共服务策略的存在，即 L 市的公共服务部门“不做人民热望的，只做能获得绩效分数的”（尚虎平和陈星宇，2013）。颜海娜和聂勇浩（2013）提出了一些地区依托绩效评估问责基层官僚的诸多困境，其中他们详尽分析了一些地区绩效评估存在的“可计量的任务‘驱逐’不可计量的任务”“选择性执行”“绩效悖论”的弊端；尤其是，他们提出一些地区优先执行绩效量化指标，在绩效指标的导向下，选择性执行有利于提高绩效分数的管理活动，导致绩效指标逐渐失去测量的价值；他们的研究显示出了策略性公共行政活动的大量存在。王学军（2017）也在绩效损失的研究中指出了一些地区绩效悖论问题，尤其是“蓄意的”绩效悖论问题，即一些地区“政府为实现绩效目标而对绩效指标和数据的人为操纵，……公共管理者行为背离绩效管理实施初衷等因素所引起的绩效预期结果偏差，以及地方政府通过操纵数据、公关努力、技术控制等博弈手段使评估数据结果失真”，绩效悖论问题会导致公共服务领域大量的策略性服务现象的出现。

尚虎平和陈星宇(2013)指出，可以通过采用特别项目型绩效评价制度和绩效预算制度，将被一些地区“漠视”的公共服务质量指标列入公共服务之特别项目，特事特办、单独评价乃至对部门公共服务的绩效评价进行“一票否决”；同时，将特别项目的绩效评价与来年预算拨款直接挂钩，解决公共服务质量评估标准和评估实务中的指标博弈问题。可是，这种解决之道，无助于破解公共服务提供者进行策略性服务的做法，反而服务提供者可以“光明正大”地忽视未纳入特别项目的公共服务，绩效预算根据公共服务项目重要性而金额不同，公共服务提供者完全可以采用“二八法则”，舍去绩效预算金额少的服务。总之，这种观点忽视了一个重要事实，即公共部门中关注的是公共服务标准化和质量评估在部门间的比较，不存在追求公共服务质量全面的高标准，公共部门追求的是标准化落实和质量评估的部门间比较性提高而已。

综上所述，现存研究对策略性服务及其背后动力机制都有较为清晰的认识，策略性服务的问题引起了学术共同体的重视，但如何破解这一难题尚未有行之有效的解决之道。综合对策略性服务及其形成机制的现存研究，策略性服务具有以下明显特征。

(1)高度评估指标导向，服务质量评估指标分布和体系是策略性服务的前提和根本指针。公共服务供给之所以会出现策略性服务的问题，根本上是由于服务质量评估对公共组织和成员的利益分配的重要影响，服务供给主体对质量评估结果的追求，导致了公共组织及其个人将服务质量改进目标与手段置换，作为服务质量改进手段的质量评估被置于组织所追求的主要目标。策略性服务以质量评估指标为导向，将组织资源倾向于质量评估指标的实现，以谋求服务质量在形式上被上级组织和社会公众认可。

公共服务质量标准化建设便利了质量评估的指标设计和数据采集，更是提升了服务质量评估的运用广度与深度，策略性服务的指标导向问题在标准化的服务项目中体现的更为突出。以人民法院司法服务中卓有成效且问题典型的民事案件执行服务为例，执行服务是法院司法服务中标准化建设成效显著的服务项目，已经建成了执行流程管理系统、执行网络查控系统、失信联合惩戒系统、执行信访申诉系统，各个系统都有最高法统一研发、统一标准、一以贯之；2016 年全国两会，最高法庄严宣布用 3 年时间基本解决“执行难”问题；为了跟踪落实既定目标，最高法与独立第三方制定了解决“执行难”评估指标体系，这样的评估指标体系就会高效准确地从现有法院执行标准化信息系统中采集指标数据，强化了指标体系的密度和刚性。这样一来，各级法院落实解决执行难的工作就会以该指标体系作为根本指针，形成强大的执行力和监督态势。实践证明，这种民事执行工作标准化建设和针对性评估对解决“执行难”问题起了巨大的推动作用；但是，特别在临近解决“执行难”的工作时限时，个别地方的执行服务也出现了为完成评估指标而采取策略性方法的问题。如个别法院要求“将第三方评估指标体系图表化、具体化、精细化，确保责任到人、任务到人、目标到人”，按评估指标对标执行工作，“理解吃透指标概念、内容、标准，特别是理解吃透三个核心指标，做好迎接第三方评估检查工作准备”。这都反映出司法执行服务改进在具体落地中出现的策略性服务的高度指标导向的特点。

(2)统计数据绝对优先。聚焦质量评估指标要求，采取变通策略，而不是改善服务本身以追求统计数据完成，是策略性服务采取的主要工具。策略性服务之所以称之为“策略性”，是因为这类公共服务行为不是以改进公共服务质量作为实现公共服务目的的主要手段，而是以投机式的策略组合为主要工具实现公共服务的数字式改进并造成公共服务质量的实质性损害。

在质量评估指标导向并依此进行服务管理与问责的背景下，公共服务组织对统计数据的追求被置于绝对优先的位置，层层压力传导下不可避免地催生策略性服务的问题，这类问题尤其在高权重的评估指标领域十分突出。还以上述民事司法执行服务为例，3 年基本解决“执行难”的质量评估指标体系中，“三个 90%、一个 80%”这 4 项指标属于质量评价一票否决的指标，分别是有财产可供执行案件在法定期限内实际执结率达到 90%、无财产可供执行案件终结本次执行程序合格率达到 90%、执行信访案件办结率不低于 90%、三年内整体执结率不低于 80%。在实际的执行服务中，由于历史积案甚多、上级法院压力传导、现有执行人员与手段不足等因素，个别基层法院开始出现以“一票否决”指标（“三个 90%、一个 80%”）为导向、采取投机式策略、追求关键指标统计数据过关的策略性司法执行服务。2018 年年中，被主流媒体曝光的某地基层法院立案、执行、结案等“执行全流程违法”问题，就是一例在高压传导下进行策略性服务的典型案例；该基层法院为了完成“三个 90%、一个 80%”的执行评估指标，最大限度地利用指标漏洞，在执行全环节上采取以下策略：在执行立案上，受案后，未立案先执行，拖延立案最长达 2 年之久，变相延长法定 6 个月的执行期限，导致已经冻结查封的财产长期不予处置，规避了执行指标的考核；在执行程序上，直接适用拒不执行判决、裁定罪，违法通过刑事震慑给予被执行人压力，迫使被执行人履行判决；在结案处理上，通过公安机关不予受理拒执罪通知，当地法院直接适用有关执行案件的司法解释性文件规定中“其他”这一兜底性条款，自行认定终结执行，尽量达到“三个 90%”的指标要求；或者通过私下联系当事人，以伪造签字或者劝说当事人签字的方式，形式上让当事人撤回执行申请而实际不停止执行的变通策略，终结案件执行，提高案件执结率。凡此种种，策略性服务使得公共服务质量改进在数据上赢得了胜利，却在民意上不尽如人意，最终损害的是公共利益。

(3) 实现绩效相对最优。公共服务供给主体的策略性服务并非为了实现服务质量数字最优化，而只是为了服务绩效能在同行比较中取得相对有利位置，抑或只是达到服务绩效的合格标准。换言之，策略性公共服务具有应急性和“投机性”，无法经受上级机关和社会公众“镁光灯下”的严格质量审查，策略性服务不求服务质量“出类拔萃”，只求服务质量的“平稳过关”。

因此，公共服务组织会采取组合策略，按照质量评价指标权重，完成主要指标的约束级或门槛级数据要求，谋求服务供给主体间的相对绩效最优。就如上文所举的司法执行服务之例一样，个别基层法院所采取的策略性司法执行服务并非为了在“三个 90%、一个 80%”这一“一票否决”指标上取得出类拔萃的完成绩效，这样反而容易引火烧身、自露马脚，而是为了在全国法院执行服务考核“一票否决”指标中实现数据过关，在执行服务质量评价中取得相对有利的位置，规避对自身的绩效问责。

3) 策略性服务造成的潮汐性服务质量退化

如前所述，公共服务质量评估的指挥棒作用和公共服务质量标准化对质量评估导向作用的强化，公共服务组织的服务供给容易异化为“策略性”的服务供给行为。公共服务供给主体利用质量评估权重设计造成公共服务轻重有别的弊端，或是利用质量标准化程序中的漏洞，通过抓好“有分数”的公共服务指标的“抓大放小”的策略或者直接采取投机式的数据伪造策略，实现公共服务质量在统计数字上的提高。

这样的策略性服务会对公共服务质量造成十分严重且隐性的损害，这种损害是掩盖在统计数字光环下的服务质量“内伤”，积年累月就会对公共服务质量造成崩塌式破坏。破坏发生后，公共组织又会动用质量评估工具聚焦组织资源进行服务质量改进，而其中又会不断积累策略性服务行为，隐性质量“内伤”也会开始累积，公共服务又会再次面临质量危机。如此循环往复，公共服务质量就会陷入周期性危机中，如同潮汐现象一样，即所谓的潮汐性服务质量退化。

潮汐性服务质量退化主要表现为两个方面：①具有评估优先性和高权重的公共服务内容在得到足够资源支撑下取得了质量改进的绩效成果，这一成果会随着质量评估重心的转移而失去足够资源支持，进而持续质量改进缺乏动力，乃至出现服务质量退化。②次优、末端评估指标指向的或者不在评估指标视野内的公共服务内容，由于缺乏足够组织资源投入，其质量难以得到持续改进，在具有评估优先性的优势公共服务内容面前，处于评估次优、末端地位以及不在评估范围内的劣势公共服务内容会面临持续的周期性质量退化。也就是说，由于评估指标的导向作用和显性地位，上述劣势公共服务内容的质量退化会湮没于公共服务质量的“数据胜利”中，但随着个体服务对象在劣势公共服务质量的不断隐性退化下不满情绪日益滋长，公共服务质量会在隐性量变的基础上最终呈现出显性退化。之后，随着质量评估指标内容和权重的调整，劣势公共服务会受到重视进而实现质量改进，继而伴随质量评估重心的转移，质量改进难以持续，出现服务质量退化。

首先，一旦达到质量评估的预设绩效，评估重心会随服务情势变化而发生转移，组织资源也会随之重新配置，具有评估优先性的公共服务内容所取得的服务质量改进成果就会因为组织资源投入乏力而面临服务质量停滞乃至退化。

公共服务供给实务中此类情况较为常见但公众感受不深，主要是因为公共服务质量的数字化评价使人们过于强调关注当下公共服务质量的结果呈现，容易忽视公共服务质量评价的时序比较和权重分布。以义务教育学生营养改善计划为例，义务教育学生的体质和营养问题曾经并不是基本教育服务质量评价所关注的重点，直到 2010 年前后，许多公益组织针对一些农村地区学校学生营养严重不足的严峻现实纷纷开展援助计划。2011 年国务院正式将营养改善作为政府提供基本教育服务的一项重要内容，也成为公共教育服务质量评价的重要内容；因为社会关注度高，国家正式出台专项实施计划，营养改善服务标准化也得到加强，随着该计划的不断推进，学生体质和营养服务质量得到大幅改善。但是，2018 年以来，江西省、河南省等地接连发生学生营养餐安全问题，2018 年 9 月，媒体曝光了河南省某小学学生 4 元营养餐仅半碗素面的问题、江西省某地学生营养餐疑似霉变问题等，可见，学生营养服务质量出现了个别退化的迹象。从深层次原因分析，随着全面深化改革的推进，基本公共教育领域改革力度空前，学生营养服务不再作为个别政府基本教育服务的重点、基本教育质量评价的重点、基本教育服务标准化的重点，导致资源投入重点的转移，学生营养服务的质量无法稳固并不断提高，逐渐走向了质量退化，且由于淡出大众视野，学生营养服务质量退化较为隐性。随着最近媒体的集中曝光，学生营养餐问题又引起了社会关注。总之，学生营养服务在经历了质量改善的过程后，服务质量评价重点的转移、资源投入不足导致的服务质量隐性退化问题显性化，服务质量出现退化。

其次，次优乃至末位权重的评价指标所衡量的以及质量评价指标所未衡量的公共服务内容面临相对恶劣的组织资源支撑条件，出现劣势公共服务内容，公共服务难以进行持续的质量改进，而且还会出现潮汐性质量倒退的问题。特别是，在公共服务质量量化评估的潮流下，公共服务的潮汐性质量退化极具隐蔽性，即公共服务的质量退化无法及时通过统计数据加以呈现，只有通过公众对劣势公共服务内容的负面满意度不断量变和某个偶发事件“催化”，劣势服务内容才会被提升到质量评估指标中的优先地位；这样一来，劣势服务内容的质量退化就会直接影响到整体公共服务质量水平，整体服务质量就会出现退化且需要再次投入组织资源进行质量改进，此即潮汐性质量退化。

在公共服务实务中，劣势公共服务内容的质量隐性退化，到达一定程度后，会出现较大规模的群体利益损害或较大范围的社会关注，最终导致整体公共服务质量标准化和评估导向的转移，这样的事例也局部存在。以基本医疗卫生服务为例，当下政府医疗卫生服务的质量评价重点不会全部放在慢性疾病和癌类疾病的医疗卫生服务上，这些毕竟针对是医疗卫生的特定群体，医疗卫生公共服务质量更多关注普适性的评价指标；最近几年，癌症疾病患者的医药卫生服务质量问题积累到一定程度后，得到社会的高度关注，尤其是影片《我不是药神》的热映，这一偶发事件直接将癌类疾病的医疗服务问题推到了社会舆论的风口浪尖，抗癌药品保障问题甚至得到国务院总理亲自关注并成为医药卫生服务和国家医保建设的重要方面；此时，医疗卫生服务中曾经的劣势服务内容(癌类疾病服务)被偶发事件诱发，成为医疗卫生服务质量评价中重要的评价面向，进而之前的癌类疾病服务质量退化就对医疗卫生服务质量评价产生显著负面影响，最终导致医疗卫生服务质量退化，直到癌类疾病医疗服务质量明显改善。

总之，公共服务组织的策略性服务行为造成并加剧了潮汐性服务质量退化的问题。劣势的公共服务内容经过公众负面满意度积累和偶发事件的诱发，会成为公众普遍反映不满意的热点公共服务内容，这样公共服务质量评估和标准体系将这些热点服务提高权重，引导公共部门加以解决，公共部门可再次利用“抓大放小”的策略，将曾经的劣势公共服务内容改进为高质量公共服务内容；可是，高质量的公共服务内容又会因为未来质量评估重心的转移，出现质量改进乏力乃至倒退的问题，蜕变为新的被评估漠视的劣势公共服务内容；如此循环往复，公共部门在服务质量标准化和质量评估上可能数字亮眼，但是，实际的服务质量却在潮汐性退化。这样的公共服务质量标准化不仅难以实现公共服务质量改善，而且会使公共服务缺乏战略性、失去主动性、充满应付性。

5.3.3 “为服务而服务”——公共服务质量的目标与价值异化

1) 目标置换效应与公共服务质量标准化

现代社会，组织化活动日益成为普遍的社会活动形式，组织和个人不仅在法律上也在政治和社会上成为日益重要的两大独立主体；组织和个人在社会中存在与发展的持续动力即是有价值的目标设定和有价值的目标实现，目标设定在组织和个人管理中居于先导性、根本性的地位；我们要正确地做事，也要做正确的事，但前提是做正确的事，否则，组织和个人正确地努力就会变得南辕北辙、适得其反。西蒙·斯涅克(Simon Sinek)提出的领袖激励组织行为的领袖力模型——“黄金圆环”法则就是高度重视目标管理对组织和个人成功的核心导向作用，他强调组织领袖激发组织行为、实现组织成功的传导路径类似于一个环形结构——中心是“Why”、二圈层是“What”、三圈层是“How”，卓越领袖是由内向外地从确立组织目标和使命出发为组织行为指引方向、创造不竭动力，因而，组织首先需要解决的是组织目标的审视和确立。

随着20世纪80～90年代新公共管理运动的蓬勃发展，私营部门中日益成熟的全面质量管理、目标管理等工商管理理念和工具被不断引入公共行政的组织实践中，公共行政组织也开始了全面质量管理运动和目标管理实践，公共行政研究也日益重视组织目标在公共行政活动中的关键地位。总体来说，组织目标对组织发展具有重要意义。首先，它是组织存在和发展的灵魂，失去目标，组织就失去存在的意义；其次，它是组织活动和成员行为的指针，组织目标及其分解决定了组织活动的指向、组织资源的流向、成员行为的方向；最后，它是组织行为监督和绩效评价的根本，组织活动不同于个人，存在大量的协调和沟通阻滞的情形，这就需要组织完善监督和纠正机制，也需要建立完善的绩效评价制度，以引导组织和成员的行为预期朝向组织目标的达成。

现代组织规模大、成员多、职级链长，组织目标的确立、贯彻、实现需要成员合力完成且需要克服沟通阻滞、官僚制度、个人行为等诸多影响因素；故而，组织目标不是轻而易举确定的，也不是轻而易举地达成的，管理者需要时刻注意与纠正组织目标理解偏差、实践偏差乃至价值异化。其中，目标置换就是管理学研究中发现的组织目标异化的典型现象。

目标置换效应是由美国管理学家约翰·卡那最早提出，是指在实现目标的征途中，目标渐渐被用以实现目标的手段所置换，组织工作的工具、程序等成为组织和成员行为的根本导向，组织根本目标被遗忘、忽视的组织现象。罗伯特·K·默顿重点研究了官僚制组织中目标置换问题，发现官僚制组织用以实现目标的纪律、规则等组织手段，在严密的科层制结构下，“却变成了终极目标……纪律(或规则)不被看成是针对具体目标的手段，而是变成了科层人员的直接价值观”，“科层组织成员把实现目标的模式化职责变成了目的，以此为导向抛弃了组织原本的目标”(陈钰，2012)。

对目标置换效应产生的原因，研究者们也进行了详尽的分析。李海东(2009)认为组织目标置换效应产生的原因主要是：“组织目标与内外环境不匹配；自上而下的目标分解程序导致目标置换；组织内部的利益冲突；信息不对称”；杨丽丽和龚会莲(2014)从“目标-手段”和“委托-代理”视角较深刻地揭示了目标置换效应产生的机制，包括“政策规定用语模糊、政策目标量化难、目标手段关系不明确”和“执行机构的有限理性和自利动机、信息不对称”；陈钰(2012)从主客观方面提出了目标置换的主要原因包括：“目标的不确定性和目标分解中的目标冲突、外界环境变化、缺乏沟通、内部利益冲突、强调规章制度、缺乏团队精神”。

对公共服务而言，公共服务质量标准化的建设逻辑，首要就是公共服务质量目标的界定和层层分解，再而进行服务质量实践的操作化规范设计；这个过程不可避免地涉及目标分解及其出现的目标不确定乃至冲突，也必然会涉及高质量公共服务供给的操作规范带来的规章制度刚性，这些都是造成目标置换效应出现的重要动因；故而，在公共服务领域，服务质量标准化是加剧公共服务目标置换效应的重要原因。

2)公共服务质量标准化带来的目标置换问题

通过对公共服务的各个具体领域以及各领域下公共服务质量的各方面的全覆盖，公共服务质量标准化借此形成了完备的标准体系。这个体系通过对各个具体公共服务的质量分解，透过层层指标设计，将公共服务质量标准化的理念和行为准则落实到公共服务的具体场景和具体流程。

对公共服务提供者而言，公共服务质量标准化意味着对于所提供的公共服务的质量内涵要有统一明确的认识，对于所提供的公共服务的卓越质量行为要有明晰具体的操作规则。在质量标准化面前，公共服务提供者要做的是按照标准化的操作守则和规范流程提供设计好的高质量的公共服务。由于服务质量评估和服务质量标准化的密切对接，按照标准行事直接关乎公共服务质量评估，进而影响部门和个人的利益分配，所以，服务主体曾经在服务实践中积累的对于好的公共服务的认识和惯例行为将被尘封于历史。对于提供者来说，公共服务就变成按照质量标准和规范手册进行“流水线”运作的“产品”。

显然，这样的公共服务质量标准化会造成公共服务的目标异化，加剧公共服务中的目标置换效应。也就是说，政府提供公共服务的初心和目标并不在具体服务供给主体的日常服务的考虑范围内，这是因为服务质量标准化建设已经将服务供给主体的标准执行度，通过质量评估的压力传导，与组织和成员的资源分配和利益损益紧密结合；同时，标准化建设本身就已正式赋予了执行标准行为的合道德性，公共服务主体从道义上和经济上都无法拒绝执行标准的刚性要求。这样一来，就算公共服务质量标准化出现目标偏差，基于巨大的刚性执行惯性，服务供给主体无法也无必要思考乃至纠正所执行的标准与所遵循的公共服务目标间的偏差，标准化建设中的目标置换效应就难以避免且会不断加剧。

公共服务实务中，由于质量标准化建设的普及，公共服务供给出现目标置换现象在具体的服务场景中十分常见。以公安政务服务为例，2018 年，某省公安机关开始普遍推行公安民生服务“一网通一次办”行动，希望以手机 APP 的形式，将常规民生服务提前告知、网上预审、线上办理或线下一次性办理，省级公安部门专门制定了各项通办服务的办理标准，公安机关和社会公众通用一套办理系统，申请、审批适用一套服务办理标准。这一服务创新本意是好的，也对规范行政审批、优化服务办理、推进公安服务标准化起到了很大推动作用。但是，笔者在现场就亲身体验到，在实际运用中，一些公安服务人员受到服务标准化的刚性制约也较为明显，出现服务行为与“一网通办”服务改革目标的偏差。具体而言，服务供给主体受通办系统的全流程要求，不能在“一网通办”之外自行根据实际情况提供服务；一些手续齐全的办事群众或无法操作智能手机的老年群众已经前来现场办理事项，却仍然被告知需要扫码下载 APP，现场手机登录、提交和预审材料，这使得办事群众无所适从，公安办事大厅出现了排队扫码、排队网上预审，办事窗口门可罗雀的情形，无形增加了百姓负担。若出现问责，服务供给主体可以标准化规则要求为由转移责任；若出现道德冲突，服务供给者也可以用标准化的刚性要求为由对己进行道德辩护。可见，公共服务标准化的刚性要求会使服务供给主体逐渐将为民服务、便民利民的根本目标置换为以完成标准化操作要求为目标；同时，标准化建设也会让服务供给者以标准刚性要求为由将目标置换行为合道德化和责任转嫁。

3）公共服务质量标准化造成的价值异化问题

目标置换和价值异化是密切关联的两个方面。就公共服务而言，公共服务根本目标的设定背后往往是公共服务价值取向的催动，价值取向也体现在一个个具体的公共服务目标中。公共服务质量标准化带来的目标置换是指将公共服务的目标由本来目标置换为实现目标的标准化程序和指南，即公共服务供给以标准化的程序和指南为追求目标。这样的目标置换随之而来的可能是公共服务价值理念的异化，公共服务所追求的经济性、公共性、民主性等价值在标准化的操作程序和指南实践中演变为追求标准程序完成的实用主义取向，所有的经济性、公共性、民主性的价值诉求都等价于为价值实现而设计的标准化要求；至此，公共服务质量的目标与手段倒置，公共服务的本来价值被异化为实现价值的手段，此即公共服务的价值异化问题。

诚然，公共服务的价值异化是多种原因导致的。其中，公共服务质量标准化建设的普及是造成并加剧公共服务质量价值异化的重要原因。具体而言，质量标准化使得公共服务提供者没有精力也没有必要去思考何谓好的公共服务，对他们而言，公共服务及其质量就是一个“他者”的事业，“他者”已经通过公共服务质量标准化告诉了提供者公共服务好质量的内涵和行为规范，他们只需完成结构化的服务提供工作。公共服务之实现公共利益和社会福祉的最终目标在服务提供者看来就是每个人做好服务质量操作规范的总和，公共服务之正义、公民至上、参与协作等民主价值于服务提供者而言就是按标准流程和规范做好每项公共服务供给的自然显现。就如同马克思所分析的劳动的异化一样，公共服务提供者在质量标准化的实践中，被标准化的制度带入到公共性和民主价值异化的境地，公共服务质量所追求公共性和正义民主等价值取向已经不是公共服务提供者追求的“活”的东西，而演变为“桎梏”他们的公共精神和民主价值的“死”的标准化表述与操作规范，公务人员进行公共服务不再是为“公共”而服务，而是为“服务”而服务。

现实中，公共服务价值异化是与公共服务质量目标置换问题相伴相生的，与目标置换问题一样，公共服务标准化中的价值异化问题也较为严重。以公共安全服务为例，某些公共安全服务主体在推进服务标准化的过程中，具体服务供给主体出现价值异化问题，他们以安全服务流程的遵守与贯彻为价值取向，缺失生命危急的应急处置意识、能力和胆略，逐渐流逝了公民生命安全的根本价值取向。2018 年某某顺风车安全事件就是这样的典型案例。作为全国最大的公众出行平台，某某公司开展的顺风车业务门槛低、社群性强、安全风险高，是涉及社会公众的普惠型准公共服务，某某公司有责任提供出行安全公共服务。在出现某地空姐乘车遇害案件后，某某公司对公共安全服务进行了完善，时隔 3 个月又出现某地女子乘车遇害案，某某公司的安全服务问题被推到了舆论的风口浪尖。在此事件中，某某公司的公共安全服务饱受诟病，主要是因为作为安全服务具体提供者之一，客服人员对安全需求的处置被束缚于某某公司的安全事件标准化流程和规范中，即需求获取-核查路线-核实司机-初次反馈-家属不满-提交安全专家-等待-公安介入-提交安全专家-核实公安信息-反馈行驶信息。对于一线客服而言，安全服务就是做好流程节点、落实分工负责，安全服务的价值就是对节点负责，对节点负责就是对生命负责。这就是公共服务标准化带来了价值异化的问题，这样的标准化建设使得一线服务供给者可能都不会对标准贯彻与服务价值间的一致性进行反思，一线客服不会想到抑或无必要去思考流程标准链条过长造成的延宕生命救援问题、紧急便利行事体现的生命至上价值等，他们也就无法也不敢于跳出流程标准束缚、超常规地回应生命安全吁求，以免出现乌龙事件给自己的收入待遇乃至职业生涯造成不可预见的负面影响。

总之，这次的顺风车安全事件中，某某公司客服提供应急安全服务的全过程十分明显地体现了公共安全服务标准化后，服务供给主体的价值取向出现了异化，对符合标准、完成标准的价值偏好替代并遮蔽了安全服务应有的生命关怀价值，导致了某某公司安全服务质量的显著退化和安全服务标准化建设广受诟病。可见，公共服务质量标准化实践中要高度重视价值异化的问题，要在标准化实践中不断审视组织目标和行为价值，标准刚性与适当放权相结合，持续纠正并力避公共服务主体“为服务而服务”的“窠臼”。

5.4 公共服务质量评估逻辑实证主义方法批判

5.4.1 多变性和关怀性情景作用下满意度评估的“割韭菜”现象

1)公众满意度评估的结构功能主义设计理念

作为新公共管理运动兴起以来，从私营部门借鉴而来的顾客满意至上的评估方法，公共服务质量满意度评估的思路主要是以公共服务对象(社会公众)满意为目标，以公共服务质量的概念分解作为抓手，通过指标体系构建和问卷设计等操作化步骤，将质量概念和公民满意的目标层层分解到执行层面，直接测量公民对公共服务质量各方面的满意程度，或者是测量预期满意和感知满意的差距，最终运用统计学模型对服务质量满意度现状和影响因素进行统计分析，得出公共服务质量改进的具体建议。

最具有代表性且发展成熟的 ACSI 及其衍生模型：美国政府顾客满意度指数模型、CPSI、PSCSI、服务接受者满意度指数，A. Parasuraman 提出的 SERVQUAL 评价模型都是采用的测量预期满意和感知满意差距的思路；除此之外，狩野纪昭提出的 Kano 模型、Cronin 和 Taylor 提出的 SERVPERF 模型、Martilla 和 James 提出 ISA 模型等采用的是直接测量公民对公共服务的现实满意度思路。只不过，不同的模型对公民满意度的特点和权重分布进行了不同的研究。如，狩野纪昭的 Kano 模型是将公民满意度以顾客不同需求类型对满意度的弹性不同为视角展开，Martilla 和 James 的 ISA 模型是以满意度与公共服务重要性(即权重)间的组合关系为视角，重视不同权重的服务满意度测量。

无论哪种思路，公民满意度评价方法的核心要义都在于预设了公民满意与公共服务质量的因果关系，也假定了公民满意度量化评价的有效性，进而才会对公共服务质量进行概念分层建构，并依此设计公民满意度测量指标和问卷内容，据此进行个体服务感知数据采集，最终通过数学模型测算具有显著性的整体服务满意度水平。

这样的公民满意度评估思路，其背后体现的是结构功能主义的设计理念。结构功能主义是由美国社会学家帕森斯(Parsons T.)首先提出并使用，且在 20 世纪 40～60 年代，帕氏结构功能主义分析模型是最具代表性的主导学说，后世的结构功能主义研究者都是在帕氏理论的基础上进行拓展、重估、反思、批判。帕森斯认为，社会是一种结构建构形成的稳定秩序，形成并维持社会结构离不开对社会结构的目标功能设定，社会结构包括“目的达成”“适应”“整合”“模式维护”四大功能设定，四个功能分别将社会结构对应地分为四个子系统，即“‘经济系统’执行适应环境的功能、‘政治系统’执行目标达成功能、‘社会系统’执行整合功能、‘文化系统’执行模式维护功能”(周怡，2000)。各个子系统自行调节、互相配合，共同实现整体社会结构的动态稳定、有序。公共服务质量公众满意度评估的设计思路，即公共服务质量的概念分层建构和操作化的指标体系、问卷结构设计，构成了较完整的满意度评估结构，这一结构不是随意设计、自然形成抑或杂乱无章的，而是由不同服务功能“指挥”，为了评估不同公共服务功能及其背后的公共服务价值。

具体而言，公众满意度评估的结构功能主义设计理念有以下特点。第一，公众满意度评估具有结构化特征，它的结构自下而上是由数据、问题、问卷、指标、指标体系和概念体系构成。第二，公民满意度评估立足于功能价值的实现。不同的满意度问题和指标构成不同的子结构，每个子结构服务于评价公共服务质量的效益、回应、公平、民主等价值内涵；不同子结构的满意度评价着眼于采集个体满意度数据，通过层层问题和指标传递，实现对公共服务公民满意的定量测评功能。第三，满意度评估结构的有序、稳定、良好运行需要问卷设计、指标体系、概念分析协调地发挥作用。通过概念操作化，满意度评估设计了结构功能主义式的指标体系和问卷结构，这样的设计保证了满意度评估的功能实现，即满意度评估始终以公共服务质量的价值内涵为导向，立足于实现公共服务质量公民满意程度的定量测量功能。

2) 多变性和关怀性情景对满意度评估的影响

现有公共服务质量评价的研究，已经注意到了公民满意度评价方法的设计思路和实践运用的有效性问题，尤其是公民个体满意的不定多变量影响以及满意度量化评估与公共服务质量间的相关性问题。倪星和李佳源(2010)从反思公民满意度评价的理论预设——满意度衡量与政府绩效的关系和公众满意度表达的可靠性、稳定性出发，提出了公民满意度评价的效度问题，并系统梳理了 20 世纪 70 年代以来，西方学者围绕满意度评价与公共服务质量的相关性问题和公民满意表达的影响因素问题展开的理论交锋，试图总结当下公民满意度评价方法面临的效度问题。其中，坎贝尔(Campbell A.)、舒曼(Schuman H.)和福勒(Fowler F.)等在研究中就发现公众对公共服务的满意度会受到“种族、收入、年龄和受教育程度等个体特征及其他非服务因素”的影响；在此基础上，斯蒂帕克(Stipak B.)、布朗(Brown K.)和库尔特(Coulter P. B.)运用统计方法深入研究发现了上述非服务因素对公共服务满意度的高程度影响和公民满意与服务质量的弱相关关系。固然，也有一些学者就效度问题进行反驳，从价值取向、意义作用和实证检验等方面力图论证公民满意度评价的合适性。但是，就学术界的理论分野和观点争论而言，公民满意度评价的有效性问题并非是无足轻重、不证自明的，是需要在理论研究和实务运用中加以认真对待的。

关怀伦理所提出的依赖性需求与通感式回应、情感性关系的人际底色、关怀价值与行为的培育等理论观点，为拓展对公众满意影响因素和有效性问题的认识提供了独特的视角。从关怀伦理的视角分析，对公共服务质量进行理念设计并依据设定的操作化指标体系和问卷工具将个人满意偏好进行加总呈现，这样的满意度评估设计思路忽视了多变性和关怀性的具体情境对公众满意以及公共服务质量的影响。也就是说，不同情景下个体满意的表达因受环境、人际、个体差异等非服务质量因素的影响而差异不定乃至会相互冲突，若以此满意度评估公共服务质量及其改进，那么，公共服务质量评估将会陷入在不同情景中“改进-退化”循环的“割韭菜”现象怪圈。更重要的是，这样的满意度评估也忽视了情景的关怀性特征，即公共服务传递情景中人性关怀及其情感性关系的重要性，公共服务提供在具体情境中若忽视了人性关怀，出现情感性关系的重大损害，则会将公共服务供给陷入公众的道德漩涡中，个体的满意表达会随即逆转；即使已有的总体满意度作为个体满意度的数学加总而不受影响，但此时，公共服务质量的统计满意已处于合道德性的对立面，满意度评估的合法性就会备受质疑。综上，从关怀伦理的视角分析，既有公民满意度评估忽视了情景的多变性和关怀性对个人满意表达和公共服务质量的影响，对公民满意度由个人满意数学加总呈现的方法缺少反思。

首先，多变性情景会影响个体满意表达的稳定性与一致性。基于个体满意测量的满意度评价，由于环境、人际影响、个体差异等非服务质量因素的存在，无法避免个人对公共服务质量感知的不稳定性和个体差异感知的普遍性，这导致公共服务供给主体在进行服务传递时面临不同且易变的个体需求、情绪、观念、特质，易出现矛盾乃至对立的服务满意感知；这即是情景多变性造成的满意度评估方法的固有缺陷，不同的外部环境、人际网络影响、个体差异(需求、情绪、观念、特质等)构成了公共服务供给的多变性情景。由于多变性情景的影响，个人的不同需求、情绪、特质会影响其对公共服务质量的感知，社会角色、群体归属等外部环境、人际网络的因素，会导致个体不同的乃至冲突的利益诉求和价值观念，使得个体对公共服务质量的感知不具有可比性乃至总体满意度反差过大，失去评估的意义。

王佃利等对满意度评价的有效性问题的分析，也恰好印证了上述所论的满意度评估在公共服务质量评价中的缺陷性问题。王佃利和刘保军(2012)指出，“基于个体享有公共服务程度的不确定性，导致不同地区、不同行业公民满意度数据的不可比性”，“许多公共服务存在公民属性差别、价值和群体利益冲突，导致了不同群体对特定公共服务满意度的巨大差别”。现实的公共服务实务中，多变性情景对公众满意度评估的不确定性影响也是实际存在的，尤其在多元族群、多样文化共存的融合型国家中体现地更为明显。

美国作为一个典型的多元族群和多样文化交汇的移民国家，其在公共服务质量评价中会面临较典型的社会角色和族群身份导致的公民满意度对立的问题。比如，枪械管理问题、族群平权运动及其出现的“逆向歧视”问题等，容易造成具体公共服务公民满意度评价无所适从的尴尬境地。20世纪60年代，美国少数族群(少数种族、土著、妇女等)的民权运动风起云涌，从肯尼迪总统时期通过数项民权文件和法案开始，美国开始纠正一直以来的族群歧视问题，给予少数族群以政治承认和适当照顾。但是，迄今为止，由于对少数族群的特殊优待开始影响其他族群的公平竞争的权利，平权运动出现了对亚裔、白种人、男性等强势群体自由竞争权利的歧视问题即“逆向歧视”问题，尤其是在教育领域，许多州和大学就是否终止平权进行着尖锐斗争，乃至联邦最高法院都牵涉其中(中国新闻网，2018)。在这样的多元族群民意各异的现实下，美国公众对教育服务的满意度会面临不同群体的社会角色、群体归属等外部环境的影响，也会面临群体内部不同亚文化的影响，这些都构成了影响美国教育服务公众满意度的多变性情景因素。面对多元族群归属、多元社会角色及其内部的亚文化因素等多变性情景的影响，教育服务的公众满意度评价既不能只按一方的满意度数据改进公共服务，这样做会加剧族群对立造成服务改进阻滞，也不能在多方民意对立中悬置公共服务改进，出现矛盾焦点转移，导致公共组织合法性和公信力受损。这样，教育服务公众满意度评价的统计式思维就会在不同族群、社会角色间的服务感知对立中无所适从，无法获得具有实践操作意义的服务满意度评估结论。

其次，关怀性情景因素会通过大众传媒尤其是自媒体传播，极速形成群体式伦理审判，显著影响公众对公共服务的价值认同，进而对服务质量公众满意度瞬时产生巨大影响。显然，公民满意度由个人满意程度数学加总呈现的方法不能完全代表公共服务整体满意程度，甚至会走向反面。具体而言，公民满意度评估直接由个人满意加权数学处理而得到，忽视了个体满意中普遍存在的关怀性情景对公民满意度的影响；即一旦公共服务供给出现人性关怀的重大失误，透过大众传媒尤其是自媒体传播，公众会对公共服务产生严重价值否定，统计式的公众满意度评估无法用以衡量公共服务质量，否则，会将公共服务质量陷于危险的伦理风暴中。

例如，我们假设某地区政府提供信息安全服务的公民满意度评估整体是高水平的，表明信息安全服务在统计意义上普遍具有高质量。可是，只要出现一次信息泄露和信息诈骗事件且造成如同“徐玉玉事件”(万晓岩，2017)一样的人身伤亡等严重人性关怀失误，由于每个人都会等概率地遭遇这种“极微小的可能性”，通过大众传媒尤其是自媒体传播，个体对信息安全服务的满意感知会极速逆转，公共信息安全服务会面临潮水般的伦理批判。此时，信息安全服务质量采用个体满意数学加总处理的满意度评估方法便失去了意义。

反之，公共服务供给若出现人性关怀的重大进步，会力助公共服务取得凸显的合道德性优势，个体满意会通过大众传媒的渠道非线性地传染社会公众，公众对这一公共服务的满意程度会随之改善，单纯统计化的公众满意度评估根本无法适应这种关怀性情景导致的公众满意度非线性跃迁。

2018 年，安徽省某县县委书记现场解决旧城改造群众的义务教育分流安置和就近入学待遇诉求，引起网络热议；该县县委书记解决公共教育服务中的具体问题时，所采用的语言表达、处理策略都构建起了无形的关怀性情景，拉近了和公众的情感距离，现场不时爆发掌声，信访群众在不到 20 分钟的时间里就认同了所反映事项的解决办法，竞相散去。2018 年，为配合旧城区改造，该县将旧城区内的某某学校的小学部、中学部分别分流到其他小学和中学，因分流方案中小学距离较远、就近入学待遇被剥夺等原因，6 月 20 日、21 日，部分学生及其家长到教育局和县政府信访(新华社，2018)。该县县委书记在了解情况后，除了在实体问题(原分流方案撤销、小学生就近入学选择权、分流城西小学自愿性等)上重新安排外，在与群众的公共教育服务传递中，十分有经验地构建了关怀性情景，即通过“你们来是给政府找难处，有话我们好好讲，都是自己家里人有什么话不好讲？”“你们小孩上不了学就找我，我就不信我一个县委书记解决不了你们小孩上学问题”(新华社，2018)等的关怀性的语言表达，配合前述处理方案，公众被迅速地消解了和政府的情感对立，公众对公共教育服务的满意度出现了非线性上升，这对该县的基本公共教育服务的公众满意度会有明显的积极影响。囿于现有满意度评估的设计、执行、反馈流程链条，这样的满意度非线性跃迁不是现有满意度评估可以涵盖入内的，但却是会显著影响公众对公共教育服务的满意度水平。

第三，关怀性情景，特别是对特定人群的关怀情景活动，对服务质量的公民满意度感知存在较大的弹性关系，在出现重大负向关怀事件时，服务质量的公民满意度会有非线性的大幅度恶化常会导致满意度评价结果丧失合法性乃至走向公众认同的对立面。现有公共服务体系中，有诸多内容是关于特定群体的公共服务，如老弱病残孕幼等群体对应的养老、社会救助、医疗卫生、残疾人、妇幼保健、基本教育等，这些公共服务面向的是特定群体，但由于人道关怀和特定群体境遇的公众等概率遭遇，面向特定群体的服务内容也构成了政府公共服务的重要职责；此外，特定群体往往面临自身无法满足的依赖性需求，且在家庭情景中属于被关怀的对象；因此，在特定群体的公共服务中，公共服务的公众满意度不可避免地会受到公众以家庭关怀经验类比考察政府服务活动优劣的影响；家庭情景中的人性关怀的价值与活动，会扩散到公共服务供给中，公共服务组织对关怀性情景的把握与处理会直接影响公民对特殊群体公共服务的满意度。然而，现有特定群体公共服务的公众满意度评价链条长、耗时久，无法及时回应关怀性情景的出现给公共服务满意度带来的正向或负向影响，严重影响公众满意度评价的有效性。

在特定群体的公共服务供给实务中，借鉴赫茨伯格的“双因素理论”中“保健因素”和“激励因素”的概念，社会公众对此类公共服务供给的满意感知也有“保健性感知”和“激励性感知”之别；“保健性感知”意指特定群体公共服务中安全、经济、公平等价值实践对公众满意度产生的负向或中性影响，“激励性感知”意指特殊群体公共服务中的民主、协作、爱与关怀等价值实践对公众满意度的负向或正向影响。关怀性情景因素属于激励性感知的范畴，对关怀性情景的处理得当与否会显著影响公众满意度。

以养老服务为例，老人安全、经济成本、资源均衡等价值实践只是不会让社会公众产生服务不满意，但也不会产生多高的服务满意感知：①由于上述价值实践的情感性体会不深；②因为公众关注的是与家庭老人关怀活动比较而言的相对服务质量。不过，养老服务中的老人参与、团结协作、爱与关怀的表达等价值实践却与以上原因密切相关，能够引起养老服务满意感知的急剧正负向变化。2018 年，某区敬老院老人双脚腐烂、疏于照看的事件就是一例疏于对老人关怀照料的关怀性情景，这样的事件与养老服务安全性、经济性、均衡性数据相比更能引起公众情感共鸣、更能引起公众将之与家庭老人关怀活动相比较，造成极为负面的重大关怀事故，公众对该区的养老服务满意感知会极为负面。这时，该区现有的养老服务公众满意度评价无法及时作出回应，而且养老服务公众满意评价各项数据越是优秀，越会将公众满意度评估带向公众伦理判断的对立面，越会成为养老服务公众满意度负向波动的催化剂。

3)公众满意度评估的“割韭菜”现象怪圈

公众满意度评价的最终目的是衡量公共服务质量水平，而公众满意度评估由于受多变性情景的影响，即个人的需求、情绪、认知、特质等状态以及社会角色、群体归属等外部环境、人际网络因素的不同影响，个体对公共服务满意度的感知出现差异乃至冲突，使得公众满意度评价在民意冲突中无所适从。此外，公众满意度评估还受关怀性情景的影响，尤其是在特定群体公共服务中。关怀性情景的作用会导致重大关怀进步或失误，公众满意感知会受此影响，出现非线性跃迁，而现有满意度评价的统计模式无法及时回应关怀性情景的影响。

可见，现行公众满意度评估用统计模型的方法展现公民对公共服务的满意程度，面临着多变性和关怀性情景的影响，这使得整体的公民满意度会出现无法稳定预期的波动。也就是说，公共组织对公民满意薄弱的公共服务内容的针对性改进，会带来公共服务满意度的提升，但在多变性和关怀性情景的作用下，公民满意感知会出现倒退，在下次满意度评估来临时，公民对该公共服务的满意程度又会几乎回到原点，公共组织又需要对评估后满意度不足的公共服务再次组织资源投入；长此以往，公众满意度评估就像“割韭菜的镰刀”，公众满意度不足的公共服务内容就像“割不完的韭菜”，公众满意度评估就会随着情景的变化，出现公众满意度“改进-退化-再改进-再退化”的“割韭菜”现象怪圈。

在多样文化、多元族群的多元化社会中，公共组织面临的多变性情景和关怀性情景更为普遍和针锋相对，公众满意度评估的“割韭菜”现象也会更为明显。以美国公共安全服务为例，美国公共安全中枪支管控一直是其中的难点问题，也是造成公共安全事件的主要导因；因为涉及公民持枪的宪制权利和数量庞大的既得利益集团，枪支管控一直是造成美国社会纷争、族群裂隙、政治角力的难题。若对美国公共安全服务质量进行公众满意度评估，枪械管控问题将是核心话题；可想而知，多元族群和社会角色的意见对立，会让该满意度评估陷入左右为难的境地，即评估结论决定着后续改进服务的资源投入方向，任何偏向一方的结论都可能会招致群体偏袒的职责，而四平八稳的结论又会招致公众对公共组织作为不力的指责，出现组织质疑合法性的伦理被动局面。退一步说，就算公众满意度评估做出了一个令各方认可的公共安全服务质量的结论，按评估结论，政府安全服务后续投入须要有重点地进行；一旦出现枪械管控的人性关怀重大事故(如，近几年来不断出现的校园枪击事件)，生命安全恐慌及枪支管控争议等舆论情绪又会不断发酵，公众对政府安全服务的满意感知就会出现极速下行，此前的满意度评估也会被当作舆论伦理批判或族群间意见对垒的“活靶子”。至此，已经有所改善的公众安全服务满意感知会出现倒退，并在下次公共安全服务的公众满意度评估中有所体现，公共安全服务的公众满意度就会不断重复“改进-退化-再改进-再退化”的“割韭菜”循环怪圈。

5.4.2　公共服务质量评估量化方法至上的“暴力关怀”问题

1)公共服务质量评估中量化方法的主导地位

尽管公共管理评估发展过程中流派众多、思想激荡，评估模式的发展也已至少历经四代，但各种评估理论之“评估”的本意多在于测量目标判断与组织实践间的差距，评判组织实践的成效与不足，为组织开展有针对性地补强实践提供指南。这样的评估意涵就要求我们对公共服务质量目标要有正确判断和指标细化、对公共服务实践的现状和进展有科学的信息采集和测量问卷、对公共服务质量目标与实践的差距判断和分析要有可靠的研究方法和技术路线。

为实现公共服务质量评估的科学有效，需要认真分析上述评估意涵所具有的动态结构，即具体评估活动开展所应该遵循的符合评估意涵的行动逻辑。根据质量评估的意涵，不难发现公共服务质量评估的动态结构是以质量目标为导向，以目标分解体系为牵引，根据不同的质量子目标特性，选用对应的信息类型和测量问卷实现操作化，再以配套的评估方法为保障，最终实现用所采信息无障碍地评价公共服务质量实践及目标进展。

显然，从质量评估的意涵及其动态结构观察，公共服务质量评估方法的选取，最直接地服务于所采信息对评价服务质量的有效性。而根本上，其却是取决于质量目标的信息类型偏好；即对经济、公平、民主等公共服务质量目标的评估需要考虑哪些信息类型对这些质量目标的评价更具可行性和有效性。对经济性这一质量目标而言，开展评估最为可行和有效的信息类型就是数目字型信息，这与私人部门开展企业绩效评价的信息依托是一致的；因为就经济性目标而言，公共部门的服务活动和私人部门的盈利活动是一致的，公共服务活动中的投入与产出的数目字信息可以直观有效地评估公共服务的经济效益。对于公平、民主等质量目标而言，这类质量目标多与公民感知有关且没有像经济效益一样的一致界定标准，似乎定性信息更具有评估有效性，可是，定性信息个案普遍化的科学性问题又会让人对此质疑；不过，随着现代科学尤其是数理统计的发展，更多测量公民感知、参与和服务公平的数学模型被开发，这些服务质量目标评价更多地开始依靠数目字信息，通过成熟的数理统计理论和方法，进行具有显著性水平的量化评价。这样一来，公共服务质量目标的信息类型偏好逐渐聚焦于数目字信息，数目字信息对公共服务质量目标的评估具有显著的可行性和有效性。

综上所述，公共服务质量评估量化方法的主导地位是由质量评估的意涵及其动态结构、信息偏好所内在决定。由于公共服务质量目标对数目字信息类型的日益偏好，数目字信息对服务质量的评价越来越具有可行性和有效性；加之，质量评估动态结构体现了质量目标的信息类型偏好对质量评估方法选择的重要作用，适应数目字信息提取、加工并反映质量实践及目标实现的量化评估方法自然就日益成为公共服务质量评估的主导性方法。

此外，公共服务质量评估量化方法至上也受政策评估研究发展的影响和行为主义政治学、新公共管理运动的根本推动。随着公共行政尤其是政策科学的发展，自 20 世纪 30 年代以来，公共政策评估理论和实务发展已经至少经历了“四代更迭”，即“测量取向的评估、描述取向的评估、判断取向的评估、回应性建构主义评估”（曹堂哲等，2013）；无论哪种评估模式都在围绕评估之本意——评估什么和怎么评估来展开创新。就评估方法而言，公共政策评估模式的发展是从重视量化研究方法出发，逐步重视质性研究方法并二者兼顾；就整体而言，量化研究方法主导了前三代政策评估模式，且走向看重定性方法的回应性建构主义评估也并未放弃量化研究方法在测量政策受众的回应性方面的重大价值。另外，第二次世界大战后，行为主义政治学研究日益受到重视，政治科学推崇量化研究方法，由于学科统属的关系，这对政策评估的量化取向也产生了重要影响；尽管 20 世纪 70、80

年代后行为主义政治学兴起，对行为主义取向有所纠正；但是，与此同时，在公共行政领域，新公共管理运动风起云涌，私人部门的绩效评估和量化管理理念与技术开始在公共行政领域大量借鉴运用，管理主义开始在公共行政领域发挥作用；至此，量化研究方法在公共行政研究方法论中占据主导地位。作为公共行政研究的子领域，公共服务质量评估研究自然也是以量化研究方法为主导。

本书第四章 4.3 节对公共服务质量评估方法的研究现状进行了分析归纳，发现当下公共服务质量评估以主客观二元评估方法为主，即客观的服务供给质量和公众感知质量评估相结合，具体包括以下两个方面：①注重公共服务供给侧质量的评估；②注重公共服务需求侧质量的满意度评估。

这些公共服务质量评估方法中的量化方法至上体现在以下两个方面。①服务供给质量客观评估中，评估聚焦公共服务供给方的质量，主要是依据“3E”、公平等标准对公共服务的过程和产出进行评估，以投入与产出衡量和公平等标准的数学模型作为方法工具；故而，公共服务生产和供给中留存下的投入和产出、资金和服务分配等数据最为符合这类评估标准，量化评估方法也就成为最主要的评价方法。总之，因量化研究方法最为适宜对公共服务数据进行数学分析，可以得到具有科学意义的经济、公平等标准方面的服务质量水平，量化研究方法在客观的服务供给质量评价中居于主导地位。②由于公众的公共服务满意度感知受个体、人际、环境等非服务因素的影响较大，公众满意度评估方法并不排斥定性方法(深入访谈、田野调查等)的应用，以期通过个案分析尽可能减少非公共服务因素对公众满意感知的影响，还原公众对公共服务质量的真实感知。但是，定性研究方法存在过程设计考究、调查耗时较长、个案普遍化论证困难等弊端；同时，量化研究方法所依靠的数学理论和统计模型亦在不断优化，且量化研究结论普遍化因数学推理和统计模型支撑而科学性较强；加之，行为主义政治学和新公共管理运动的推动，量化研究方法的实务运用不断拓展、实践操作不断成熟。为了基于丰富的个体满意度数据以分析普遍性的公众满意度结论，借鉴私人部门丰富的量化评估方法，公众满意度定量评估日益成为主流。

公众满意度评估量化研究方法至上意味着公众满意度的真实情况取决于评估者对公共服务质量的理念、指标、问卷设计和数据采集的科学性，这就要求高度重视试调查的设计，以通过抽样检验形式，弥补评估设计和数据采集的缺漏。

2) 关怀伦理批判的“暴力关怀”现象

在关怀伦理的理论体系中，关怀具有情感性关系的特征，即关怀价值与行为源始于家庭活动中母亲对子女的母爱价值与行为，关怀关系本质上是母子(女)情感关系的外化；关怀也具有情景化的特征，关怀关系的发生与关怀行为的进行总是在具体情境中，而且关怀伦理强调的情景是非对称的情景，即关怀活动是以关怀对象为中心，回应他(她)的依赖性需求，并不要求他者对关怀者的回报。

需要特别注意的是，关怀伦理所关怀的是公众的依赖性需求；结合马斯诺需求层次理论对人类需求的完整层次性概括，所谓依赖性需求是公众无法自己满足或自己满足不经济的需求，包括生理需要的依赖性部分(衣食住行等)、公共安全(治安、消防、国防等)、情感归属、外部尊重、辅助自我实现(教育、健康等)，涉及特定群体的养老、医疗、妇幼保健、殡葬服务等需求，这些需求社会大众无法自给自足或自行满足明显不经济。与此对应，人的各层次需求中有部分需求属于自给性需求，即公众的需求具有灵活性，它可以在自给自足和借助社会或他人帮助满足间自主选择，且需求的自主满足本身就是身体机能的一部分或者通过自我劳动得以合经济性地达到；自给性需求包括，生理需求的自我满足部分（呼吸、休息、性等）、个体安全、自尊、自我实现等。

情景的非对称性和情景中依赖性需求的现实，要求关怀者切忌以自己对他人需要的想象代替倾听、理解他人真实需要；要时刻认识到“如果自我还是站在自身的立场和想法中去回应他人，那么他人实际上就再一次被自我的暴力所控制”，要时刻明白，自己并非万能，“他人总有不可为我所知的一面”（郭菁，2011），如果用自己想象的他人的需要强加于他人真实意志上，被关怀者就落入关怀关系中关怀者软性控制的窠臼，这就是关怀伦理批判的所谓他者的“暴力关怀”。

关怀伦理所批判的“暴力关怀”问题，并不只是停留在概念阐述和理论建构上，它在社会现实中有诸多表现形式。就关怀伦理所关注的社会领域而言，“暴力关怀”现象在教育领域的体现十分典型。关怀伦理的提出与家庭关怀活动和女性价值密不可分，随着女性平权运动的兴起，关怀伦理超越家庭范畴逐步推广到社会生活中。其中，教育领域的价值取向和行为规范受关怀伦理的影响最为深刻。

教育领域中，尤其是子女教育领域，关怀伦理所批判的“暴力关怀”现象，最典型的表现就是那句“我都是为了你好”背后裹挟的“爱的暴力”，这主要体现在部分教师、父母等长辈教育者回避子女等受教育者的主体地位，忽视受教育者的真实需求表达，将自己对被关怀者的需求认知作为绝对关怀命令，控制和支配被关怀者的价值观念和行为规范，形成情感高压型关怀关系。暴力，不仅仅是指热武器支撑下的军事冲突或流血事件等“热暴力”，还指向社会关系中的言语伤害、关系疏离、情感控制、价值强迫等“冷暴力”。子女教育本是家庭关怀范畴的自然延伸，关怀价值和行为应该处于主导地位，父母、教师等教育者应该从子女真实的受教育需求出发，设身处地地了解、回应需求，在尊重子女自主性的基础上引导教育。但是，现实情况是，在子女教育中，经常发现父母、教师等教育者，以“我都是为你好”为关怀名义，将自身教育缺憾、升学竞争压力、未来前途出路等自身和外部环境因素以关怀行为的形式强加或灌输给受教育者；这让受教育者很早就被认识到，诸如教育升学多么激烈、不能输在起跑线上，父母当年教育缺憾、孩子不能重蹈覆辙，就业生计多么不易、职业生涯“靠拢功利”等，使得子女在自我认知和教育者的要求之间出现极大落差，孩子需求得不到重视乃至无法正常表达，甚至陷入无力反抗继而自我否定的不幸局面。以上教育者的以关怀之名行情感控制之实的行为，即是本书所论的“暴力关怀”行为，即一种不见兵刃、不带血光却是言语如刀刃、内心如战场的“冷暴力”行为。

“我都是为你好”是我们受教育经历中的高频口头禅了，这句话本意是表达关怀者发出的关怀理念和行为，但在有些家庭的子女教育中却成为关怀者借以对被关怀者进行情感高压和价值控制的“冷暴力”手段。关怀者忽视乃至否定了被关怀者的主体地位，忽略了关怀行为的前提条件——被关怀者的需求表达和关怀者的准确感知，“我都是为你好”式的关怀价值的表达就成了“暴力关怀”的最好注脚、关怀行为的“绝妙讽刺”。

3)公众满意度评估的“暴力关怀”问题

前文业已论述了定量方法日益成为公共服务质量二元评估方法的主流趋势，二元评估方法中，公众满意度评估涉及公众对服务的满意程度感知，需要关注公众的服务需要。从关怀伦理的视角分析，公众满意度评估注重对公民需求的回应，似乎反映的是一种关怀的理念和行为；但是，公众满意度评估的量化方法至上，使得满意度评估过分追求统计意义上的公众需求，容易将个体带入设计好的满意度感知框架，进而引导个体忽视了曾于情景中生发的公共服务需求，导致脱离公众满意的本意和人性关怀的理念；此外，对于强关怀特质的公共服务(养老、医疗、公共教育等)，现在的公共服务质量评估还缺乏关怀价值的导向，一旦这类公共服务出现人性关怀事故，满意度评估对公众需求的统计式关注与回应极易演变为以科学之名、行价值控制之实的暴力式回应。故而，公众满意度评估容易出现对公众公共服务需求的“暴力关怀”问题。

首先，公众满意度量化评价采用的是逻辑实证主义的运思方式，讲求评价维度、指标体系的逻辑自洽和实证数据的科学采集，形成了体系化评价维度、指标体系、问卷结构和统计式公众需求结果，这样的评价模式极易引导公众的满意度感知和忽视个体于情景中生发的针对性的服务需求，造成评估主体对评估对象的价值控制式需求关注，即评估主体的“暴力关怀”问题。

量化方法至上的满意度评估方法，在调查公民满意程度前，已经预设了衡量公民满意度的概念结构、指标体系和问卷结构，公民个体的满意度感知实际上被先行带入到调查者的满意度框架与体系化问题之中；尽管，社会调查研究设计有试调查的环节，但试调查本质上还是对评估指标体系和问卷结构的抽样检验，是对体系化、结构化、数字化评估的优化和加强，强化了公民个体满意度感知被塑造的现实。加之，开放性问题往往置于问卷结尾，受调查时间、精力和体系化问题引导满意度感知的影响，公众对开放性问题的回答往往难以体现个性的服务满意感知。故而，个体满意度感知受到精巧的满意度评估量化方法的限制，满意度评估对公民需求的重视和反映，实际上重视和反映的是调查者希望的、建构的需求，这样容易出现评估主体借助量化方法对评估对象进行价值引导乃至控制，形成无形的“暴力关怀”。

其次，对于强关怀特质的公共服务(养老、医疗、教育、残疾人服务、殡葬服务等)，服务中随时体现着对特定群体的关怀理念和实践，且关怀行为对公众满意度评价的影响显著，故而，“暴力关怀”问题对此类服务质量评估合法性的负面影响更为严重。

强关怀特质的公共服务，其服务对象多为老弱病残孕亡等，服务过程中的关心表达和关怀行为容易使服务对象及其亲属产生家庭关怀美德的共鸣，进而直接影响公众对此类服务的满意感知。然而，公众满意度评估的逻辑实证主义方式，加上缺乏关怀价值导向的评估价值取向，使得这类服务的公众满意度评价多是数字式的顾客满意，难以反映公共服务对人性关怀的实践，一旦出现人性关怀事故酿成严重的社会负面影响，公众对此类服务的评价就会逆转，之前的公众满意度评价就会成为人们抨击评估主体进行价值引导和控制的“活靶子”，评估主体对评估对象的“暴力关怀”问题就暴露无遗。这样，公民满意度评估体现的对公众需求的关心和回应，就演变为对公众的“暴力关怀”。

5.4.3 公共服务“情境质量”视角下的“质量悖论”问题

1）现有评估方法引致的公共服务“绩效悖论”问题

公共行政领域评估概念的引入和发展受政策科学的兴起和后续新公共管理运动的影响，尤其是，20世纪90年代末以来，新公共管理运动引起的政府改革浪潮开始影响中国，在新公共管理运动的影响下，作为政府改革和公共政策领域的前卫研究工具——绩效管理开始引入中国政府改革和公共政策运行的研究和实践中；继而，绩效评估逐渐成为政府管理和公共政策中重要的评价工具，也成为公共行政研究的热点问题，评估价值、评估体系、评估方法等具体研究议题渐次展开。后续受到新公共服务、治理理论、公共价值管理等理论的影响，公共行政领域的绩效评估研究日益深化，绩效评估的价值导向逐步从“3E”走向效率效益与公平民主并重，评估方法也呈现出客观绩效评价和公众满意度评价鼎立的二元评价模式。

随着绩效评估研究的深入，近年来，反思绩效评估而来的绩效损失或者绩效悖论研究也日益得到学术共同体的重视。特别是二元评价方法论的逐渐确立，绩效评估的“绩效悖论”问题日益凸显。绩效悖论意指绩效目标和实际效果的不一致乃至南辕北辙，即致力于改善绩效的绩效评估研究和实践，客观上却出现了绩效评价结果与评价客体实际情况、社会公众真实感受不一致，导致绩效评价结果背离评估目标。

具体而言，绩效悖论问题突出体现在以下两方面。首先，作为借鉴于私人部门的绩效管理技术，绩效评估自引入公共部门起，就面临着量化方法自身的“测不准”问题。其次，20世纪90年代以来，公民满意度评价方法的兴起和绩效评价公平民主价值的倡导，公民满意、参与和协作等价值取向日益受到重视，绩效评估方法与评估价值多元、目标多样之间的张力日益明显，面临着评估结果与评估目标不一致的“测不对”问题。

绩效评估的悖论问题，在公共服务评估领域更为凸显，这是由公共服务的特点和绩效评估二元评估模式所导致的。随着新公共管理运动后期新公共服务理论以及治理理论等的兴起，公共服务绩效评估不断得到学界重视，成为公共行政领域绩效评估研究的热点议题。公共服务强调公共行政的服务属性和公民至上，聚焦政府行政和公共治理中的回应性、公民参与、协作治理和公共价值等，公共服务的公共性和民主性使得公共服务绩效评估需要关注公民的满意、参与、协作和服务的公平正义，这就导致评估目标的去中心化和评估理念的难操作化；一旦绩效评估方法在多元评估目标和价值理念的操作化中没有形成适当的指标权重和体系设计，评估结果和实际绩效间就会出现不一致，导致“测不准”式的绩效悖论。

此外，绩效评估业已形成的二元评估方法注重从客观绩效和公民满意两方面衡量服务绩效，公共服务自身的公平性和民主性的特性又使得公众的满意、参与、协作和服务的公平正义成为绩效评估的基石目标；然而，民主、公平等绩效目标在不同的服务场景、社会价值和群体文化中存在不同乃至截然相反的公众认知，客观的公共服务数据无法广泛涵盖公众对服务情景、意识形态、群体文化等环境因素的认知数据，客观服务数据展现的绩效状况并不总与公民满意数据体现的绩效状况一致；由此，绩效评估二元方法与多元化的绩效目标、价值取向间存在明显张力，这将导致绩效评估结果无法真实反映公共服务的目标完成情况，出现“测不对”式的绩效悖论。

2)绩效悖论研究体现的公共服务“统计质量”属性

绩效悖论问题的发现、重视和深化研究是一个渐进的过程，是在绩效评估的深化研究中逐步通过学术共同体的反思性研究而取得的学术进展。公共行政领域的绩效评估，自20世纪90年代始，首先在政府管理领域得以应用；20世纪初以来，服务型政府理念的提出和建设的推进，公共服务绩效评估的研究也得到极大发展。在这一进程中，陆续有学者对日益热门的政府绩效评估进行反思性研究，以此为出发点，政府绩效悖论研究得以发展，公共政策中的绩效悖论问题也得到深入研究；此外，公共政策和以公共项目为载体的公共部门绩效损失的研究逐步成为绩效悖论研究的又一进路。

早在2007年前后，公共行政学界就已经出现对地方政府绩效评估结果的反思性研究，一些学者认识到了绩效评估结果与真实绩效状况、原初绩效目标的不一致乃至背离，明确提出了政府绩效评估的绩效悖论问题。臧乃康(2007)在总结各地政府绩效评估模式的基础上，反思了地方政府绩效评估实践存在的“科学理念与传统政绩观的悖论、绩效评估的信度要求与信息不对称的悖论、绩效评估的多元主体与单一治理主体的悖论、绩效评估的绩效测量与政府产出特殊性的悖论”。在国内学者中，臧乃康较早提出了绩效悖论这一重要的研究议题，并初步总结了当时绩效评估中存在的具体悖论问题，开启了该问题的研究进程。尚虎平(2008)系统总结了地方政府绩效评估的成绩和成熟模式，着重分析了地方政府绩效评估面临的绩效水平提高与地方分离主义倾向间的政治风险悖论，即“目标管理的痼疾为绩效评估带来政治安全隐患”“绩效评估中的‘进步学习’使得地方政府不顾中央要求全神贯注于政治和谐之外的绩效”“绩效评估中的‘退步学习’使得地方政府形成‘独立王国’”“绩效评估中对公式博弈使得地方政府实际上变成了‘地方企业’”。尚虎平关于绩效悖论的研究，着重关注了地方政府绩效评估实践如火如荼的背后隐含的政治安全风险，并将其作为与构建和谐社会、实现科学发展的绩效目标不符的绩效悖论的主要表现。

此后，政府绩效悖论的研究走向深入，公共政策中绩效悖论问题也开始得到学界重视，学者们开始关注绩效悖论发生的原因和具体联动机制。何志才(2016)借鉴混沌理论的阐释框架，深入研究了地方政府绩效悖论的发生机理，“地方政府绩效评估悖论作为各种评估模式在系统宏观层面的涌现现象，是在初值偏差的触发机制、群体共鸣的响应机制，以及悖论涌现的协同反馈机制之下形成的”。李敏(2018)则从地方政府绩效评估的机制出发，分析了绩效评估机制“对评估价值、评估主体和评估内容的‘错位’等”，诱发了地方政府绩效悖论问题。在政府绩效评估领域绩效悖论研究深化的同时，公共政策过程中的绩效悖论问题及其发生机理也受到了学者的关注；张巍(2012)分析了政策过程中绩效悖论产生的四大原因——“政策信息未通达导致的认知盲点、缺乏良好预期形成的信息沟通断点、政策困境及相关的行为偏差、政策供给不足导致的显性供需差异”，量化分析了悖论发生的机制，通过对农村中小企业融资政策的数理分析，验证了绩效悖论产生的原因和发生机制。霍春龙(2017)也致力于公共政策过程中的绩效悖论原因和发生机制研究，他以四川省什邡市的钼铜项目决策事件为案例，以案例研究法归纳分析了政策过程微观层面呈现的

“认知分歧-利益分歧-街头抗议-绩效损失”的绩效悖论发生机制，较有说服力地归纳了导致绩效悖论的主要原因，即“公共价值建构不足是根本原因；认知分歧、共享现实等社会心理因素是内在机制性因素，绩效领导力以及合作生产理念不足是主要原因”。

2016 年以来，绩效悖论问题研究逐步从关注悖论产生原因和发生机制的质化研究转向了关注悖论程度测量、后果定量和悖论消解的量化研究，在这一过程中，绩效悖论导致的绩效损失问题逐步成为研究重点，并形成了以兰州大学包国宪教授团队等为代表的典型研究团队。王学军(2017)运用公共价值管理理论，从绩效悖论导致的公共价值损失入手，建立了“政府绩效价值链分析的‘环节-要素’矩阵”这一理论模型，依之对绩效损失进行测量以实现绩效评估与公共价值创造的终极目标耦合。郎玫(2018)则借鉴博弈论的观点，分析了导致政府绩效损失发生的原因——“多重博弈关系、信息不确定性问题和信息不对称问题、绩效评价测量技术与工具的选择和有效性”，提炼了政府绩效评估的基础模型及其产生的绩效损失，并结合多案例分析，量化研究了不同绩效评估模型中的绩效损失。王子琦(2019)和马翔(2018)则以具体的公共项目作为案例分析切入，运用公共价值为基础的政府绩效治理理论及其衍生的价值链分析工具，分析了管理主义视角和公共价值视角下的绩效损失内涵，建立并运用了绩效损失测量的理论框架。

综上所述，绩效评估二元评估模式的确立和公共服务的公共性、民主性特点使得学术共同体在公共服务绩效评估研究过程中必然会出现对二元评估模式的反思性研究，绩效悖论问题及其绩效损失研究最终进入了绩效评估研究的学术舞台。从 2007 年左右提出绩效悖论问题以来，学术界对绩效悖论研究已经从现象描述、原因分析再到发生机制、传导过程进而发展到理论建构、损失测度、悖论消解的阶段。

纵观以上绩效悖论和绩效损失的现存研究，无论是关于绩效悖论的原因分析、发生机制研究，还是绩效悖论产生后的绩效损失测度与消解研究，当下的研究进展都是聚焦于政府履行职能或施行政策的绩效评估结果与绩效实际、公共价值抑或绩效目标的偏离。也就是说，当下绩效悖论研究背后的隐含假设是绩效评估二元评价模式的合法性，正是由于二元评价模式出现了“测不准”和“测不对”问题，才需要学术共同体研究这一绩效评价悖论，以完善绩效评价方法论的效度和信度。因此，从元理论的角度审视，无论是哪方面的绩效悖论机制研究，亦或是哪种绩效损失测度研究，绩效悖论研究的背后都体现了学术共同体对现有公共服务质量二元评估模式的信仰坚持和合法化努力。这样的绩效悖论研究体现了公共服务绩效二元评价方法的根深蒂固的影响，由于二元评估模式从根本上深刻体现了逻辑实证主义的方法论本质。因此，现有绩效悖论研究也深层次地体现了学术界对逻辑实证主义方法的坚持。

绩效悖论研究背后对逻辑实证主义方法论的深层次坚持，使得现有绩效悖论研究被牢牢陷缩在对绩效评估逻辑实证主义方法的强化论证之中，坚持了公共服务绩效的数理特性，强化了公共服务质量的统计属性。在逻辑实证主义的方法论视阈内，公共服务绩效集中呈现在实证归纳数据上的数学化演绎过程中，这一过程基于逻辑实证主义，借助经验现实的数据采集或实证归纳，依靠统计学和数学模型方法，实现了公共服务质量的数学演绎推理，进而得到逻辑自洽、令人信服的普遍结论。这样一来，公共服务质量被赋予了浓重的统计学色彩，表现为统计学意义上的概率事件，即公共服务质量是依据实证数据，通过数理统计方法与模型计算而得到的一定概率条件（置信区间）下的量化质量，这样的质量不具有精确性，而是在概率条件下具有确证性。总之，公共服务质量在统计意义上体现成了概率条件的统计质量。

3）关怀伦理视角启发的公共服务“情景质量”维度

现存公共服务质量评估方法的研究，聚焦于以量化评价的方式追求数理统计式的服务质量结果，以求公共服务质量的确证性和质量改进的针对性、可靠性。这一研究方法背后是逻辑实证主义的方法论指导，更是理性主义统摄公共服务质量评价研究的典型呈现。

那么，公共服务质量评估研究是否已经走向“历史的终结”，逻辑实证主义指导下的质量评估方法是否已经能够反映公共服务质量的真实情状。这其中最为重要的是，服务质量统计式表达是否就能衡量现实世界中不同情景下的服务质量，个体情景中的公共服务质量是否具有公共意义、个体情景中的公共服务质量呈现被数理统计式的服务质量表达所湮没是否合适。

为了便于具体阐明公共服务质量统计式表达与情景中呈现之间是否存在上述疑问，我们以一些地方政府推行的政务服务“*零”服务承诺制为例，说明公共服务质量统计化表达和情景中呈现之间的张力，进而说明个体情景中的服务质量所具有的公共意义。

自 20 世纪 90 年代以来，地方政府绩效管理实践在各地均有开展，岗位责任制、效能评价、公共支出评价、服务承诺制、公民满意度评价、欧洲 CFA 等绩效管理工具在各地方政府的实践中均有不同程度的运用。其中，社会服务承诺制是在地方政府实践中较为常见的绩效评价工具。近年来，“*零”政务服务承诺制在各地以不同形式被借鉴采用，然而，具体服务承诺的内容、标准和评价等方面，出现了截然不同的实践做法，一些地方政府的公共服务承诺力图摆脱理性主义逻辑和结构功能主义设计的惯性思维，开始从关注服务对象自身无法解决的依赖性需求入手，提出富有人性关怀、培育情感性关系的服务主张。

安徽省阜南县地处皖南，地理位置一般、工业基础薄弱，全县经济发展处于中下游水平，人口大量外流，属于国家扶贫工作重点县。为了推动该县经济发展、厚植产业基础，自 2013 年起，阜南县开始大力开展招商引资工作，鉴于该县资源禀赋不足、区位优势不够、产业配套能力不强、劳动力素质一般，传统的资源要素优惠、财税政策吸引等硬环境型招商政策很难见效，该县的招商引资工作从企业服务软环境入手，着力打造一流的营商环境和企业服务水平，并就此提出了企业服务“六零”服务承诺制，即“投资阜南零招待；证照办理零烦恼；征地拆迁零接触；建设经营零干扰；用工融资零顾虑；企业服务零距离。”（李阔，2018）。“六零”服务承诺制改革推行六年多，极大地推动了该县的产业集聚和经济发展。“六零”服务承诺，因为其内容新颖、指向精准、反响较好，获得了当地企业和社会舆论的肯定，人民网、新华网等主流媒体都对阜南县的“六零”服务承诺制和该地产业发展的成果进行了跟踪报道。

“六零”服务法与以往服务承诺制的不同之处在于，它褪去了常规服务承诺制的全流程、全方位的结构功能主义式的理性设计色彩，不追求面面俱到式的服务质量改善。该县通过实地调研和经验总结，直面企业经营过程中的准入证照、征拆纷扰、建设干扰、用工融资、对公应酬等痛点问题，虽说这样的服务承诺从学理角度不能全面衡量企业服务质量，但却从实务角度，在服务对象的实际感知中“赢得”了企业服务的高质量。

同样是服务承诺制创建活动，北方某省相关部门走的是不一样的实践进路。2018 年，鉴于现实事件暴露的该省营商环境和政务服务方面的突出问题，该省成立专班，开始整顿全省机关作风，并于 2018 年 4 月始，在该省直部门和地市政府推行政务服务“四零”承诺服务创建活动。在方案设计层面，该省专门出台了《省直机关 2018 年度服务大厅及窗口岗位深入推进“四零”承诺服务创建工作实施方案》并在省直机关和各地市推行，该方案明确提出了政务服务“四零”服务承诺制的内容——“服务受理零推诿、服务方式零距离、服务质量零差错、服务结果零投诉”，针对性地设计了政务服务“四零”服务承诺制的对应标准，这些标准均是对服务承诺制内容的细化，并未规定下级部门具体落实“四零”服务承诺的弹性空间。这一顶层设计从政府服务的过程视角，全流程地设计了政务服务质量提升的承诺事项，结构功能主义式的理性思维明显。这样的理性主义设计带来的明显弊端即是过分框定了下级部门改善政务服务质量的思维模式、过分地强调了上级对下级政府服务质量改进的绩效控制，给下级部门“以文件落实文件”、机械适用服务标准顶层设计、对标“四零”标准进行策略性服务留下了制度漏洞。

事实也印证了这一点，同年，该省国土资源厅专门制定了《国土资源厅 2018 年度服务大厅及窗口岗位深入推进“四零”承诺服务创建工作实施方案》，但该方案基本沿用了省发实施方案的内容，其中落实“四零”服务承诺制的内容和标准设计，也和省发文件的对应内容如出一辙，并未根据自身服务供给难点和服务对象在国土资源领域需求的痛点和堵点(土地审批、不动产登记等)进行调整和细化。该省下辖某市也专门制定了《市直机关 2018 年度服务大厅及窗口岗位深入推进“四零”承诺服务创建工作实施方案》，该市的实施方案对“四零”服务承诺制的实施范围、内容和标准的规定，基本沿用省发的实施方案，服务承诺的内容和具体标准设计几乎完全沿用省发实施方案的对应内容。例如，该市方案规定，“服务质量零差错”包括：“优化窗口设置，简化办事程序，提高工作效率。坚持工作高标准，依法依规，准确无误。建立服务日志基础台账，记录业务环节办理过程，形成检查和复核机制”；该市具有石油、生态城市、农业基地等特色优势，在长期的企业服务、产业支持、生态环保等政务服务中，必然对政务服务的供给难点、百姓堵点有切身感知和总结，但是，该市提出的“四零”服务标准四平八稳、重点不彰，并未融入以上当地特色，也未在文件中强调结合自身特色对“四零”标准进行细化，机械照搬了省级服务承诺标准。可以预见，该市的“四零”服务承诺的推行会强化和便于上级政府的政务服务绩效监察和评估，但该市既有政务服务的堵点并未得到针对性解决，公众和企业在政务服务中更多是程序获得感而非结果获得感。

作为践行公共服务承诺制的不同地方经验，安徽省阜南县“六零”服务承诺制的做法明显不同于较为通常的北方某省“四零”服务承诺制。后者的服务承诺制带有浓厚的理性主义色彩，设计了较为科学缜密的过程化服务承诺衡量标准，较充分体现了公共服务标准化和质量评价统计化呈现的要求；然而，安徽省阜南县的企业服务“六零”承诺制则带有明显的经验主义乃至草根色彩，服务承诺制的内容和标准多是对当地企业经营实践中的征地拆迁、建设干扰、审批证照、对公人际等痛点和堵点问题，加以针对性解决，该地服务承诺制的理性色彩较淡，服务承诺设计不完善，不利于服务质量评价和量化呈现。上述两种服务承诺制的实践对堪，引起了对公共服务质量统计式评价和情景式评价有效性的思考。阜南县的企业服务更多的是具体情景下的“药方式服务”，若按照公共服务质量二元评价模式和理性设计思路，“六零”服务法涉及的企业服务的六个方面会被湮没于服务质量操作化后指标体系数据的统计处理中，服务质量的统计结果不一定显著高于其他区县；但根据公开报道，该县近6年的产业聚集和企业落户情况不断向好，企业服务满意度居高（李阔，2018），企业服务质量显而易见。若该县结合本地情景针对性改进服务质量的做法可以在更广范围得以应用，那么每个具体情景中的服务质量都可得以改进，整体公共服务质量也就会得以进步。

综上所述，通过双案例比对发现，个体情景中的公共服务质量具有公共意义，通过每种情景中的情景质量改善，公共服务整体质量就会得以改进，服务质量统计式表达并不能衡量公共服务质量的全部，情景质量是公共服务质量的另一关键维度。

关怀伦理的理论主张更进一步启发了公共服务质量评价中情景质量纳入考量的正当性，丰富了情景质量的内涵。关怀伦理主张关怀价值在社会价值体系中的背景性、基础性地位，认为始于家庭关怀活动的关怀美德与行为应用于社会领域具有正当性，强调社会关系建构始于情感性关系这一背景、情景互动中对需求方依赖性需求的满足等。关怀伦理不仅强调社会关系、具体情景的作用，它更深刻阐明了社会关系和具体情景背后的情感性关系基调和依赖性需求的重要性。这一伦理主张与公共服务的互动性和公共性相契合，补充了公共服务情景质量的内涵维度；公共服务情景质量不仅是不同情景中对服务供给难点和需求焦点的克服与回应，更是在不同情景中对服务对象依赖性需求的关怀性体察、合理性审视和同等性回应。

4）从“绩效悖论2.0”到“质量悖论”——基于“情景质量”的批判

如前文所述，公共行政领域的绩效悖论研究已经过两个相对独立的时期，发展到绩效悖论2.0阶段。这一发展历程与20世纪80年代以来，公共行政学科管理主义和民主价值取向的研究路径紧密相关。绩效悖论1.0论及的是借鉴新公共管理运动引入的私人部门绩效管理技术，导致了无意或蓄意的量化方法统计偏差而形成的评估结果对绩效实际的“测不准”问题；随着后公共管理时期的公共服务理论、治理理论、公共价值管理等研究范式的兴起，绩效悖论研究过渡到2.0阶段，绩效悖论2.0意指研究者忽视了政策网络博弈、公共价值塑造等对公共行政绩效评估导向的影响，导致评估结果与情景博弈中的公民需求、公共价值建构等绩效目标相背离而出现的评估结果对绩效目标的“测不对”问题。

但是，鉴于公共服务研究所具有的自身属性，公共行政的绩效悖论研究并不等同于公共服务的质量悖论研究，前者的研究成果可供借鉴但不能自动作为后者的研究结论。基于公共服务统计质量（宏观）视角和情景质量（微观）视角对其的批判，公共服务质量存在传统的绩效悖论问题，更包括自身特有的质量悖论问题。

首先，公共服务研究在公共行政领域中具有自身特色，“质量”与“绩效”概念侧重不同，“质量”刻画公共服务更为适当。公共服务绩效悖论研究归属于更广泛意义上的公共服务绩效评估研究，不同于公共政策、政府治理等领域的评估，公共服务评估的研究是直接受新公共管理运动及其后期的理论“丛林”（新公共服务、治理理论、公共价值管理等）的启发而勃兴，公共服务始终面向在具体情景中享受服务的公民个体。政府或政策评估所关注之“绩效”，重点关注政府或政策的“经济、效率、效益”等价值导向；而公共服务评估所关注之“质量”则更为侧重平衡考量“3E”、公平、民主等价值导向。因而，“质量”要比“绩效”而言，更能恰当地刻画公共服务存在的意义。

其次，公共服务质量具有明显的互动性和异质性，微观视角的情景质量和宏观尺度的统计质量一样都是公共服务质量不可或缺的“硬币的两面”。前文所述的“*零”服务承诺制的双案例对比已经说明，公共服务质量在微观层面的存在，情景质量对公共服务质量评价具有关键意义。具体而言，公共服务总是在具体情境的服务传递中实现，具体情境中服务提供者对服务对象需求的满足，服务提供公平、可及、便捷、高效等的实现都是公共服务质量在具体情境下的反映；在不同情境中，服务对象的情感、态度、价值观不同，服务设施和环境状况不同，公共服务供给总会在个体情景间体现不同的质量水平。

在这里，公共服务质量出现了统计意义和情境意义两个不同的质量指向，统计意义上的公共服务质量刻画的是整体服务在概率意义上的质量水平，而情境意义上的公共服务质量描述的是服务对象个体在具体情境中享有的服务质量水平。

第三，基于公共服务情景质量的重要性和前文关怀伦理对情景质量内涵的新贡献，公共服务质量评价不仅存在绩效悖论呈现的统计式评价“测不准”“测不对”问题，即统计质量的信度、效度问题，而且存在质量悖论体现的统计质量与情景质量不一致乃至对立取舍的统计式评价“谨慎测”“不能测”问题。

前文详细论述了关怀伦理所主张的具体情景中对依赖性需求的回应、关怀美德行为的施行、社会情境中情感性关系的基础性价值等理论观点，在此不再赘述。关怀伦理的上述理论，启发公共服务不仅要注重从效率、民主、公平等价值维度以整体呈现服务质量，更要从具体情景入手关注服务传递中的个体需求回应、美德体现、情绪互动，“温度”对公共服务质量评价同等重要。情景内涵的丰富和情景质量的不可或缺，启示公共服务质量评估不仅存在统计式评价“测不准”“测不对”的绩效悖论问题，更是存在统计式评价“谨慎测”“不能测”的质量悖论问题，即不同公共服务的人性关怀的要求程度不同，统计质量和情景质量的边界和地位不明，特别是对于强关怀特质的公共服务，情景质量与统计质量时常处于明显对立，冲击着统计式质量评估结论，导致统计式量化评价方法被谨慎操作乃至在剧烈的质量对立中被适当搁弃。

在此，以前文的“*零”服务承诺制的实践为例，说明公共服务，尤其是高关怀度公共服务凸显的情景质量与统计质量的对立取舍，及其导致的统计式质量评价“谨慎测”“不能测”的质量悖论问题。前文所提及北方某省政务服务“四零”服务承诺制在各地市和省直部门的落地中，各地方和部门的“四零”服务承诺内容同质、标准同构，方便了政务服务质量的量化评估和统计式表达。后续以省发方案中的服务承诺体系和标准为蓝本设计政务服务质量评价体系，则各地方、各部门的政务服务质量都会有直观、具体、量化的评价结论。但是，该方案设计和后续的统计式评价忽视了不同类型政务服务中关怀要求的程度不同，特别是忽视了社保、健康、教育、民政等民生服务的人性关怀要求强烈的实际情况。如果“四零”服务承诺制的内容和指标体系没有针对不同情景下民生服务的痛点、难点问题进行回应，也没有针对激励服务主体发现并回应公民合理依赖性需求进行设计。那么，这样的政务服务承诺制容易对具体情景下的政务服务的公众需求缺乏深刻把握，导致公众个体在具象服务情景中不断遭遇服务主体缺乏关怀美德、对其合理的依赖性需求缺乏有效回应的窘境，进而造成政务服务质量呈现在情景反馈上和统计意义上的明显张力，使得统计式评价不得不被谨慎操作乃至在情景质量与统计质量急剧对立中被伦理压力所抛弃。

综上所述，情景质量的视角和关怀伦理启发我们，道德认识不仅源于理性的传统，也源于情感性关系和具象情景中富有关怀美德的关怀行为，道德行为保障个人在具体情境中理应受到的人性关怀。因此，作为一种公共道德的集体行为，政府主导进行的公共服务，其质量好坏，不仅应由理性设计的量化方法进行评价，而且也应由具体情景中服务传递的“温度”来衡量。这样，公共服务质量评价就始终存在着“统计质量”和“情境质量”的分野。

由于存在量化评估至上的主导取向，公共服务质量评估难以避免二元绩效评估方法存在的绩效悖论问题。此外，公共服务质量的统计处理过程意味着将体现公共服务质量具体情景的数据加以拉平式处理。这样，公共服务质量评估方法会给公众呈现出不同的公共服务质量“景观”：①统计数据上的公共服务整体质量分布；②具体情景中服务传递层面的个体质量感知。从关怀伦理和公共服务特性的视角，情景质量是公共服务质量评价和改进不可或缺的构成维度，公共服务的内容和过程都不同程度地体现着关怀属性。然而，统计数据呈现的公共服务质量“宏大景观”常与公众个体体验的公共服务质量“细部景观”存在不一致乃至对立冲突；尤其是对于强关怀特质的公共服务，具体情景中服务传递体现的关怀价值对公民进行服务质量满意度评判影响甚大。因此，评估方法中关怀价值的缺失，容易导致服务质量量化评估结果与公众对服务质量的情景感知脱节，使得公共服务质量陷入伦理争议的漩涡之中，出现“统计质量”与“情景质量”的悖论问题。

也就是说，公共服务质量评估不可避免地出现一个悖论：公共服务，尤其是强关怀特质的公共服务，在统计意义上的高质量却伴随着具体情境下低质量，反之亦然。在未来，个体境遇将等概率地降临于社会公众，关注具体情景下个体的公共服务情景质量具有公共意义，公共服务质量评估的逻辑实证主义方法论难以全面、真实反映公共服务质量的实际情况。

第六章　关怀伦理视阈中公共服务质量评估建构逻辑的改造

基于关怀伦理视角，本书对中国公共服务质量评估建构逻辑的改造提出若干建议。按照公共服务质量评估所确定的理性主义建构逻辑的框架，承接本书第五章关于质量评估的关怀伦理批判，本章对应地搭建公共服务质量评估理性建构逻辑的改造框架。

具体而言，公共服务质量评估的理性建构逻辑，展现了质量评估关键环节——概念价值和理论支撑、质量标准化、评估模型方法等，第五章对以上三个环节进行了针对性批判，故本章主要从价值取向及理论基础、质量标准化及其实践、逻辑实证主义评估方法三个方面，用关怀伦理对其加以改造。

6.1　公共服务质量评估理论基础的重构

6.1.1　引入关怀美德、关系和互动——完善质量内涵的伦理基础

1）关怀伦理与公共服务质量内涵的伦理基础

第二章总结了国内关于公共服务质量内涵的界定，尽管学术共同体关于公共服务质量的具体内涵众说纷纭，但从服务质量内涵的道德基础上分析，即界定何谓“好”的公共服务质量的角度，公共服务质量内涵的伦理基础无不建立在主流道德理论——义务论、功利主义和权利论等的基础上。具体来说，公共服务“好”的质量建立于效率效益、公平正义和民主的价值基础上，实质上是建立在对主流道德规则（功利、正义、权利等）的普遍遵循和理性推理的基础上。

关怀伦理批判了主流道德理论对普遍准则和个人独立自由的理性预设，它认为个人的理性能力和自由意志是社会情景中的情感性关系和关怀美德行为的建构。在现实之中，个人自诞生始就是关系型构成，而且是情感性关系的构成，个人在这样的关系中定位自己；在具体的情感性关系中，个人的依赖性需求激发道德命令，要求关怀美德和关怀行为的施与。人类社会的社会关系延展是始于母子（女）关系而散发的关怀程度递减的圈层关系，因而，普遍道德准则的适用存在局限，道德性不仅产生于理性推理产生的普遍道德法则中，也产生于关系互动中尤其是富有情感连接的关怀关系互动中个人对他者的关怀美德与行为。

公共行政学科的历史演进赋予了公共服务质量多重内涵，公共服务质量兼具经济性、公共性、关系性特征，跨越了经济、政治、社会三大范畴，是典型的“三栖”概念，关怀伦理很好地回应了公共服务质量的关系性特征。具体而言，公共服务质量是一种经济型产品和服务的质量，需要考虑投入产出关系即重视功利计算，达到效益最大化；也是一种公

共型产品和服务的质量，需要考虑服务提供的公共利益和政治价值追求；此外，它更是一种关系型产品和服务的质量，需要考虑公共服务的社会关系属性，即公共服务最终通过具体关系情景中的服务传递去实现。关怀伦理所启发的在具体情景中对服务对象依赖性需要的回应，构成了公共服务质量内涵的重要方面，关怀伦理自身也成为公共服务质量内涵的重要伦理基础。

因此，公共服务质量内涵的伦理基础，不再仅仅是功利主义、义务论和权利论等主流伦理框架，关怀伦理回应了公共服务质量的关系性内涵，应成为公共服务质量的重要伦理基础。关怀伦理主张基于关系的关怀，注重关系中的情感互动，认为在关系情景中，生发于对关怀对象依赖性需要的回应，进而产生的富有关怀美德（同情、信任、理解等）的关怀行为是道德品格和道德行为的重要方面；道德性不仅产生于普遍的道德法则，也产生于富有关怀美德的关怀行为。这样的关怀伦理论证了在具体服务情景中因关怀公民的美德和行为而产生的“好”的公共服务质量，完善了关于公共服务质量内涵的道德基础。

具体而言，关怀伦理在以下三个方面完善了公共服务质量内涵的伦理基础，并丰富了公共服务质量的关系性内涵：①关怀伦理主张关怀价值属于社会建构的背景性价值，关怀美德和行为共同构成关怀伦理的基石，启示公共服务质量的关怀美德内涵；②关怀伦理强调社会关系的情感性关系起源和持续影响，赋予了社会情境中人际关系的情感性底色，完善了公共服务质量在具体情景层面的情感性关怀关系内涵；③关怀伦理关注社会情境中的非对称情景，即关怀主体的主导作用和关怀对象的需求具有依赖性，这启发公共服务质量应该具有关注服务客体依赖性需求的非对称的关怀情景内涵。

2）饱含美德的关怀价值与服务质量的关怀美德意涵

关怀伦理主张关怀美德和行为不可偏废，关怀美德的强调在施行关怀行为的前提下才具有意义，关怀行为的实现在关怀美德的动机下才能走向真实；否则，没有美德驱动的关怀行为将与人道主义的照顾行为无异，乃至沦落为借关怀之名行逐利之实的投机行为。

关怀美德与美德论意义上的美德有联系，但二者也有重要区别。美德论意义上得美德，是将个体的良善品格以美德这一概念界定并作为道德性的合法来源，美德论并不重点着墨于美德如何培养或者美德何以形成，美德论者以一种近乎经验主义的方式总结了美德品质的清单，沉浸在对美德为何、美德何以成为人的良善品格、美德间的竞合和美德的适用范围等规范性问题的思辨研究中。然而，关怀伦理所注重的美德，也需要列明关怀美德包括的具体良善品格，但后续重点则不在对各项美德品格的规范性思辨研究，而是转向在关怀行为和社会情景中分析关怀美德何以形成、何以强化、何以完善。关怀伦理认为，人的关怀美德从关系中塑造、在行动中强化、在情景中完善：①关怀美德在家庭关怀活动中，尤其是基于孕育活动的高强度的母子（女）情感性关系中萌发；②在家庭和亲属的关怀活动中，伴随着被关怀者的成长，关怀者的关怀美德在关怀实践中不断强化；③随着被关怀者自主意识的成熟和人格发育的完善，关怀者在与关怀对象的情景互动、批判、学习中，不断完善关怀美德的应有之义。

总的来说，基于在情感性关系下的关怀实践和情景互动，关怀美德有四个面向的内涵构成，即理解、同情、关心、信任；这四个方面的美德内涵层层递进，形成金字塔式美德结构，并构成有梯度的、稳定激励的美德闭环。首先，关怀美德是个层次结构而非并列关系的美德构成，它体现在，关怀者对关怀事件产生理解，理解后才会有对被关怀者真实处境的同情生发，进而才会有关怀情感催动下的关心行为，关心行为会使得关怀者与关怀对象间产生有“温度”的互动，被关怀者的感激和肯定会在关怀互动中产生信任感。第二，关怀美德的四项品格是金字塔式的层次结构，类似于马斯诺的需求层次模型，四项品格的实现有先后次序不能一蹴而就，而且有难易程度之分，越往上的品格的实现对关怀者的要求越高。第三，关怀美德的四项品格是可以形成正向激励或者负向激励的美德闭环。关怀美德不是形成后就静止不变的，关怀者和关怀对象的信任形成后会正向激励双方在后续出现的关怀情景中加深理解、同情、关心等美德品格，形成美德的正向闭环；反之，如果在具体情景中，关怀美德的某个品格受到关怀者或关怀对象的重大误解或欺诈行为的影响，后续的美德品格就会受到负向激励，导致在以后出现的关怀情景中，美德品格不断被负向激励以致不断衰减。

从关怀伦理的角度，关怀美德的内涵对完善何谓“好”的公共服务质量的道德认识有重要借鉴价值。公共服务本身就注重情景中的服务传递，传递过程中的服务主体和对象的道德品格会对服务供给品质和服务感受产生重要影响。借鉴关怀美德的理解、同情、关心、信任的内涵维度，服务主体和对象的关怀美德也构成了公共服务质量内涵的重要部分，公共服务质量的衡量要考虑理解、同情、关心、信任在服务传递中的培育和巩固。

3)情感性关系下的关怀行为与服务质量的关怀关系内涵

除强调关怀美德的具备外，关怀伦理更注重关怀行为，且关怀实践是在社会关系的背景中进行的；关怀伦理的特别之处在于它从母性关怀或者家庭关怀视角审视既有的社会关系概念，强调了在社会关系中，情感性关系所具有的渊源性和底色性地位。关怀伦理重视的情感性关系有三大特点，即源于母性关怀活动、情感主导和传染、具体性和实践性。

首先，情感性关系根源于自然赋予的子宫孕育和分娩活动，开启于生育活动中的“性情感生产”及其后的母性对子女的抚育活动。简言之，情感性关系于母性的生育和抚育活动中获得了天然的开端，母性对子女的关怀活动构成了情感性关系的基石。第二，情感性关系属于非理性的社会关系，这一关系中的人类情感因素占据主导，这一情感源于家庭关怀活动，并在社会关系实践中具有人性关怀所激发的情感传染特性，即个体进入社会不会将家庭关怀中的浓厚情感带入，但社会现象中一旦出现他人基本关怀美德彰显或失范，就会触发个体乃至群体的人类情感共鸣，使得个体在母性和家庭关怀活动中获得的情感性关系正向或负向传染到社群之中。最后，情感性关系具有具体性和实践性，意味着在关系的建立、稳固和拓展中情感因素的至关重要，这就要求此种关系须在面对面的具体场景中让情感因素发挥作用，生发和培育社会关系；不管是初始的母性和家庭关怀活动，还是后续的亲属、朋友乃至社会关怀活动，只是关系建构的情感色彩有浓淡之别而已，这些关系的建构、维系、发展均离不开具体情景中情感色彩倾注下的关怀实践。

如上所述，关怀伦理主张的情感性关系虽隶属于社会关系的宏大场景，但还是有不同于一般社会关系的个性特点。第一，情感性关系聚焦于社会关系的女性视角，着眼于被长期忽视的女性关怀活动所体现出的情感性关系构建。其次，情感性关系的一个重要贡献是，启发了我们对社会关系的情感强度认知，即社会关系及其网络的强度，不仅可以从现有社会学研究的角度审视，也可以从女性主义的视角阐释，这样我们就会发现社会关系一直存在情感色彩的强度，如公益性活动与营利性活动等；一些情感强度高的社会关系，如赡老扶幼、基础教育、医疗卫生等，它的情感色彩十分浓重，用情感性关系的视角可以更好把握这些社会关系的特性和机制。

公共服务提供也是在处理具体环境中服务主体和服务对象间的关系，具体服务场景中，公共服务过程中的社会关系处理是否得当也构成了衡量公共服务质量的重要“软实力”指标。因此，关怀伦理主张的情感性关系下的关怀实践，完善了公共服务质量的关怀关系内涵。具体而言，首先，公共服务中存在情感色彩浓厚的养老、医疗、教育等服务门类，服务质量的内涵尤其要注重将情感性关系作为高关怀度公共服务质量的重要方面。其次，公共服务质量内涵也要注重情感性关系下关怀行为的实际施行，即服务质量要衡量在具体服务的情感性关系中服务主体的情感倾注程度和基于此的关怀行为是否施行和达到预期。

4) 非对称情景中的关怀互动与服务质量的关怀情景内涵

关怀伦理不仅仅着墨于关怀美德与行为的宏观构建、社会关系的情感性关系底色等宏大叙事，也同样关注关怀行为的“细部呈现”，即关怀美德和行为如何在具体情景中准确施行。关怀伦理主张非对称情景下的关怀回应与互动，即关怀行为是在非对称的情景中践行的，关怀者需要秉持关怀美德针对关怀对象的依赖性需求，感知之、理解之、回应之，并针对关怀对象的反馈，完成关怀互动，持续校正关怀行为。

关怀伦理的非对称情景下关怀行为和互动的内涵表现为三大特征，即关怀情景的非对称性、对象需求的依赖性和关怀实现的持续互动性。首先，关怀伦理的情景设定是非对称性的，即关怀行为的出现是他者的需求，关怀者主动地施与关怀活动，关怀者和被关怀者的道德地位是不对称的，被关怀者只需要对关怀行为作出回应，但作出回应不等于进行关怀，被关怀者不需要关怀关怀者，否则，关怀行为就会被异化为对某种回报的响应而失去合道德性。其次，关怀情景中，关怀行为针对的是被关怀者的依赖性需求，关怀伦理将此界定为这种需求不能从所需求的人的自身得到满足，必须依赖他者的关怀行为才能实现。最后，关怀情景不是一次终结，情景中的关怀行为具有动态持续的互动性；通过依赖性需求的产生、关怀行为的施与、被关怀者的回应，关怀行为就在静态程序上得以完成，但被关怀者的回应若与依赖性需求的满足有差距，关怀行为将被二次启动，关怀情景将会得以延展，一直到被关怀者依赖性需求的解决。

关怀伦理的非对称情景属性、依赖性需求定位和互动性关怀过程等理论观点，对公共服务质量内涵的完善有重要借鉴。具体来说，上述理论观点启发了公共服务质量内涵的关怀情景维度，即依赖性需求的识别与回应、公共服务中的非对称情景和质量改善中的关怀互动因素。①公共服务质量应该关注公共服务中服务对象的依赖性需求的回应；现有公共服务质量的研究，关注对公众需要的回应，但是没有注意需求的依赖性，鉴于公共服务的公共性属性，确实依赖性需求才是公共服务需要重点回应的。②公共服务质量应将非对称情景中服务主体的关怀职责与行为落地纳入考量；公共服务传递属于显性的不对称情景，服务主体主导服务内容和流程，囿于信息不对称，服务对象相对有限参与其中乃至被动接受服务，这种情景下，服务主体的关怀职责和行为落实应该成为服务质量的关注点。③公共服务质量内涵也应包含服务情景中的关怀互动及其推动服务质量动态改进；具体公共服务在服务传递中因信息不对等、沟通偏差等诸多因素均会面临服务主体与对象的行为互动，公共服务常在关怀行为的多次互动中才能达致服务对象需求的满足。

6.1.2 构建“圆环型”公共服务体系——克服理论基础的关怀失序

1)公共服务质量评估理论基础的演进逻辑和关怀失序

现有公共服务质量评估的理念和技术是从公共政策评估领域，尤其是新公共管理运动中发展而来，公共服务质量评估从借鉴私人部门质量评估理论强调“3E”标准，到新公共管理运动后期的新公共服务、公民价值理论和协作治理理论等强调的公民权利、公共利益和协商对话价值取向，质量评估的理论基础一直在公共行政理论的不断完善中得到发展。当下的公共管理质量评估借鉴了管理主义和民主价值对公共服务的价值和方法要求，体现了在新公共管理、新公共服务、治理理论和公共价值管理等理论基础上对公共服务质量的多维度评估。

无论是管理主义还是民主价值取向，公共服务质量评估所依据的理论基础都关注的是服务质量评估的普遍性结论和服务质量价值偏好的普遍适用，强化了评估者和被评估者被纳入的理性的逻辑实证主义分析框架，将人定位于可以理性表达偏好、理性互动关系的自由意志个体。

关怀伦理对以上公共服务质量评估的理论基础进行了批判，指出了新公共管理过度强调顾客至上，并将顾客至上异化为统计数据呈现的“抽象顾客”至上，这将导致具体情景中的顾客忽视乃至利益损害将在统计不显著的程度内普遍存在，顾客需求未与服务的正义公平、公共性相统一。因此，商业管理中为了经济效益而满足个体需求的理念被不加批判地运用到具有公共性的公共服务领域，这使得本可以体现关怀理念的顾客需求至上，不再体现对顾客的关怀而是体现对统计呈现的作为集体概念的顾客关怀；这样的顾客关怀，仅是陷缩于统计意义上的顾客满意游戏，它不加以区分具体情景中真正关怀美德行为的必要性，也不加以注意关怀与公共性的关系，关怀价值被狭隘化为“顾客关怀”。

与此相反，新公共服务理论注重公民权利、公共利益和公共空间的参与和对话，将公民定义为自由主义式的自主个体，并注重对公民政治美德和素养的社会建构；在这里，新公共服务关注的是理论设定和社会帮助建构的公民权利和公共利益观，并将其对公民权利和利益的保障视为对公民的关怀。实际上，这一理论是含混了公民需要与公民关怀，忽视了公民个体成长中关怀活动所培育的关怀美德认知对个体价值观的影响，忽视了公民依赖性诉求而非泛化诉求对公共服务的重要性，以及个体成长所蕴含的情感关系对公共空间互动的重要性；也就是说，公民权和公共利益须在公民关怀的背景下才有理论现实性，新公共服务理论未注意到关怀伦理对民主价值观的影响和限制，泛化地强调公民至上并发展成为对公民权利和利益的关怀活动，此即“泛化关怀”问题。

综上所述，公共服务质量评估所借鉴的理论基础均未充分注意到公共服务经济性和民主性之外的关系性和情景性特征，尤其是情感性关系的现实和依赖性需求的重要性，它们对公共服务的哲学观作了或狭隘或泛化关怀的处理，关怀价值在这里被忽视以致深陷无形的失序状态。

2)关怀关系的圈层嵌套与应用于公共领域的适用性改造

关怀伦理倡导的关怀美德和行为，在宏观层面形成了具有圈层嵌套特点的关怀关系结构，即关怀关系作为情感性关系，始终是以自我为中心而向外辐射的“由近及远、由亲到疏”的同心圆式的圈层结构；这一同心圆嵌套结构是以“我”为关怀美德和行为的逻辑和现实起点，根据人际交往的情感强度和频率的不同，将关怀关系的宏观结构细分为母爱关怀(基于生育)-家庭关怀(基于血缘)-亲情关怀(基于亲缘)-朋友关怀(基于人际网络)-公民关怀(基于公共精神)。

这样的关怀关系同心圆式的圈层嵌套结构，有三个主要特点：①关怀关系以“我”为中心，由于关怀伦理始于母性关怀活动，关怀价值生发和关怀行为发生是从最初的母性与子女的关怀活动而来，故关怀关系以公民自我为中心；②自然的关怀情感向外递减，由于关怀关系以公民自身为中心，与“我”的关怀情感强度的不同，决定了对与自我关系亲密的母爱、家庭、亲情关怀，“我”的关怀情感较浓厚，反之，与离自我生活较远的人际关系乃至社会活动，“我”的关怀情感变淡；③关怀道德的激励向外递增，关怀关系走向外圈层的过程是自然生发的关怀情感递减的过程，毕竟外圈层的关怀关系中，自我与他人的共同生活较少；但是，外圈层的关怀关系仍然保持了相当强度的关怀情感，这是由于个人成长中经历的关怀活动在个体品格养成中具有重要作用，关怀美德潜移默化地成为个体品格和社会美德的重要构成，关怀美德形成的强大社会趋势力激励着个体在走出熟悉的亲情圈后，仍然可以对朋友关系乃至更陌生的社会生活赋予必要的关怀情感。

在运用于公共领域时，关怀关系的嵌套结构需要进行适当改造。毕竟，关怀关系的圈层嵌套确实具有明显的公民自我为中心的扩散特征，更为适用于对公民关怀生活的结构化描述，若要将圈层结构适用于描述公共领域中群体共有的关怀关系结构，个体自然关怀情感和关怀道德激励的此消彼长带来的关怀关系个性化色彩对公共事务公共性的冲击，这一问题需要重点解决。故而，圈层嵌套结构的改造主要着眼于化解自然关怀情感递减、稳定关怀道德激励，以消除关怀关系中关怀情感的个性化波动。

关怀关系圈层嵌套结构的主要改造点有三个方面。①将既有的嵌套结构定位于表征关怀关系具体内容的历史形成，即既有的圈层结构只是表示已然形成的不同情感强度的关怀关系，这为后续根据公共领域的特点调整圈层结构属性预留空间。②利用公共生活中个体身份互动而出现的关怀情感传染，化解自然关怀情感的圈层递减问题；以父母子女这对个体身份特征为例，我们只有与经过家庭关怀的父母才能形成关怀关系，任何与父母年龄相仿的人会依圈层嵌套结构被定位在社会关系的至远处，但是在公共空间中，人们难免参与公共事务，如果在养老、医疗等公共事务中，我们服务与父母同辈的人，且出现了服务情景的特例或难题，我们总会有不自觉的或被提醒的服务父母的情感联想；简言之，大家都是不同家庭关怀关系中的子女和父母身份，却在这个公共事务场景中出现了身份互动和关怀情感的传染，圈层衰减的自然关怀情感得以激发。③强化公共生活中个体基于社会角色的关怀伦理责任，增强关怀道德对关怀情感的激励作用；关怀关系的圈层结构是越往外围关怀情感越弱，越需要关怀道德激励以保持社会关系中关怀美德与行为。在公共空间中，我们可以基于个体的社会角色，强化社会关系各主体的关怀伦理责任，结合公共生活情景中出现的关怀情感传染，稳定并保持公共领域中的关怀关系。

3）“情感性关系-依赖性需求”模型与重构公共服务分类

不论是关怀伦理主张的关怀关系圈层嵌套结构，还是适当改造后的公共领域关怀关系圈层结构，关怀关系结构的圈层划分都是以情感性关系的强度为主线的时空分类。在此，可以发现，宏观层面上，关怀伦理围绕情感性关系的主线发展出了关怀关系圈层嵌套的理论观点；在微观层面，关怀伦理尤其重视关怀行为的具体情景中，关怀者与关怀对象的非对称地位和依赖性需求满足这一核心要素。因此，情感性关系和依赖性需求共同构成关怀伦理在宏观和微观布展开来的核心理论要素。

借鉴关怀关系体现的情感性关系和依赖性需求的理论内核，从关怀伦理视角，本书提出了“情感性关系-依赖性需求”公共服务分类模型，以尝试重新定义公共服务类型，便于从新的理论视角发展公共服务分类体系和基础理论。

如图 6-1 所示，根据情感性关系的强度和依赖性需求的程度的不同，按照“情感性关系-依赖性需求”公共服务分类模型，公共服务的内容可以划分为三大类服务，即“强关怀服务”、“中关怀服务”和“弱关怀服务”。

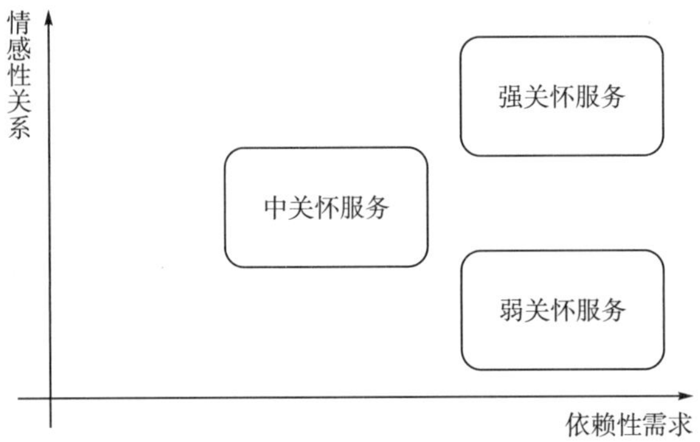

图 6-1 “情感性关系-依赖性需求”公共服务分类模型

来源：作者自制。

首先，需要说明“情感性关系-依赖性需求”模型之于公共服务分类的合适性。第五章 5.1 节已经详细论述了关怀伦理运用于公共服务质量批判的合适性，公共服务所具有的情景交互、服务异质和基本公共服务的普适性，决定了公共服务传递中主体与对象间基于服务体现的情感关系，体现了公共服务特别是基本公共服务面向服务对象的普遍需求；由于政府作为公意的唯一合法代表，其生成、输送公共利益的地位具有自然垄断性，进而能够成为公共服务的事项也就体现了公民的依赖性需求。因此，以“情感性关系-依赖性需求“服务分类模型重新审视公共服务内容分类具有合适性。

第二，“高情感性关系-(半/全)依赖性需求”的“强关怀服务”。“强关怀服务”有两大特点，在具体服务情景中，服务对象的需求具有(半/全)依赖性即他人(部分)不具备或丧失了自我满足需求的能力；同时，服务对象指向特定身份的群体，这些身份能触发人的关怀情感，造成母性、家庭关怀中培育的关怀美德和行为的跨时空传染；这些特定身份的服务群体通常包括老幼病残孕亡以及无住、无业、受灾等群体。强关怀服务意指，需要公共服务提供者像孝敬长者、关爱晚辈等一样投入关怀情感，以满足特定群体依赖性服务需求的公共服务事项，主要包括某些(部分)不具备或丧失自我解决需求能力的特定群体的公共服务，如养老服务、公共教育、公共医疗、妇幼保健、母婴服务、未成年保护、残障服务、殡葬服务、住房保障、社会救助、就业服务等。

第三，“中情感性关系-半依赖性需求”的“中关怀服务”。“中关怀服务”是指服务对象部分不具备或丧失了对需求的自我满足能力，且服务主体不需要投入高度的关怀情感的半依赖性需要、中等情感性关系的公共服务。这类公共服务属于非典型的关怀服务：①服务对象只是部分不具备或丧失需求的自我满足能力，这种不具备或丧失只是暂时性的或因自我满足需求不经济而主动放弃，故服务对象的依赖性需求具有流动性和非刚性；②由于依赖性需求的前述特性，服务对象的特定身份并不会触发如同强关怀服务那样强度的关怀情感，至多触发基于朋友乃至人道义务的关怀情感。例如，公共文化服务，公众对公共文化的需求是半依赖性的，即可以寄希望于公共部门提供，也可以自行学习完成或借助市场化手段；公共文化服务需要面向特定群体或区域(老幼群体、边穷地区等)提供服务，这一过程会触发服务主体的关怀情感，但不会像养老、医疗、殡葬服务那样强烈，毕竟这一需求非必需且可由其他途径有效满足。这样的公共服务具体包括公共文化、社区服务、再就业服务、健康保健、体育服务等。

第四，“低情感性关系-(半/全)依赖性需求”的“弱关怀服务”。“弱关怀服务”是指普遍人群(部分)不具备或丧失了对某类需求的自我满足能力，产生普遍性需要和普遍性依赖，服务主体普适性地提供的公共服务。由于是普遍性的依赖性需求，这类服务实现普遍的服务覆盖也就意味着普遍的关怀覆盖，这类服务的关怀取向湮没于普惠性之中，关怀行为仅存在于个例性的特殊服务需求的回应与满足。比如，环境保护类公共服务，公众的需求是普遍大众对环境质量各方面的依赖性需求，环保工作并不需要政府针对某些特定群体(老幼病残等)的特别需求进行满足，换言之，对普遍公众的环境质量需求的良好回应也就覆盖了特定群体对环境质量的依赖性需求。这种公共服务包括公共安全、国防、环境保护、公共交通等。

最后，需要说明公共服务类型如此重划的合理性。①这里重新审视的是公共服务的内容分类，前提是纳入考量的服务必须是公共服务的范畴；故而，必须保证服务对象的需求具有对公共组织的依赖性，否则，服务对象可以自行解决或通过市场化的方法解决的需求也就不是公共服务的解决范围。所以，本书认为公共服务须保持相当程度的依赖性需求，公共服务的内容分类不存在低依赖性需求的情况，只是在半、全依赖性需求与低、高情感性关系之间组合。②从逻辑的周延和穷尽的要求看，半依赖性需求似乎也应该对应高情感性关系和低情感性关系产生两种组合；但是，仔细分析，“半依赖性-高情感性”公共服务的具体内容可以化归为强关怀服务中服务内容范围缩小的情形，“半依赖性、低情感性”公共服务也可以化归为弱关怀服务中的同类情形；故为了避免简单问题复杂化，本书只对“半依赖性需求-中情感性关系”特点的中关怀服务予以单独重点关注。

4)构建“圆环型”公共服务体系与纠正关怀失序

理论视野往往决定着研究丰度，理论独到往往影响研究深度。公共服务质量评估研究若要继续得以深化并有所突破，理论基础的突破是主要路径之一。公共服务质量评估的理论突破，可以在保留现有理论基础的功利取向、民主取向的基础上，将关怀伦理作为实现公共服务质量评估合道德性的新的伦理工具，以之解决公共服务质量评估理论基础的“关怀失序”问题，力图实现质量评估理论基础的道德完善。因此，解决“关怀失序”问题，需要借鉴关怀伦理，创新公共服务质量评估的理论基础，明确现有质量评估理论基础的各自定位。

前述关怀关系的圈层嵌套结构启发我们，按照关怀伦理的理论，个体离不开互相依赖的关系网络，这一网络始于母爱活动，天然就带有关怀情感疏密以及关怀道德驱动的特性，关怀伦理因此具有圈层结构的特征。此外，前文关注关怀伦理的情感性关系特性和依赖性需求为中心的关怀互动，借鉴了其情感性关系和依赖性需求这一核心概念，提出了“情感性关系-依赖性需求”模型，重构了公共服务分类方法。

如图 6-2 所示，鉴于公共服务同样存在无处不在的关系和情景对服务提供的作用以及随时随地回应服务对象需求的客观实际，结合以上关怀关系的圈层嵌套结构和“情感性关系-依赖性需求”服务分类模型，本书提出构建“圆环型”公共服务体系，重组公共服务体系的优先性排序，提出各类公共服务中现有理论基础的优先性关系，克服关怀失序问题，形成关怀导向的“圆环型”公共服务体系。

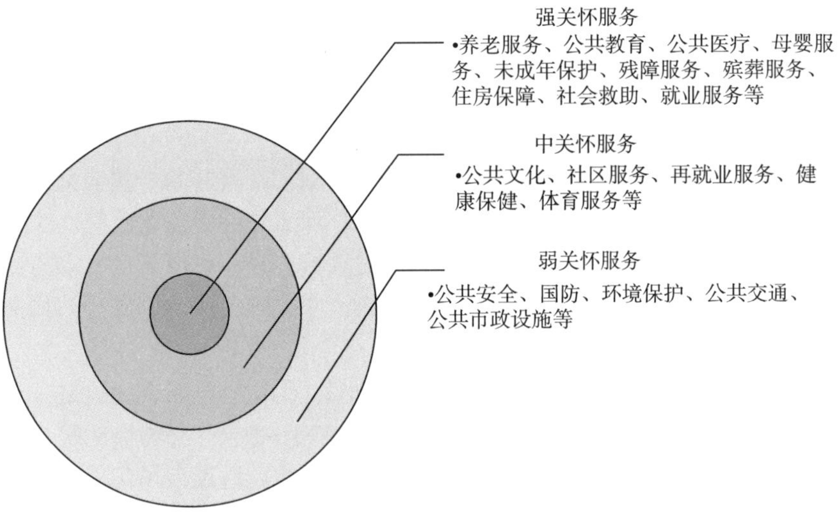

图 6-2 关怀导向的“圆环型”公共服务体系

来源：作者自制

首先，“强关怀服务”居于关怀导向的“圆环型”公共服务体系的核心，关怀价值的优先性居首。“强关怀服务”属于“高情感性关系-(半/全)依赖性需求”公共服务，前文已经界定了强关怀服务所具有的高度情感性关系、关怀情感易激发、存在依赖性需求的特点，如养老服务、公共教育、公共医疗、母婴服务、未成年保护、残障服务、殡葬服务、住房保障、社会救助等。强关怀服务之中，情感性关系色彩浓厚，新公共管理、新公共服务以及治理理论等对服务经济性和民主性的强调应该居于对关怀关系强调之后，此类公共服务应该将关怀美德和行为的强调置于质量评估理论基础中的优先性位置；同时将关怀伦理与公共价值管理理论相结合，完善公共价值生成、构成和作用机制。

其次，“中关怀服务”，应该置于关怀导向的“圆环型”公共服务体系第二圈层，关怀价值的优先性次之。“中关怀服务”所指的是服务对象因暂时不具备或因功利计算而部分放弃了对需求的自我解决能力，形成流动性和非刚性的依赖性需求，且服务主体不需要投入高度的关怀情感(至多需要基于朋友关系乃至人道义务的关怀情感)的半依赖性需要、中度情感性关系的公共服务，具体包括公共文化、社区服务、再就业服务、健康保健、体育服务等。中关怀服务之中，服务的情感性关系存在但不优先，服务对象的依赖性需求存在但不刚性；这类公共服务既需要关怀以满足个体依赖性需求，也需要注重服务的经济性、公平性和公共性。因此，此类公共服务质量评价的理论基础中，新公共管理、新公共服务、治理理论和公共价值管理等都与关怀伦理处于同等的适用性地位，此类服务的质量评估不能忽视关怀伦理对丰富评估价值、完善质量概念化过程的重要性，但也不存在关怀伦理的优先适用。

最后，“弱关怀服务”应处于关怀导向的“圆环型”公共服务体系最外层，关怀价值的优先性最末。“弱关怀服务”意指普遍人群(部分)不具备或丧失了对某类需求的自我解决能力，产生普遍性需要和普遍性依赖，需要普遍提供的公共服务，包括公共安全、国防、环境保护、公共交通、公共市政设施等。由于是普遍性需求和服务普适性提供，这类服务的财务持续、公平可及和参与协作、代际持续等价值诉求就占主导地位，实现普遍的服务覆盖也就意味着实现普遍的关怀覆盖，这类服务的关怀取向湮没于普惠性之中。因此，这类服务的质量评估理论基础中，传统的新公共管理、新公共服务、治理理论和公共价值管理就应该占据优先性的位置，质量评估的价值取向、目标界定、概念化、操作化等全过程应以上述传统理论基础作为遵循，关怀伦理应作为辅助性的理论基础，以完善质量评估价值取向、目标设定和概念化操作，发挥着补充和纠偏的作用。

综上所述，“圆环型”公共服务体系，从关怀伦理与公共服务的契合性入手，借鉴关怀伦理的圈层嵌套型关怀关系结构、情感性关系与依赖性需求的核心概念，构建了“情感性关系-依赖性需求”模型，重构了公共服务内容分类，并综合以上观点提出了基于关怀伦理的“圆环型”公共服务圈层体系。这一体系建构，从关怀伦理的视角重新审视了公共服务体系的逻辑结构，明确了关怀价值在公共服务体系中的背景性地位，提出了各层次公共服务的价值优先性排序，尝试确立各类公共服务质量评估中关怀伦理作为公共服务的伦理底色及其与新公共管理、新公共服务、治理理论和公共价值管理等理论基础的优先性关系，初步解决了公共服务质量评估理论基础中存在的关怀失序问题，为关怀伦理在公共服务质量评估的理论基础中找到了确切定位。

6.1.3 确立“效益、公平、民主、关怀”价值取向——明确价值格局

1) 关怀伦理对二元评估价值取向的批判和拓展

主流公共服务质量评估的“效益效率-正义民主”二元价值取向是在公共行政学科价值观的整体演进中形成的，现有公共服务质量评估的理念、指标、方法等的研究，对公共服务质量的界定都离不开管理主义质量观和民主质量观的视野范围，对公共服务质量标准化、评估指标设计、方法选择也都是围绕公共服务效率、效益、回应、公平、参与、权利保障、公共利益等方面的价值取向进行。本书5.2节详细论述了公共服务质量评估“效率效益-公平民主”二元评估价值取向的普遍化现象，也分析了公共服务质量评估二元价值取向背后的功利论和义务论的道德取向。

关怀伦理批判了公共服务质量评估价值取向背后体现的主流伦理理论的“绝对统治”，揭示了主流道德理论反映的哲学观上的唯理性主义的倾向，也批判了公共服务质量评价忽视了通过服务传递过程体现出的基于关系和情感连接的服务质量视角。

关怀伦理的价值主张具有包容性，它的批判不在于推翻二元评估价值取向而是启发之；它并不把关怀价值塑造为排他性价值，而是在关怀与主流道德理论之间寻求平衡、包容的伦理框架。关怀伦理拓展了二元评估价值框架，提出了“关怀-正义-功利”的价值结构，即关怀价值是一切伦理价值的背景性价值，“关怀可以没有正义，没有关怀却不会有正义”(赫尔德，2014)；在此基础上，正义、功利和关怀的优先性各有适用领域，正义观主要在法律和政治等公共事务内具有优先性，功利论对市场经济和政策选择有益，关怀伦理在能力缺失群体的公共服务、体现情景关系的社区、体现人文价值的文化活动等方面有优先性；此外，各个适用领域不绝对排斥其他价值，关怀伦理的适用领域需要正义伦理和功利计算，正义和功利价值的适用领域也需要关怀价值作补充。

2) 确立关怀价值作为第三维评估价值取向

关怀伦理批判公共服务质量评估的二元价值取向并不是要颠覆并重构评估价值体系，关怀伦理认可质量评估中秉持效率中心和公平民主价值的合理性，它只不过是从一个新的理论视角唤醒公共服务质量评估中未曾注意、尘封已久的关怀价值取向。前文已经论述，公共服务具有经济性、公共性和关系性的特征，公共服务研究所聚焦的不仅是宏观的服务效益、公平可及和民主价值，而且包括公共服务传递情景中的服务互动产生的人性关怀价值。总之，关怀伦理的理论特点和公共服务研究的自身特征为公共服务质量评估中确立关怀价值取向奠定了理论基础。

此外，本书3.2节和3.4节已经较充分论述了关怀价值与公共服务质量评估业已存在的功利主义和公平民主价值间的矛盾与冲突，且在关怀伦理的理论完善中，关怀价值与正义、民主等价值取向的关系日趋调和，三者之间的关系趋于协同，为公共服务质量评估借鉴关怀价值奠定了伦理基础。

公共服务质量评估研究并不是单问题研究而是子领域研究，也就是说，该研究是由若干研究问题构成的公共服务研究的子领域。公共服务质量评估涉及横向、纵向两个维度的研究内容：①纵向维度上，公共服务质量评估作为一种过程性研究，包括质量目标设定、

质量概念化、概念操作化、质量评估工具、评估反馈与运用；②横向维度上，公共服务质量评估作为一项系统性研究的存在，包括评估价值导向、评估主体、评估客体、外部环境、质量标准化、质量评估方法等。公共服务质量评估作为公共服务子领域的实证研究的客观存在，意味着关怀价值的确立不仅仅是哲学观、研究观念上的确立，而且要在目标设定、概念化、操作化、评估方法设计、评估反馈等质量评估全过程中确立，要在评估价值取向、评估主客体、质量标准化和评估工具等质量评估的全要素构成中确立。

综上所述，关怀价值作为独立的第三维价值取向屹立于公共服务质量评估价值体系之中具有良好的理论基础和伦理依托。关怀价值真正确立在质量评估价值体系之中，需要从质量评估研究的横向、纵向维度入手，全面引入并贯彻关怀价值要求。具体而言，通过对公共服务质量评估横纵向维度研究内容的适当归并，本书认为，关怀价值真正确立为质量评估的第三维价值取向需要从以下若干方面具体展开。

首先，在价值导向与质量目标设定这一宏观层面，赋予关怀价值与传统的二元评估价值取向同等的价值指导地位，并在其指导下，公共服务质量概念解读要引入并重视公共服务质量的关怀内涵，服务质量目标设定要建立体现关怀价值的服务质量目标体系。

第二，在服务质量概念化和操作化这一中观层面，关怀价值不仅要在价值观和目标群等宏观层面予以确立，还要在概念化和操作化这一质量评估的中观层面予以落实；在公共服务质量的概念化中，要细化公共服务质量的关怀内涵，建立体现关怀内涵的服务质量分支概念体系；在此基础上，在质量概念的操作化转化中，要关注服务质量关怀内涵的现实表现，设计衡量服务质量关怀内涵的指标体系和问卷结构。

第三，在服务质量评估方法这一微观层面，借鉴教育学和医学领域较为成熟的关怀度评估方法和相应指数的设计思想，服务质量评估方法要探索建立衡量关怀度和关怀产出的评估方法，以保障关怀价值取向的最终落地；同时，将关怀价值融入服务质量满意度评估方法中，并重视在质性研究方法运用中体现关怀价值。

最后，在公共服务质量标准化这一保障层面，公共服务质量评估与质量标准化是相互促进、相互影响的关系，质量评估的开展要求公共服务实现标准化，服务标准化又会为质量评估科学地概念化和操作化、高效地进行质量评价提供数据保证。在服务质量标准化的设计和实践中，确立关怀价值需要设定体现关怀价值的标准内容，并在标准实施上，如同传统的二元价值取向一样，建立关怀标准的操作化和落地保障机制。

3）建立“效益-公平-民主-关怀”四位一体的评估价值结构

公共服务质量评估作为较系统的子领域研究，不仅需要科学、适当的价值观指导，更需要完善的价值结构支撑；现有的效率效益-公平民主价值取向对质量评估具有有效的指导力，问题不是在单一价值取向对服务质量评估的有效性，而是在价值取向形成价值体系后，不同价值取向间不总是出现“1+1＞2”抑或“1+1＝2”的价值和谐，不同价值观间总是存在价值适用的矛盾乃至冲突。因此，对于公共服务质量评估的价值取向而言，确立关怀价值作为独立的第三维价值导向是重要的；但最重要的是，建立一个实现价值和谐、力避价值冲突的质量评估价值结构，这对于公共服务质量评估“瞄准靶心”更具针对性和现实意义。

所以，在价值取向方面，当下公共服务质量评估迫切需要建立科学有效的质量评估价值结构，这也是当下二元评估价值取向普遍化所折射出的深层问题。这一问题若不解决，二元评估价值取向的价值冲突问题，就会继续对不同研究者的公共服务价值认识产生偏好性影响，影响服务质量评价的信度；此外，二元评估价值之外的未被纳入研究视野的价值因素(如关怀价值)会对质量评估形成未知的价值扰动，造成评估结果与公众感知或社会反馈不一致，影响服务质量评价的效度。

本书借鉴关怀伦理，力图在批判既有公共服务质量评估二元价值结构普遍化的基础上，建立体现关怀价值的质量评估“效益-公平-民主-关怀”四位一体价值结构。也就是说，通过借鉴关怀伦理的价值结构观点，在公共服务质量评估领域，质量评估的现有价值结构应该被重新审视，“效益-民主”二元的价值规范结构对公共服务质量评估的适用性应该限制在一定范围内，我们应该重视公共服务质量的关怀价值内涵，将质量评估的价值结构重塑为“效益-公平-民主-关怀”四维价值格局。

具体而言，建立公共服务质量评估四位一体的价值结构，本质是将关怀价值“嫁接”到现有质量评价二元价值结构中，并重构价值间的稳定性、协调性关系，确保形成新的价值结构而非价值集合；如同器官移植一样，既要实现异体器官的顺利植入，更要着力于其与受体免疫系统的抗排异治疗。因此，在这一四位一体的价值结构构建中，关键就在于“结构”的形成与顺畅，这需要重点突破以下三方面的研究要点。

首先，明确关怀价值的背景性价值地位。要将关怀价值作为道德判断的背景性价值，并确立为四位一体价值结构的背景性价值考量。这就意味着关怀价值体现的情感性关系构建，对公共服务在情景中的供给和传递具有重要启发，公共服务质量衡量的各个环节和过程均应该将关怀价值纳入考量。

其次，明确各项评估价值的相对优先性关系。不同的公共服务，质量评价的侧重不同，会突出体现某些质量评价价值取向的优先适用；故而，关怀价值与其他质量评估价值(公平正义、效率效益、民主价值)，在公共服务的具体领域方面，有各自的优先适用范围。质量评估价值结构设计要明确不同服务领域的优先性评估价值选择。本书6.1节所述的“圆环型”公共服务体系，揭示了关怀价值作为背景性价值的条件下，不同类别公共服务的质量评价的优先性价值各有不同；在强关怀服务中，情感性关系浓厚，关怀价值对服务质量评价的导向作用优先于其他价值取向；相反，在弱关怀服务中，公民普遍具有依赖性需求，服务供给的情感性要求不强，此时，服务的财务持续、公平可及、参与协作就成为评价服务质量的优先性价值取向。

最后，明确各类评估价值取向的相对补益性关系。四位一体的评估价值结构不是鼓励非此即彼的价值斗争，而是消弭价值冲突、实现价值互助、致力于公共服务质量改善的价值结构设计。因此，价值取向在具体服务质量评价中的优先性设定不等同于该价值在具体服务评价中具有唯一指导地位，在公共服务质量评估中，价值取向的优先性不等于唯一性。四位一体的价值结构强调价值取向补益性关系与优先性关系同等重要，优先性价值与其他次优价值之间存在补益关系，各项价值规范间互不排斥，某种价值取向优先的服务质量评价领域也需要其他价值作为评价的补充，也就是在关怀价值的适用领域需要实现正义民主和进行功利计算，在公平正义和效率效益的适用领域也需要关怀价值的补充。

6.2　公共服务质量标准化及其实践的完善

6.2.1　重视“关怀人”的人——克服服务刚性与服务柔性的矛盾

本书 5.3 节已经详细分析到公共服务质量标准化带来的服务刚性与服务柔性的矛盾。公共服务质量标准化会带来公共服务刚性的增强，而在关怀伦理看来，公共服务依托于面对面的服务传递场景，这使得服务提供者和服务对象的沟通对话易产生标准尚未涵盖的问题和诉求，因而，公共服务在最终落地的过程中离不开服务柔性的一面。但是，在标准化的巨大刚性要求下，出于对组织和个人的经济利益和资源分配考虑，公共服务提供者可能会在服务刚性和服务柔性的张力中无奈地选择前者。

面对这一两难选择，关怀伦理启发我们要激活关怀价值、增强服务柔性在服务供给中的话语权，以对接服务传递的具体情景，实现服务质量标准的切实落地。但强化服务柔性不代表否定服务刚性，服务质量标准化是对公共服务质量的科学分解，只不过，服务质量的衡量越到微观层面，具体情景中的关系把握、服务传递艺术就越对服务的最终质量产生影响，服务柔性的重要性就越加凸显。因此，要克服服务刚性与服务柔性的矛盾，根本上就是要打破二者是矛盾关系的认识，从宏观和微观层面重新定位二者关系，从宏观和微观结合的视角，将服务刚性和服务柔性相统一。而实现这一目标，需要借鉴关怀伦理，塑造公共服务主体的关怀美德与行为，包括正确认识公共服务的关怀特质、建立针对服务主体的关怀标准以消除践行关怀的后顾之忧、设计激励关怀行为的授权与容错机制。

1）正确认识公共服务的关怀特质

在具体服务情景中践行柔性服务，需要重视培养服务主体的关怀美德和行为。而实现这一目标的前提是公共服务中确须关怀美德和行为，服务主体对公共服务的关怀属性有正确认识。故而，我们需要在关怀伦理的视角审视下，正确认识公共服务尚未重视的关怀特质。

公共服务之所以能和关怀伦理“嫁接”而被赋予关怀特质，主要是因为公共服务自身所具有的关系性特征。公共服务不是一个先验概念，而是经验概念，它的研究是一幕幕公共服务场景中服务传递互动的经验总结。不管是借鉴管理主义的效率中心主义，追求财务可持续；还是借鉴政治价值，追求公平民主，公共服务首先都是在具体情景中的互动关系建构，而后才能谈得上借鉴其他学科的价值观念。因此，公共服务天然具有关系性特点；但相关研究忽视了人类社会关系由关怀活动产生的情感性关系生发、演变的现实，将公共服务的关系性特征挂接在政治学或社会学的研究视阈。关怀伦理提供了崭新的视角，强调了公共服务关系性特点的情感性关系层面，也就赋予了公共服务以关怀特质。具体而言，受关怀伦理的理论观点启发，公共服务的关怀特质主要表现在以下三个方面。

首先，公共服务的情景是非对称情景，侧重服务主体的关怀伦理责任。公共服务的实现，最后均需要通过服务主体在具体情景中完成，而且公共服务本身就是由具体情景中一次次的服务行为构成的整合概念。公共服务的具体情景是非对称性的，这里的非对称性意指具体情景中服务主体与服务对象的关怀义务不对等，服务主体有义务关怀服务对象的实际需求以提供公共服务，但服务对象只需要对服务行为进行回应并不负有对服务主体的关怀义务；在这种情况下，服务主体被课以较重的关怀伦理责任。

其次，公共服务的传递依托的是情感性关系背景，强调服务传递中人际关系的情感性底色。公共服务具体过程终究是要在情景中通过与服务对象的服务传递而完成，服务传递的过程是服务主体与服务对象间理性的信息交互、观点交换的过程，也是感性的情绪碰撞、言语沟通的过程。现实中，服务主体与办事群众间的矛盾乃至冲突，有些是因为信息掌握不对等、观点沟通不畅通而导致的误解，也有很多的是因为服务主体的态度蛮横或服务对象的情绪激动造成的情绪冲突，以及服务主体的言语失误或服务对象的出言不逊造成的言语失控。

凡此种种，我们可以发现，公共服务传递依托的不仅仅是波澜不惊的社会关系或者利益关系，而更多的则是充满感性激荡的情感性关系。往往是服务供求双方情绪的冲突和失控导致观点误解、立场对立恶化，而如果服务供求双方观点对立、信息沟通不畅，则不一定会导致双方情绪冲突，反而情绪的缓和和言语的让步，有利于缓解乃至逐步消解双方的观点误解和信息误会。因此，在公共服务传递中，情感性关系属于背景性关系，即描绘了服务传递中人际关系的底色。

最后，公共服务的提供针对的是依赖性需求满足，突出服务对象需求的依赖性而非统计式呈现的公共性。不管公共服务如何在具体情景中通过服务主体进行服务传递，公共服务的落脚点始终在满足服务对象的需求上；但是，现有的公共服务相关基础理论(新公共管理、新公共服务等)将公共服务的需求定位在顾客需求或者公共需求上，即关注需求的数字化或者公共性。关怀伦理则开辟了一个不一样的视角，它关注情感性关系中的依赖性需求的捕捉和回应；故而，公共服务所致力于满意的公民需求，在数字化和公共性需求外，出现了依赖性需求的新视角。

依赖性需求所关注的是公共服务对象对此项服务内容是否具备自我满足的能力，如果服务对象不具备抑或放弃对服务内容的自我满足，则服务对象只能借助公共机构提供此类服务，这样，服务对象就对该类服务形成依赖性需求。依赖性需求与公共性需求存在概念交叉，即如果普遍人群都对某类服务失去自我满足能力，这时的依赖性需求也具有公共性。但是，依赖性需求与公共性需求也有重大不同，公共服务质量研究涉及的公共性需求深受科学主义的影响，已经异化为统计式的量化需求，公共性属性高度依赖数理统计工具的量化呈现；而依赖性需求则重点分析不同情景中服务对象对公共服务的依赖程度，进而辅助公共服务供给的优先性排序决策。

2) 建立关怀服务主体的标准体系

认识不等于行动，认识只是行动的心苗。塑造服务主体的关怀美德与行为，除了促使服务主体正确认识公共服务的关怀特质外，更需要在制度设计上激励服务主体勇于和善于树立关怀美德、施行关怀行为。本书借鉴赫茨伯格“双因素”理论的思路，将激励服务主体践行关怀美德和行为的制度设计分为保健型制度和激励型机制。

在理论和制度创新中，首先要做的是建立保健型制度，避免组织及其成员对新事物的不安和抵触、维系组织及其成员对新事物的好奇心和探求欲。

具体到公共服务标准化及其实践而言，塑造公共服务主体的关怀美德和行为，首先要做到明确关怀美德和行为的具体标准，并将服务主体作为关怀对象，在公共组织内部形成决策层与执行层的关怀关系；通过这样的内部“试点”，试行关怀服务主体的标准体系，以稳定服务主体对关怀美德及其行为的认识预期，消除服务主体进行关怀理念和实践创新的后顾之忧。

建立关怀服务主体的标准体系，也就是针对公共服务主体而设计的关怀标准体系，这一标准体系设计遵循既有的公共服务标准体系设计思路，即关怀标准的制定和体系化、关怀标准的执行保障标准、关怀标准的监督评价标准。①关怀标准的制定和形成体系是构建关怀服务主体的标准体系的前提条件。在标准制定的过程中，关怀伦理对关怀美德、关怀行为、情感性关系和依赖性需求的回应等内容要体现在标准内容中。也就是说，公共组织要着力于构建决策者的关怀美德标准、决策者与执行者(公共服务主体)间关怀责任标准、组织成员的依赖性需求反馈和施行关怀行为标准，并将上述关怀标准形成标准体系手册。②关怀标准的执行保障标准是关怀服务主体的标准体系落地的关键环节。良好的关怀标准最终要靠不折不扣的执行而产生效力，关怀标准的执行离不开执行保障标准的确立。关怀标准的执行保障标准主要包括决策者的支持和领导、组织成员的动员、组织资源投入、组织资金的倾斜、组织文化氛围的支持以及外部环境的友好等方面。③关怀标准的监督评价标准是关怀标准寻得共识、持续改善的重要一环。我们最终希望的是关怀服务主体的标准体系的成功确立，但公共组织中的一项重大标准创新不可能是一蹴而就的。因此，实时对关怀标准的执行情况进行监督和及时对阶段性的关怀标准实践情况进行评估，就成为保持关怀标准实践方向、改善关怀标准执行质量的重要环节。关怀标准的监督和评价标准主要包括明确监督评价的组织标准、内容标准、程序标准和反馈标准。

3)构建激励关怀行为的授权与奖惩标准

面对公共服务标准化中服务刚性与服务柔性矛盾，我们需要塑造公共服务提供者关怀美德与关怀行为，这不仅需要上文所论的保健型制度，即建立关怀服务主体的标准体系；更应该主动作为，重视作为“关怀人”的公共服务主体的主观能动性，设计主动激励型制度，以主动引导公共服务主体塑造关怀美德与行为。

主动激励型制度的设计，既包括运用经典管理学的强化理论，也要注意关怀价值的特殊性。管理学中的强化理论秉持的正强化和负强化观点，给激励型制度关于奖惩标准的设计提供了很好的思路；同时，关怀价值的情景性、依赖性需求的聚焦和对情感性关系的重视，使得公共服务主体在具体情景中识别依赖性需求、秉持关怀美德、触发关怀情感，进而施行关怀行为具有高度的自由裁量权，故而，激励公共服务主体施行关怀行为需要解决放权与授权机制的问题。综上所述，激励公共服务主体践行关怀行为的激励型制度主要包括如下三项标准。

(1)建立激励关怀行为的放权授权标准，逐步建立关怀型自由裁量权机制。对自由裁量权持积极肯定态度的既有研究不在少数，尚虎平(2017)借鉴中国传统优秀文化，提出了“以德行政”的概念，并主张“善治型自由裁量以提升行政效率，并将其纳入绩效奖励计划，以此解决‘行政空转’问题”。借鉴这一观点，我们认为应该将关怀价值与善治理念相结合，赋予服务主体以道德信任，建立服务授权标准，逐步实现关怀型自由裁量机制。

激励关怀实践的放权授权标准主要着眼于不能出现“收死放乱”的秩序混乱和败德行为，因此，不仅要界定适合放权的公共服务事项范围，明确公共服务事项放权的具体内容，而且要顾及放权授权后的适当的制约和保障机制。总的说来，放权授权标准主要包括适用放权的公共服务门类、公共服务放权内容标准、公共服务放权程序标准、公共服务放权的保障标准以及放权的监督标准。

(2) 建立施行关怀行为奖励标准，明确正向清单，持续提升公共服务主体的关怀动机和行为。将关怀行为的奖励标准融入现行公共服务绩效奖励标准并作为重要的分支标准，把关怀美德与行为践行的奖励纳入服务主体常规考核和年终考核的奖励工作中，通过组织成员间的绩效对比，扩大激励效果。

(3) 建立践行关怀行为惩戒标准，制定负面清单，及时预警公共服务主体的关怀投机行为。正所谓信任不能代替监督，我们既要赋予公共服务主体以基本的道德信任，又要制定适当的惩戒标准，以相对制约关怀行为于关怀美德的框架内，惩戒少数公共服务主体的投机败德行为，避免出现迎合激励制度而将关怀行为降格为照顾行为乃至投机行为。

6.2.2 注重关怀理念和价值——克服服务质量目标和价值异化

公共服务质量标准化通过对服务质量内涵的分解和层层指标细化，将标准化的理念和行为准则落实到公共服务的具体场景和具体流程。公共服务质量标准化意味着对于所提供的公共服务的质量内涵要有统一明确的认识，对于所提供的公共服务的卓越质量行为有明晰具体的操作规则，公共服务提供者要做的是按照标准化的操作守则和规范流程提供设计好的高质量的公共服务。因而，对于提供者来说，公共服务就变成按照质量标准和规范手册进行“流水线”运作的“产品”，导致了公共服务质量的目标和价值异化。

要克服公共服务质量标准化带来的目标和价值异化，关键是要将公共组织及其成员从公共服务质量标准化的路径依赖中“唤醒”，这既包括观念认识上，也包括标准设计上。而要做到这一点，关怀伦理提供了很好的理论切口，因为关怀价值和标准在质量标准化中的弘扬，会赋予和激发公共服务主体的自主意识和自觉能动，有利于从人性关怀的情感关系维度审视公共服务质量标准在具体情景中的适用。当人性关怀的价值唤醒了服务主体的自主性后，既有的体现效率效益、公平民主的质量标准都会受到公共服务主体在不同服务情景中的自主审视，公共服务主体将会自动对标质量标准与质量目标。

如上所论，关怀价值要将理念和价值引入质量标准化实践，才能有效克服目标和价值异化。这就意味着，从公共服务质量标准化的宏观、中观、微观层面，关怀伦理需要全面引入，关怀价值和理念要体现到公共服务质量标准设计、标准体系化和标准实践等各个方面。

1) 关怀理念引入公共服务质量标准设计

传统的公共服务质量标准化设计理念贯彻的是科学主义、理性精神的设计观，公共服务质量被分解为若干内容和过程程序，并详细对各项标准赋予量纲，进行精准测量。这样的公共服务质量标准化使得公共服务提供者没有精力也没有必要去思考何谓好的公共服务，对他们而言，公共服务及其质量就是一个“他者”的事业，“他者”已经通过公共服务质量标准化告诉了服务提供者公共服务好质量的内涵和行为规范，他们只需为完成结构化的服务提供工作。公共服务之实现公共利益和社会福祉的最终目标，在服务提供者看来，就是每个人做好服务质量操作规范的总和，公共服务之公平、正义、公民至上、参与协作等民主价值于服务提供者而言就是按标准流程和规范做好每项公共服务供给的自然显现。至此，公共服务质量所追求公共性目标和正义民主价值已经被异化为桎梏公务人员的公共精神和民主价值的枷锁。

之所以出现既有公共服务质量价值规范被标准化进程所异化，主要是因为公共服务质量的效率效益、公平民主的价值取向与理性主义导向的主流道德理论紧密联系，这些价值规范主要被聚焦于实证量化分析，并未将关注点置于激发个体的道德情感、伦理责任。故而，公共服务质量标准化的进程实质上是对公共服务质量量纲化以形成程序化、可测量、可回溯的透明公共服务，质量价值规范也就在这一进程中被碎片化为服务主体对服务程序的完成性认识。

要克服公共服务质量标准化带来的目标和价值异化，首先需要重新树立服务主体的伦理责任、道德情感，这就需要将关怀理念引入公共服务质量标准的设计理念之中。设计理念是公共服务质量标准化的宏观指导和价值指向，关怀理念的引入，可以让公共服务质量标准的设计者和服务提供者都意识到公共服务质量的关怀价值意涵，并树立起实现高效的、正义的、民主的、关怀的公共服务质量标准化目标，为后续质量标准制定和落实确定一个科学合理的“靶心”。

公共服务质量标准的设计理念是质量标准化的总纲，这不仅涉及单一质量标准的设计理念，更包括质量标准化的系统性分类原则、质量标准化的过程性划界原则。

首先，要在服务质量标准的系统分类设计中引入关怀理念，识别、重视与关怀理念关联度高的公共服务及其服务标准设计。传统的公共服务质量标准系统分类，往往只是依照公共服务的分类体系，对应形成质量标准的系统分类；由于既有的公共服务分类体系大都是从衣食住行或是生老病死抑或是人的生命周期等角度对公共服务进行归类，并未从关怀视角对公共服务进行情感性关系强度的分类尝试。因此，关怀理念引入质量标准系统分类设计理念，就意味着需要对公共服务的关怀强度进行判断，尤其要识别和重视强关怀服务，并强调强关怀服务质量标准的关怀理念。

其次，要从服务质量标准的过程性视角，在标准制定、执行、保障、监督、评估等过程设计中引入关怀理念。公共服务质量标准化的过程性分界，学界已经进行了较为深入的研究，本书 4.2 节第三部分已较系统地总结了学术界对服务质量标准化的过程性认识，即质量标准的制定、呈现、执行、保障、监督、评估等过程的标准化归属于质量标准体系。关怀伦理引入质量标准的设计理念，很重要的是要在质量标准的执行、保障、评估等过程标准设计理念中贯彻关怀理念，以制度性地保障和激发公共服务主体在服务传递中施行关怀行为的有效性和持续性。

最后，要在服务质量标准的具体内容设计中引入关怀理念，引入与关怀美德和行为有关的公共服务质量要求。公共服务质量标准化的微观层面也是最重要的层面，就是服务质量标准体系下，具体标准的内容设计。关怀理念引入质量标准设计理念，最重要的是要在具体服务质量标准的内容设计中贯彻关怀理念。具体而言，每一项服务的质量标准都包括经济性要求、公平可及的要求和公民参与等民主性要求；在此，还需要将关怀性要求注入具体服务质量标准的内容设计中，以明确关怀价值在公共服务质量标准设计中的价值指导地位。

2）关怀标准纳入公共服务质量标准体系

将关怀价值引入质量标准设计理念，只是在宏观层面解决了关怀伦理在服务质量标准化研究中的“通行证”问题。要在公共服务质量标准化研究中真正落实关怀价值，还需要在中观层面，即质量标准具体设计及标准体系化设计的层面，将关怀理念转化为科学可行的关怀标准，并融入服务质量标准和标准化体系中。

公共服务质量标准体系是围绕规范公共服务质量而形成的一系列标准的科学分类。公共服务质量标准体系主要包括质量内容标准、质量分类标准、质量过程标准，也就是将公共服务质量从自身、横向、纵向三个维度进行划分以全面形成质量标准。关怀理念形成关怀标准后需要通过以上三个维度纳入质量标准化体系并改造之，才能在中观层面的质量标准化中践行关怀价值。

首先，在公共服务的质量内容标准方面，将关怀价值体现的关怀内容纳入既有质量内容标准，作为质量内容标准的不可或缺的组成部分。

以政务服务中心提供的政务服务为例，公共服务质量标准化使得具体服务质量的内容标准要求服务的全内容（即服务权责、服务内容、服务要求、服务时限等）和全流程（即提交申请、前置材料、现实调查、服务审批、服务办理、结果形式等）都实现标准明晰，最后形成层次分明、操作缜密的服务内容标准手册。这样的服务质量内容标准，聚焦于公共服务自身的内容和过程的操作化，会引起服务内卷化问题，最终会造成对服务主体的强大惯性约束，并异化质量目标与价值初衷。

关怀价值体现的关怀内容要纳入既有的政务服务质量内容标准，在全内容和全流程的方面，对特定服务对象（老少病残等）及其依赖性需求的关怀要纳入服务权责、服务内容、服务办理等内容标准和材料提交、现实调查、结果送达等流程标准中。

其次，在公共服务的质量分类标准方面，从关怀伦理的视角创新公共服务分类，增加高度体现关怀情感的强关怀服务类别，设计关怀内容标准专门加入强关怀服务，以引导和鼓励服务提供者进行关怀思考、提供关怀服务，为公共服务提供者在具体情境中激发关怀美德进行关怀活动提供标准导向。

本书 6.1 节提出了强关怀服务的服务类型，作为一种体现高度情感性关系、易激发关怀情感、存在服务对象依赖性需求的公共服务，如养老服务、公共教育、公共医疗、母婴服务、残障服务、殡葬服务、住房保障、就业服务、社会救助等，关怀内容标准适合加入强关怀服务的质量标准，并成为公共服务质量分类标准之一。关怀内容标准主要包括：①对老幼病残孕亡、无房无业无温饱等特定群体的服务内容和流程标准；②针对服务群体的特定情况（突发疾病、行动不便等）而必须进行的特别服务内容和流程的应急授权和上报、决策、执行标准。

第三，在公共服务质量的过程标准方面，将关怀保障标准纳入公共服务质量的保障标准中，以确保关怀标准在一般的公共服务和强关怀服务中持续发挥作用。

公共服务质量的过程标准主要是从质量标准的过程视角，将公共服务质量标准划分为内容设计、执行、保障、监督、评价标准。关怀标准要纳入服务质量标准体系，不仅需要直接将关怀理念与标准纳入标准设计和执行之中，还需要将关怀标准融入服务质量保障标准，以巩固关怀理念和关怀标准的一席之地。

关怀保障标准具体包括：①针对服务内容和流程中出现的特殊情况，建立动态服务标准，即动态情形的发现、上报、决策、执行和相机权宜、过程记录、结果评判的标准设计；②针对公共服务的不同外部环境变化(如突发事件、自然原因和文化因素等)，建立反常服务标准，明确不同的外部环境下，公共服务的内容标准、程序标准和保障标准(引导设施、场地布置、人员分流等)。

3)关怀价值改造公共服务质量标准实践

质量标准化的生命力在于标准的实践，公共服务质量标准化存在的目标和价值异化问题，并不是标准设计理念和标准内容体系所导致的，而是因为这些标准体系在实践中依托理性主义设计的程式化和定量化游戏规则，形成了对公共服务主体巨大的程序中心主义和标准化思维惯性。

因此，意欲通过借鉴关怀伦理而克服目标和价值异化问题，将关怀理念引入质量标准设计、关怀标准纳入质量标准体系是不足够的；还需要在微观层面，即标准体系实践层面，将关怀价值引入服务质量标准化的实践并对其进行改造。

公共服务质量标准实践，主要是指在微观层面，将经过精心设计的服务质量标准体系运用到具体服务情景中；这一过程，主要是从保障机制、监督机制、评估和反馈制度入手，构建针对公共服务质量标准落地的实践标准。因此，关怀价值对公共服务质量标准实践的改造，主要是改造质量标准实践的保障机制、监督机制、评估和反馈制度。

首先，运用关怀价值改造质量标准实践的保障机制，保障关怀理念和标准在服务质量标准化实践中落到实处：①要借鉴关怀价值改进质量标准实践的组织保障，优化标准实践的领导组织对关怀价值和行为的统筹推进职能；②完善服务质量标准实践的财力分配机制，对关怀理念和关怀标准落地的实践活动予以同等重视，在财力分配上不能厚此薄彼、有所歧视；③确立关怀价值作为背景性价值导向的优先性平衡的资源支持机制，对公共服务质量标准实践中的组织资源要优先向强关怀服务适当倾斜，但不能导致资源支持过于富集，而是重点保障关怀理念和标准落地所必需的人力、信息、物资等组织资源。

第二，借鉴关怀价值改造质量标准实践的监督制度，落实关怀理念和标准在质量标准化进程中的监督和纠偏机制：①利用现有的质量标准化实践的监督制度，完善对关怀价值及其标准实践的监督职能；②借鉴关怀价值改革既有标准化实践监督制度，纠正“重监督、轻信任”背后的被过度应用的人性恶假定，做实监督申诉复核机制。

第三，应用关怀价值改造质量标准实践的评估与反馈制度，确立针对关怀理念和标准落地的弹性评估机制。关怀标准纳入公共服务质量标准体系之中，主要通过两个途径得以实现——关怀内容引入具体公共服务质量内容标准和设计强关怀服务的关怀标准以完善公共服务质量分类标准。这样的关怀标准确立路径决定了，评估和反馈制度需要考量既有量化评估方法对关怀标准实践评价的有效性；尤其是针对强关怀服务关怀标准实践的评价，更需要结合具体情景下强关怀服务中的关怀美德驱动、情感互动、依赖性需求的满足等情况，运用量化和质化评价的方法，并在组织成员的公意互动中进行弹性评价。

综上所述，借鉴关怀价值改造服务质量标准实践的保障、监督和评估反馈机制，为服务提供者在质量标准实践中施行关怀价值和标准提供配套制度安排，这从理念和制度上都时刻警醒服务主体不要为了服务而服务，而要致力于实现崇高的公共价值和服务质量目标。

6.2.3 构建关怀价值和标准的实现机制——破解潮汐性服务质量退化

公共服务质量标准化并不是纯粹理性建构的理论成果，而是在公共服务绩效评估的研究和实践中，基于绩效管理和评估有效性的需要，逐步形成的研究成果。由于绩效评估实践对质量标准化的影响，质量标准化实践的选择性特征明显，公共服务在选择性标准化建设的基础上不断强化评估导向的服务内容选择性供给；于是，公共服务标准化实务中出现了许多策略性公共服务——在策略组合中追求统计数字最优的公共服务供给行为。

在本书5.3节，详细论述了公共服务质量标准化及其实践出现的策略性公共服务现象，及其带来的潮汐性服务质量退化问题，在此不再详述。简言之，策略性公共服务意指，公共服务供给主体利用质量评估公式化造成公共服务轻重缓急之别的弊端，或是利用质量标准化中的程序漏洞，通过“公式博弈”策略，即抓好“有分数”的公共服务指标的“抓大放小”的策略或者直接采取投机式的“数据伪造”策略，实现公共服务质量在统计数字上的最优。策略性公共服务容易造成统计数字光环下的公共服务“内伤”，积年累月后会诱发崩塌式质量倒退，继而公共组织动用组织资源进行质量改进并评估反馈，又会循环积累策略性服务行为，公共服务又会再次面临质量危机；如此循环往复，公共服务质量陷入周期性危机中，形成所谓潮汐性服务质量退化。

潮汐性服务质量退化问题的出现，关键是策略性公共服务的持续存在；服务质量选择性标准化的漏洞、服务质量数理化评估的公式博弈弊端，以及公共组织对服务标准化和质量评估的重点问题缺乏规划设计，使得民意和舆论的影响过重，这些为策略性公共服务提供了滋生的土壤。

破解潮汐性服务质量退化问题，就需要堵住策略性服务滋生的漏洞和弊端；对于解决这一问题，关怀伦理的贡献是通过贯彻关怀价值和标准，明确质量标准化的重心，给选择性标准化建立稳定的选择机制和明确底线性要求，力避民意和舆论对服务质量标准化重心的瞬时性作用和不适当影响。要实现上述设计，首先，需要借鉴关怀价值，定义公共服务的满意弹性，借之确定服务质量标准化建设的重点问题；其次，基于满意弹性概念，构建关怀标准在不同服务的质量标准中的权重体系，明确选择性标准化的底线性要求；再次，基于关怀标准权重体系，完善不同服务的质量标准内容体系，确定质量选择性标准化的选择规则。最后，建立容错和救济等配套机制，保障以上设计顺利开展。

1)借鉴关怀理念定义公共服务满意弹性

由于与质量评估的互动作用、受评估指标设计和公式权重博弈的影响，公共服务质量标准化带有明显的选择性特点；然而，这一选择性特点常受民意和舆论的影响而缺乏稳定性，这在本质上反映了现有的公共服务质量标准化研究缺失对标准化建设重心的理论思考，导致服务标准化建设的选择性多受社会环境而非内在属性的影响。公共服务主体常利用这一弊端进行策略性服务，构成了潮汐性服务质量退化问题的重要诱因。

鉴于此，本书借鉴关怀理念的视角，试图通过定义公共服务的满意弹性，发现不同关怀强度的公共服务的质量评价重心所在，进而确定不同关怀强度公共服务的质量标准化所围绕的重心，最终规定进行服务质量选择性标准化所围绕的“靶心”。

定义公共服务满意弹性这一概念依托的是经济学中的“弹性”概念。众所周知，弹性意指一个因素对另一个因素变化的敏感性，即 A 对于 B 的弹性就是 B 因素变化一个单位导致的 A 因素变化 N 个单位，若 $N>1$，则 A 的弹性大，反之，A 的弹性小。微观经济学对弹性的运用十分广泛，比如我们熟知的供给弹性、需求弹性等。

关怀理念与公共服务公民满意概念间建立“弹性”关系，需要首先说明建立此种关系的必要性和可行性。前文 5.1 节已经详细论证了关怀伦理运用于公共服务质量批判的合适性，具体到公民满意而言，公民满意是公共服务质量的支柱性维度，公民满意深受个体非理性因素影响，也受具体服务情景中服务传递互动的影响；同时，关怀伦理主张关怀价值作为社会关系的背景性价值，以及情感性关系在关怀情景中的背景性地位，这与分析公民对服务满意感知的非理性影响因素有高度关联。因此，在理论上和实践上，关怀理念与公共服务公民满意感知具有高度关联性，借鉴“弹性”概念分析二者之间的关联程度是必要的、可行的。

本书所指称的公共服务满意弹性，是借鉴关怀伦理视角设定的，专指公共服务公民满意程度和关怀强度间的敏感性关系；其定义是公共服务公民满意度对于公共服务关怀强度的弹性，即一个单位的公共服务关怀强度变化导致的公民满意程度的改变幅度，若公民满意的改变幅度小于一个单位，则公共服务满意弹性小；反之，则公共服务满意弹性大。

2) 构建基于服务满意弹性的关怀标准权重体系

前文所论的基于关怀理念所定义的公共服务满意弹性，只是为后续破解潮汐性服务质量退化问题、有效解决策略性公共服务现象打下基础。破解潮汐性服务质量退化，需要基于公共服务满意弹性，确定不同公共服务的质量标准化重心，并围绕规范分析所得的服务质量标准化重心，明确服务质量选择性标准化的底线性要求，以便于对社会舆论和民意涌现的公共服务需求热点变迁进行有底线的回应。

明确服务质量标准化重心和选择性标准化的底线要求需要在服务满意弹性的基础上，构建关怀标准在不同服务的质量标准中的权重体系，具体从以下两个方面展开。

(1) 基于满意弹性与“圆环型”公共服务体系，界定新的公共服务分类，在不同类型的公共服务中，确定关怀标准在质量标准中的权重位置，进而形成关怀标准的权重体系。

要确定不同类型公共服务的质量标准化重心，我们需要基于公共服务满意弹性和本章第一节第二部分所论的“情感性关系-依赖性需求”服务分类标准和“圆环型”公共服务体系，明确关怀伦理视阈中的公共服务类型，继而赋予不同类型服务以不同权重的关怀标准，确定服务质量标准化的重心所在。

满意弹性与“情感性关系-依赖性需求”公共服务分类标准有很强的耦合性，适用于重新界定公共服务分类。强关怀服务的满意弹性大，弱关怀服务的满意弹性小，中关怀服务的满意弹性不显著；具体而言，强关怀服务意味着服务中的情感性关系突出、关怀情感易被激发，此时关怀情感变化一个单位，服务对象的满意感知就会出现成倍的变化；反之，同理可得弱关怀服务的满意弹性小。

“圆环型”公共服务体系与不同服务中关怀标准的权重定位有很强的互通性，适用于确定不同服务的质量标准中的关怀标准权重。依据“圆环型”公共服务体系，强关怀、中关怀、弱关怀公共服务呈现同心圆式的向外扩展分布，服务的关怀色彩逐渐减弱，功利和民主价值诉求逐渐强化。因此，对于强关怀服务，质量标准中的关怀标准居于优先地位、权重最大，经济标准和公平民主标准居于次席，权重较小；对于弱关怀服务，质量标准中的效率效益标准和公平民主标准权重最大，关怀标准次之；对于中关怀服务，质量标准间无明显优先性之分，关怀标准与其他质量标准同等重要。

(2)正确看待服务质量选择性标准化现象，针对关怀标准在不同服务的质量标准中的权重位置，提出选择性标准化的底线要求。

舆论和民意对公共服务需求热点的时序变化是基于时代环境和公共服务实践缺陷的合理反应，公共服务质量选择性标准化也就不是应予批判的现象，选择性标准化没有过错，有过错的是选择性标准化过分受民意和舆论的影响而凸显无序性。因而，需要针对不同服务的质量标准中的关怀标准权重，提出服务质量选择性标准化的底线要求。

针对强关怀和弱关怀公共服务，可以发现其质量标准中关怀标准时而成为高权重的优先性标准，时而成为低权重的保障性标准，简言之，质量标准中各具体标准总有优先性和底线性之分。因此，服务质量选择性标准化需要注意不同类型公共服务中质量标准提出的底线性要求。在强关怀服务中，选择性标准化须要注意适当兼顾效率效益标准和公平民主标准等最基本的标准化要求；在弱关怀服务中，选择性标准化须要特别注意保有基本限度的关怀标准。

3)完善不同关怀标准权重下质量标准内容体系

破解潮汐性服务质量退化，既需要明确服务质量选择性标准化的底线要求，也需要确定不同服务的选择性质量标准化所依据的选择规则；只有这样，公共组织在质量标准化的选择实施上，才能将底线要求、选择规则与民意要求的服务标准化进行整合，防止质量标准化的短视行为和顾此失彼，减少策略性公共服务的操作空间。

因此，基于关怀标准权重体系，我们尚需要针对不同服务中的关怀标准权重，完善不同类型服务的质量标准内容体系，确定服务质量选择性标准化的选择规则。具体而论，主要从以下三个方面着手。

首先，重视服务质量评估对质量标准化的环境约束作用，将不同类型服务的质量概念和评估指标引入关怀价值，运用“权重比+及格线”模式，革新公共服务质量评价概念和指标体系，倒逼公共组织完善不同服务的质量标准内容体系。

公共服务质量标准化和质量评价是相互促进的关系，但从渊源上说，服务质量评价的兴起要求并推动了服务质量标准化建设。可以说，公共服务质量评估成为服务质量标准化建设的约束性环境因素，即服务质量评估的重点和焦点问题会成为服务质量标准化推进的重点方面，以推动后续服务质量评估结果的改进。因此，服务质量评估的“指挥棒”作用一定程度上导致了服务质量标准化选择性推进。

基于以上分析，通过运用关怀价值完善公共服务质量概念，借鉴关怀标准革新服务质量评估指标，可以针对不同类型公共服务，在公共服务质量评估指标设计中确立关怀价值指标、经济指标与公平民主指标的权重比和低权重指标的最低限度完成要求，即确立“权重比+及格线”式的指标内容体系。通过服务质量评估对质量标准化的引导作用，倒逼公共组织完善基于不同关怀标准权重的服务质量标准内容体系。

第二，创新质量标准内容设置，引入关怀标准权重体系，针对不同类型公共服务，建立“权重比+及格线”式的质量标准内容体系。

借鉴关怀标准的权重体系，将公共服务以强关怀、中关怀、弱关怀服务分类，对不同服务的质量标准引入关怀标准内容，对质量标准内容中的关怀标准、功利标准、民主标准赋予不同的权重比值，并划定低权重的质量标准内容的“及格线”水平，建立“权重比+及格线”式质量标准内容体系。例如，强关怀服务的质量标准中关怀标准具有高权重，功利和民主标准居于次席，确定权重比后，还要明确功利和民主标准内容的“及格线”，最终形成质量标准内容体系。

最后，依据不同服务的质量标准内容体系，提出选择性质量标准化的选择规则。针对强关怀服务，选择性标准化的规则应该是，关怀标准具有优先性，经济标准和公平民主标准的“及格线”应予保障。如果某一强关怀服务(基本医疗、公共教育等)的具体公平性问题(医疗费用、高考录取等)出现民意发酵，该具体服务的民主标准和公平标准的标准化实践应予重视，但不能让这些服务的关怀标准失去优先性；否则，按下葫芦浮起瓢，这些服务的关怀标准退步会引发可预见的民意爆发，服务质量会陷入周期性退化。与此类似，针对弱关怀服务，选择性标准化的规则应是，经济和公平民主标准具有优先性，关怀标准的“及格线”需要保障。同样，某一弱关怀服务(如环境保护等)的具体执行问题(如“一刀切”)出现民意讨伐，环保服务的关怀标准的标准化实践应重点强化，但是，这一选择性质量标准化实践不能过分富集组织资源，导致环保服务的经济可持续和公平可及性标准的优先性受到影响；否则，在未来时点，环保服务会因投入不足、区域或城乡差别等问题再次引发民意发酵，导致周期性公共服务质量退化。

4)建立落实关怀标准的配套容错和救济机制

上述所论从规范设计的角度，分析了服务质量标准化层面造成潮汐性质量退化的根本原因——服务质量选择性标准化缺乏规划设计，使得民意和舆论对其影响过于随意；提出借鉴关怀价值和标准，定义服务满意弹性，明确服务质量标准化的重心，确立选择性标准化的底线要求和选择机制，将民意和舆论的影响纳入选择性标准化的规范框架中，以填补选择性质量标准化的随意性问题。

一系列的理论设计和机制构建需要在标准化实务中真正践行，才能发挥规范设计的威力，而启动并持续推进实践的关键就是公共组织执行机制和组织成员动员问题。加之，在现有服务质量标准化实践中，成体系地践行较为新颖也陌生的关怀价值和标准，会使得公共服务主体产生未知恐惧和风险规避的意识与行为。因此，执行和保障制度的有效设计显得尤为重要。

关怀价值和标准的实践要求服务主体在高度的情景性背景下，处理服务传递中的情感性关系和回应依赖性需求，这对于公共服务主体的关怀美德、关怀经验、情景把握、情感性关系调和等提出很高要求。也就是说，在服务质量标准化中践行关怀价值和标准，对个体素质和风险承受能力有较高要求。因此，关怀标准的真正落地、融入服务质量标准的内容体系，需要特别注重执行和保障制度中的容错和救济机制的建立。

容错和救济机制的设计，着眼于讲求实效，主要从组织-制度-法律的范畴展开。这样设计的合理性是，公共服务主体践行关怀标准的主要障碍是对新事物的未知恐惧和风险规避，公共组织须要切实集中组织资源建立“风险缓冲区”和“风险隔离区”，才能有效破除障碍。“风险缓冲区”是从“软件”角度，建立受理、审查、裁判一体的伦理委员会或其他形式组织，为服务主体在践行关怀标准中的冒险行为提供救济机制；“风险隔离区”是从“硬件”角度，建立服务传递中的证据保全制度，对服务主体的关怀标准贯彻进行全过程留痕，制定容错免责办法及其实施细则并适时上升为规章、法规，作为制度和法律保障，为服务主体在执行关怀标准中的出错行为提供容错机制。

首先，在组织层面，针对争议性的关怀标准实践，建立受理、审查、裁判合一的伦理委员会或者将三项职能统合至监察委员会等监督机关。针对落实关怀标准中的伦理争议，设立这样类似的审查裁决机构十分必要，为容错免责规定或法规的正确适用建立组织保障。

其次，在制度层面，强化证据裁判意识、完善证据保全制度。这有利于容错免责制度或法规与伦理争议行为认定间的相互贯通，提高容错免责制度、法规的权威性和容错免责认定、裁判的可行性，没有证据支撑，服务传递中落实关怀标准的实践行为就缺乏客观的行为细节记录，导致事实认定出现争议，直接对关怀标准实践的伦理争议处理设置了不可逾越的障碍，大大降低容错免责制度或法规的实施效能。完善证据保全制度主要包括：①健全服务中心和窗口单位录音录像“双录”采集制度，即服务大厅实时录像、服务窗口同步录音，有经济条件的地区，可以采用服务窗口直接“双录”制度；②参照行政执法全程记录制度，建立流动型和主动型公共服务声像记录仪全程覆盖制度，按服务单位的流动和主动公共服务岗位编制，配齐相应的声像记录仪，强化服务主体在服务情景始终的全程记录。

最后，在法律层面，切实建立容错免责的制度和法规，为审查裁决机构的切实运转、证据保全制度发挥实际效用奠定根本保障。鉴于推进公共服务质量标准化的组织主体多是行政机构及其授权、委托和合作机构，其立法权限存在宪制性约束，故现实的路径是先行建立容错免责的制度体系，在寻求将其上升为地方性乃至行政法规，以保障容错免责制度的及时完善和适用。

6.3 公共服务质量评估逻辑实证主义方法的改造

6.3.1 完善体现关怀伦理的公民满意度评估

当前的公民满意度评估，主要是通过设计指标体系和问卷测量公民对公共服务质量各方面的满意程度，再运用数学方法加工、呈现总体满意度。这样的设计思路说明公民满意度评价方法的前提在于预设了公民满意与公共服务质量的因果关系，进而对公民满意进行理论建构，设计公民满意度测量指标和问卷。

公民满意度评价的这一设计思路、前提假设及其带来的公共服务质量“改进-退化”的“割韭菜”现象怪圈，本书已经在5.4节进行了详细论述。为了便于后文展开对策陈述，本书在此进行简要重申。满意度评估设计思路忽视了公共服务情境的多变性和情感性特征的影响；多变性情景会影响个体满意表达的稳定与一致性，由于环境、人际影响、个体差异等非服务质量因素的存在，公共服务供给主体进行服务传递时面临不同且易变的个体需求、情绪、特质，易出现矛盾乃至对立的服务满意感知；关怀性情景因素会通过大众传媒尤其是自媒体传播，极速形成群体式伦理审判，显著影响公众对公共服务的价值认同，进而对公众服务质量满意度产生瞬时的巨大影响。通过满意度评价及其应用，公民满意薄弱的公共服务内容会得以改进，继而带来满意度的提升，但在多变性和关怀性情景的作用下，公民满意感知会出现倒退，在下次满意度评估来临时，公民对该公共服务的满意程度又几乎回到了原点，评估后满意度倒退的公共服务需要再次寻求改善；如此，公众满意度评估就如同“割韭菜的镰刀”，满意度薄弱的公共服务就如同“割不完的韭菜”，公众满意度评估就会随着情景的变化，出现公众满意度“改进-退化-再改进-再退化”的“割韭菜”现象怪圈。

公众满意度评价的结构功能主义设计理念，也加剧了这一现象的形成。本书5.4节已经详细论述了现今公民满意度评价采用的结构功能主义的设计理念。简言之，这一理念强调以下方面。第一，公众满意度评估具有结构化特征，它的结构自下而上是由数据、问题、问卷、指标、指标体系和概念体系构成。第二，公民满意度评估立足于功能价值的实现。不同的满意度问题和指标构成不同的子结构，用于评价公共服务的效益、回应、公平、民主等功能价值。第三，满意度评估需要问题设计、指标体系、概念分析协调地发挥作用。概念细化、指标体系、问卷结构要在保证满意度评估功能实现上保持一致。

总之，公民满意度评估存在的“改进-退化-再改进-再退化”的“割韭菜”现象怪圈：一方面，是由于公民满意感知的多变性情景和关怀性情景的影响；另一方面，与公民满意度评价的结构功能主义设计理念有密切关系。

破解“割韭菜”现象怪圈，需要从以上关键原因入手，提出针对性解决办法。不管是情景因素的影响，还是结构功能主义理念的作用，“割韭菜”现象怪圈背后的深层次原因都是对情景因素的被忽视和理性主义思维的过分强调。而关怀伦理就是强调情景因素、情感性关系以及关怀美德的重要性，这对破解这一怪圈具有合适性。因此，应借鉴关怀伦理的观点，在满意度评估理念、操作化和工具选择等环节引入关怀伦理视角，完善体现关怀伦理的公民满意度评估。

1)建立体现关怀理念的满意度评估设计理念

消解现有公共服务质量公民满意度评价的“割韭菜”现象，公民满意度评价需要容纳关怀因素，首要的是，在满意度评价的设计理念中贯彻关怀理念，以纠正公民满意度评价的结构功能主义设计理念的弊端。

既有的服务满意度评估方法的设计理念，多聚焦在两种思维框架中，即“预设-现实”式落差型设计理念和直观感知式得失型设计理念。不管是具有代表性且高度发展的ACSI及其衍生模型：政府顾客满意度指数、CPSI、PSCSI等，还是其他学者提出的Kano模型、SERVQUAL模型、SERVPERF模型、ISA模型等，仔细分析这些模型的具体设计思路，可以发现，ACSI确立了“预设-现实”式的评估设计理念，这一理念影响最大，ACSI模型的衍生模型皆以此理念设计；SERVQUAL模型、Kano模型等也是基于此设计逻辑。除此之外，较为直接的直观感知式设计理念在现实中也大量被采用，如SERVPERF模型、ISA模型等。

既有满意度评估的设计理念，从元理论的角度讲，其实质上均是理性主义思维主导下的产物，然而，公共服务是在情景中完成的，服务满意度往往是瞬时的情感体验，这也是容易被人忽视的方面。也就是说，满意度评估的清晰、合理的设计理念能够说服人，是否就意味着在现实中真会如此发生呢？在关怀伦理看来，答案是否定的，因为公共服务在服务传递中会面对关怀色彩突出的特定群体(老幼病残孕亡等)及其产生的大量非对称情景、情感性关系互动和依赖性需求满足，公民的服务满意感知往往是瞬时的情感体验，很多服务情景中，公民并不会进门之前设定服务预期，出门之前站在那里计算对服务的实际感知。

面对既有满意度评估设计理念及其存在的弊端，我们应该借鉴关怀伦理的理论视角，在既有“预设-现实”式和直观感知式设计理念的基础上，着力强调满意度评估设计的关怀理念。具体来说，满意度评估的关怀理念强调三个方面的内容：①突出公共服务的非对称情景属性，即服务传递中关怀具有单向度，是服务主体应尽的伦理责任；②关注公共服务公民满意背后的情感性关系的影响，尤其是针对特定群体(老幼病残孕亡等)，互动关系的关怀情感色彩突出；③公民需求具有依赖性特征，公民满意感知的重点在服务中识别公民依赖性需求并满足之。

2)健全借鉴关怀伦理的满意度评估操作化

在公民满意度评估中引入关怀伦理，着力克服多变性、关怀性情景的影响，不仅要在满意度评价的设计理念中贯彻关怀价值取向，也要在满意度评估操作化上借鉴关怀伦理。既有满意度评估的操作化贯彻的是结构功能主义的思路，借鉴关怀伦理并未是排斥结构功能主义理念，这一理念在合逻辑地对公民满意度评估进行操作化上具有优先性；借鉴关怀伦理完善满意度评估操作化，主要指在保留结构功能主义理念的基础上，就概念分解、指标体系和问卷设计方面体现关怀伦理要求，消解满意度评价所受到的来自多变性和关怀性情景的干扰。

满意度评估操作化中关怀伦理的贯彻主要包括三个方面。①在公共服务质量概念化上，要将服务主体的关怀美德与行为，作为衡量服务质量的重要概念维度，并与经济、公平、民主等维度共同构成鼎立的服务质量概念化体系。②在满意度评价指标体系设计上，评估指标要重视设置个体情绪、状态、境遇等关怀性情景因素指标并纳入具体服务的指标体系中，也要重视设置针对强关怀服务的特定服务群体的关怀美德、关怀情感、需求识别与回应等关怀类指标，并将强关怀服务的指标体系适当单列，在设计关怀类指标的基础上，配套衡量效率效益、公平民主的指标。③在具体的问卷设计上，在关怀类指标转化为具体问题中，要关注依赖性需求识别和服务主体回应程度的问题设计；同时，针对强关怀服务，设计有效的关怀类指标的问题集，并纳为此类服务满意度调查的首要信息采集指标。

通过对满意度评估的设计理念和操作化的关怀伦理改造，公民满意度评估在设计思路和具体指标与问卷中均有了应对多变性和关怀性情景的分解概念和测量指标，以减小多变性和关怀性情景对公民满意度感知的扰动，破解公共服务质量评估的“割韭菜”现象怪圈。

3）完善应用关怀价值的满意度评估工具

实现在满意度评估中引入关怀伦理进行改造，除了上文提到的从设计理念、概念化、指标体系再到问卷设计等评估全流程的角度进行，也需要在方法工具这一微观层面，对既有的满意度评估模型进行审视，以优化模型的维度设置和权重设计，更好地在满意度评价的底层设计上应用关怀价值，以保障前述的评估设计理念和操作化的关怀伦理改造可以更为有效地应对多变性和关怀性情景对公民满意感知的扰动。

对于顾客满意度指数及其关联模型，关怀价值的应用主要是在增加满意度指数的关怀内容，优化不同类服务中，关怀类内容的权重。ACSI 及其衍生模型：政府顾客满意度指数、CPSI、PSCSI 等，将顾客预期、感知质量作为自变量，将顾客抱怨、顾客信任作为因变量，即满意感知的结果。关怀价值对满意度指数模型的改造完善，主要是借用关怀美德、情感性关系内容，完善顾客预期的维度，借用关怀行为、依赖性需求回应的内容，完善感知质量的维度，实现将关怀价值引入顾客抱怨或信任的衡量中。此外，强关怀服务由于多针对特定群体（老幼病残孕亡等），在上述“顾客预期”“感知质量”引入关怀价值时，须要特别注意将关怀价值类内容的权重要适当提高。

对于其他类型的满意度评估模型，关怀价值的引入主要是阐明体现关怀价值的模型维度，强调此类维度内容的关怀价值内涵，针对公共服务的关怀强度不同，优化关怀类内容的权重。SERVQUAL 模型是现今中国公共服务质量评估应用较为广泛的方法，SERVQUAL 模型也即服务质量差距模型，它将服务质量划分为五大内涵：有形设施、可靠性、回应性、保障性、情感投入，并将服务质量定义为：顾客感知与顾客期望的差距，以此测量公众主观感知层面的服务质量；SERVPERF 模型的服务质量内涵以此类似，只是，此模型摒弃了 SERVQUAL 模型的“差距”概念，直接将服务质量确立在顾客对服务实务的感知上。关怀价值对上述模型的改造，主要集中在对体现关怀价值的“情感投入”模型维度进行强调，进而完善此维度下的具体内容以体现关怀伦理内涵；最后，针对不同公共服务的关怀强度不同，调整“情感投入”与其他四类模型维度间的权重关系。

6.3.2 构建衡量关怀价值的服务关怀度评价

前文对公民满意度评估存在的“改进-退化-再改进-再退化”的“割韭菜”现象怪圈进行了多角度的分析，多变性情景和关怀性情景的影响，以及满意度评价的结构功能主义设计理念是关键要素，而背后的深层次原因则是情景因素的被忽视和理性主义思维的过分强调。

固然，上文所论运用关怀伦理观点改造既有满意度评估，使其升级为体现关怀伦理的公民满意度评估，这似乎能够解决满意度评估对情景因素的忽视问题，也能有效克服理性主义思维的过分扩张。但是，这种“维持-改造-升级”的思路背后，其前提要件是默认了满意度评估的合法性，即满意度对公共服务质量衡量的有效性，公民满意感知真是对服务质量评价十分有效？答案是否定的。结合关怀伦理理论以及本章 6.1 节第二部分，可以发现，关怀价值在公共服务中具有背景性价值的地位，关怀伦理视阈中的公共服务有关怀强度之别，不同的关怀性情景，将公共服务的情景多元化，影响公民对服务的感知；特别是，对于强关怀服务，服务对象针对老弱病残孕亡等特定群体，关怀美德和情感色彩更为浓厚，公共服务的关怀伦理践行情况会直接影响公民满意感知、直接影响公共服务质量水平。

因此，除了对既有满意度评估进行关怀伦理改造外，我们需要构建直接衡量关怀价值的服务关怀度评估，以便于对强关怀服务的服务质量进行更全面的评价，也可为一般公共服务的二元评价模式丰富关怀价值的指标和操作化工具。

服务关怀度评估在既有研究中尚属空白，毕竟针对的是强关怀服务的专项评估，它的普适性和推广性较为有限。但鉴于强关怀服务是公共服务的至关重要的部分，本书在此尝试建构服务关怀度评估，由于研究资料和自身水平局限，研究有很多不足之处，敬请批评斧正。构建服务关怀度评估，首先，从理论基础上，需要利用满意弹性概念，关联服务关怀强度与公民满意，进而关联服务关怀强度与服务质量；其次，在方法设计上，基于不同服务的关怀强度与服务质量的相关关系，构建针对强关怀服务的服务关怀度评估方法。

1)满意弹性与公共服务满意度评估失灵

“满意弹性”是本书为了解释关怀强度与公民满意之间的相关关系，借用经济学“弹性”这一概念而定义的， 6.2 节第三小节已对该概念的界定进行了详细阐释。简言之，满意弹性专指服务的公民满意程度对于服务关怀强度间的敏感性关系，即一个单位的公共服务关怀强度变化导致的公民满意程度的改变幅度，若公民满意的改变幅度小于一个单位，则公共服务满意弹性小；反之，则公共服务满意弹性大。

除了本章 6.2 节所论的对于改造公共服务质量标准化的意义外，满意弹性还对于连接关怀强度和公民满意间的相关关系，发现既有公民满意度评估的局限性有重要意义。

公共服务的公民满意感知深受多变性和关怀性情景的影响，使得影响满意感知的因素日益多元也逐渐复杂；由于关怀伦理长期以来被公共行政学界所忽视，关怀性情景因素对情景复杂化的影响，以及对公民满意感知的影响也就没有受到重视；故而，既有满意度评估常出现评估结果与公民感知的真实情况不一致乃至对立的悖论问题，满意度评估常有失灵。尤其是在强关怀服务中，满意度评估失灵更为常见；强关怀服务的服务对象多是老弱病残孕亡等特定群体，关怀美德和情感色彩更为浓厚，公共服务的关怀伦理践行情况会直接影响公民满意感知与公共服务质量水平。在此，本书再次使用满意弹性概念，借以阐明既有满意度评估的失灵问题，也为公共服务关怀度评估奠定基础概念。

2) 满意弹性与公共服务质量的关怀属性

公共服务的外延十分广泛，所涉及的具体服务内容中，有的需要注意服务的经济性和可持续，有的需要关注服务的公平可及，有的需要特别注意服务的人性关怀等；故而，关怀价值不一定就与公共服务质量有必然的强关联。这就意味着，公共服务关怀度评估不是一个普适性的评估框架，在关怀价值与公共服务质量间处于弱关联的关系中，专门的关怀度评估实际价值不大，还不如将关怀指标融入既有的服务质量二元评估框架。因此，在构建公共服务关怀度评估之前，必须明确人性关怀强度与公共服务质量间相关关系程度，这对于界定关怀度评估的适用性至关重要。

要实现这一点，就需要借助“满意弹性”和“强关怀服务”的概念，通过关怀强度与公民满意感知的相关关系，间接推导出关怀强度与服务质量间的相关性，进而确定何种公共服务是服务关怀度评估所适用的。

在本章 6.1 节，本书基于公共服务中的关怀情感关系和依赖性要求的强弱，界定了“强关怀服务”“中关怀服务”“弱关怀服务”；鉴于当时还未提出满意弹性的概念，公共服务的这一分类并未涉及关怀程度强弱于公共服务质量的重要性。

因此，结合“满意弹性”概念，本书重新定义了“强关怀服务”，即意指需要服务主体投入关怀情感，以满足特定群体依赖性需求，最终改善公众服务感知的服务事项。强关怀服务的满意弹性大，即关怀强度的提高会带来公民满意感知非线性提升，进而带来服务质量的非线性改善；反之亦然，关怀强度与服务质量呈现强的正相关性。

3) 构建针对“强关怀服务”的服务关怀度评估

公共服务关怀度评估是以关怀价值为导向的服务质量评估方法，该方法应用的前提是公共服务的关怀价值强度高、关怀情感色彩强，因此，主要适用于满意弹性大、关怀强度高的“强关怀服务”质量评价。

服务关怀度评估的构建，主要从以下三方面入手：①评估理念的确立，结合关怀伦理理论和强关怀服务的特性，确定关怀度评估的理念原则；②明确关怀价值角度服务质量概念化维度，即关怀伦理视阈中公共服务质量的概念分解；③初步设计服务质量概念维度下评估指标体系，确定每个服务质量概念维度下的评估指标的二级分类。

首先，确立关怀伦理指导下的服务关怀度评估理念原则。关怀度评估需要秉持 5 项设计理念：①设定公共服务的非对称情景，即服务主体的关怀和服务对象的回应，服务主体负有关怀伦理责任；②体现出服务情景中的情感性关系，尤其是服务主体对客体的关怀情感和客体的感受；③关注服务对象的依赖性需求，明晰依赖性需求的准确识别、合理性判断和关怀性满足；④评价和改进服务主体的关怀美德与实践；⑤关怀价值与功利、公平、民主等其他伦理价值有侧重地同等对待。

其次，明确关怀伦理视阈中公共服务质量概念维度。关怀价值指导下，强关怀服务的质量维度主要包括四个面向：一是关怀美德与行为并重，公共服务质量要重视服务主体是否具备关怀美德、是否肩负起关怀伦理责任，同时，也要重视服务主体在服务传递中是否践行关怀美德；二是理性与情感兼顾，公共服务质量既在于服务程序和内容的理性的结构化设计和施行，也在于在具体情景中的服务主体与服务对象的关怀情感互动，强调服务质量的非对称情景和情感性关系内涵，不代表可以鄙视或者舍弃服务质量的程序合理、内容优化、平衡均等、体系完整等理性内涵；三是聚焦依赖性需求，服务质量的核心在于对公民依赖性需求的识别、合理性判断和满足，只有这个核心过程串联起来的关怀美德、关怀实践、关怀情感等关怀伦理要求才对服务质量评价和改进有意义；四是对关怀-效益-民主-公平价值的优先与平衡，强关怀服务的质量将关怀价值作为权重最高的价值维度，但不是唯一维度，强调关怀价值不代表为了践行关怀价值，可以不计成本约束、不问可持续性、不顾公平可及，此时公共服务质量衡量的是关怀价值优先下公共服务价值取向间的平衡兼顾。

最后，初步设计服务关怀度指标体系，制定每一服务质量概念维度下的两级评估指标内容。①“关怀美德、行为”一级指标下，主要评估指标内容包括：具体服务主体对理解、同情、关心、信任等关怀美德在工作中运用的认知情况、在服务传递中公民对以上关怀美德的感知情况。②“理性与情感兼顾”一级指标下，主要评估指标内容包括：具体情景中服务主体对服务对象关怀情感的展现、服务对象对办事过程中服务主体是否及如何展现关怀情感的感受。③“聚焦依赖性需求”一级指标下，主要评估指标内容包括：服务对象共性需求的主动识别、服务对象个性的依赖性需求的合理性判断、对服务对象需求的回应是否具有关怀性及其程度。④“评估价值的优先与平衡”一级指标下，主要评估指标内容包括：具体服务中关怀价值是否置于优先位置、具体服务情景中关怀价值是否与效率效益和公平民主价值产生过冲突、服务主体如何解决这一冲突、服务对象对冲突本身和解决结果的感知和判断。

6.3.3 重视体现人性关怀的质性评估方法

既有的公共服务质量二元评估方法以逻辑实证主义方法论为指导、量化方法高度至上，其弊端和问题本书在 5.4 节进行了详细阐述。除了上文所论针对的满意度评估“割韭菜”现象怪圈外，公共服务质量二元评估方法还导致了“暴力关怀”和“质量悖论”问题，这些问题也在本书 5.4 节中进行了详尽分析，在此做简要重申。

公共服务质量的公民满意度评估反映了公民满意与否在公共服务质量中的重要性、公共服务质量注重对公民需求的满足，体现了公共服务的“顾客关怀”。但是，满意度评估定量方法至上的主流导向，已经预设了满意度评估的结构设计和指标体系，个体的满意感知实际上被先行带入到调查者的满意度框架与问题之中，加之，开放性问题往往置于问卷结尾，故而个体满意度感知受到精巧的满意度评估量化方法的限制，满意度评估对公民需求的重视，实际上重视的是调查者希望的和建构的需求，这样，公民满意度评估注重的“顾客关怀”就变成对公民的“暴力关怀”。

此外，公共服务质量评估方法以量化实证方法为主导，公共服务质量体现为在一定的概率条件下，通过数学模型方法计算而得到了量化质量，即概率意义的统计质量。同时，公共服务总是在具体情境的服务传递中实现，具体情境中服务提供者对服务对象需求的满足情况，服务供给是否公平、可及、便捷等都是公共服务质量在具体情境中的体现。由于公共服务质量评估存在量化评估至上的主导倾向，公共服务质量的统计处理过程意味着将体现公共服务质量个案情形的数据加以拉平式处理。因而，公共服务质量评估就不可避免地出现质量悖论，即公共服务在统计意义上的大概率高质量伴随着具体情境下小概率低质量，反之亦然。

破解公共服务质量二元评估方法导致的“暴力关怀”和“质量悖论”问题，我们需要从二元评估方法的量化方法至上倾向及其背后的逻辑实证主义方法论入手，发挥质性研究方法的优势，克制对量化方法的过分崇拜和对逻辑实证主义的过分依赖。首先，需要明确质性方法在公共服务质量评估方法中的地位，然后，需要对质性方法加以适当筛选和完善，使其成为能够体现人性关怀的质性评估方法。

1）确立质性方法在质量评估方法中的前置地位

从认识论上看，量化研究和质性研究本质上都是人认识世界的认识工具；只不过，二者是从科学主义角度、以是否数学化为标准分类而已。人的自主意识与一般动物不同，它会促使人在认识的道路上不断前行以达致真理或知识。在这条真理之路上，一直存在截然对立的哲学论争，比如经验主义和唯理主义的论争以及后来的实证主义与解释主义的分野。对于实证主义而言，认识的发展需要依靠各种认识工具采集信息，以及设定认识方法、路径，人们对信息的感性认识借助人脑的思维能力上升为理性认识，并经过反复验证，达到知识的获得。在这套认识论的框架中，信息如同大地、认识工具如同根脉、认识方法如同树茎，大地的养料（感性认识）通过树茎（认识方法），再经过光合作用（人的理性），最终促成开花结果（知识或真理）。对于解释主义而言，认识发展经历的过程—信息获取、认识方法选择、产生理性认识进而获得知识，是人的思维主观构建的产物，并不唯一确定。

因此，不管是实证主义的认识论传统，还是解释主义的认识论传统，认识方法在知识形成中的通道作用都是二者所关注的。只不过，由于受到自然科学话语体系的兴起和统治，学术研究中的认识方法选择开始以是否数学化作为分界标准，认识方法也就有了量化和质性方法。其实，这两种研究方法并无绝对的优劣之分和泾渭分明之态。也就是说，量化方法与实证主义方法唯一对应，但质性方法却是在实证主义和解释主义中都适用，且两种方法间可以互相借鉴、混合使用。

在公共服务质量的评估方法中，由于受到新公共管理运动的影响，评估方法量化方法至上的现象十分突出，不仅导致了公共服务质量评估的“暴力关怀”和“质量悖论”问题，而且导致了人们对质性研究法的轻视，使得质性方法成为确定研究假设、进行现状总结的辅助性工具；受此影响，质性方法运用的不严谨、不规范问题突出，研究信度效度受到影响。

鉴于质性研究方法在认识论传统上的重要地位，以及公共服务质量评估研究量化方法主导带来的实践问题，破解当下公共服务质量评估方法导致的“暴力关怀”和“质量悖论”问题，需要重新重视质性方法，处理好质性方法和量化方法的关系，将质性方法确立为公共服务质量评估方法中的前置性方法。

首先，实现质性方法在评估方法中的实体前置，即在既有的二元量化评估方法之外，质性方法真正成为与其同等重要的并列方法；同时，鉴于公共服务质量的关系性和情景性特征，质性方法应被列为前置于量化方法的公共服务质量评价方法。

其次，实现质性方法在量化评估方法中的程序前置，即质性方法和量化方法均只是认识渠道不同，而非认识论传统的对立，两种方法间可以借用；针对量化评估方法的实施程序——概念化、操作化、工具选择、数据采集、数理分析、得出结论，质性方法应该前置于操作化之前，使得量化评估方法的概念化和操作化更贴近于公共服务具体情景的实际情况，有利于解决“暴力关怀”和“质量悖论”问题。

2) 完善体现关怀伦理的质性评估方法

重视质性方法以及处理好质性方法和量化方法的关系，不等于质性方法自动就可以在公共服务质量评估中发挥出效力。基于关怀伦理对公共服务质量评估的契合性和适用性，我们还需要借鉴关怀伦理，对质性方法适当筛选和完善，并形成体现关怀伦理的质性评估方法。这样，质性方法才可以在取得前置性地位后，更好发挥实际效果，克服公共服务质量评估的“暴力关怀”和“质量悖论”问题。

质性研究方法起源于人文社会学科逐步发展而形成的人类学、民族学、心理学等学科的研究方法，自自然科学兴起以来，量化方法的逐渐兴盛，质性方法也就被总结成一种方法的特性概括，形成了与量化方法的对堪。质性方法和量化方法所针对的都是认识对象的“质”的层面，只不过角度不同；质性方法是通过前期的背景了解、概念体系搭建，然后深入情景，进行了解、体验、互动、归纳、分析、理论化等环节，形成对认识对象的体系化、系统性知识的研究方法。

这一方法的深入情景和关系互动的实践特性，与关怀伦理所具有的情感性关系和非对称情景特征甚是契合。可以说，关怀伦理的理论主张是可以应用质性研究方法的理论中的其中一种，这需要在质性研究方法中关注所参与情景中的关怀美德与行为，以及人际互动中的情感性关系展现与互动。因此，在质性方法中体现关怀伦理的价值要求，需要将关怀伦理的指导贯穿于质性研究过程之中，这对公共服务质量评价的研究者来说，是较易操作的。

具体而言，质性方法具体种类很多，如参与观察、深度访谈、案例分析、民族志、人种志、扎根理论、叙事研究等。要体现关怀伦理价值，公共服务质量质性评价方法，需要从质性方法过程的两方面入手：①在获取材料阶段，无论是通过访谈、观察、还是实物分析，评估者都要留意参与对象的关怀美德展现，关怀情感表露和关系行为及互动等关怀伦理的现实体现；②在资料归纳分析阶段，即资料的整理、编号、分类分析、归纳关系的过程中，评估者要秉持开放心态和多元价值，在价值取向不偏不倚的情况下，分析归纳效率效益、公平民主以及关怀价值等多元价值的优先性排序和内在关联。

第七章　结论与展望

本章着重总结关怀伦理及其对公共服务质量评估的批判与完善，冀图在此提炼本书的主要结论，同时，进一步说明本书研究未来可继续深化的方向。

7.1　研究结论

本书通过背景介绍和案例引入，在总结了关怀伦理与公共服务质量相关既有研究的基础上，概括了关怀伦理的伦理意涵与理论体系，并通过对公共服务质量评估的理性主义建构逻辑分析和关怀伦理批判，提出了基于关怀伦理理论视阈的公共服务质量评估的改造基本框架，为公共服务质量评估的研究提供一个新的视角。

(1)关怀伦理的理论体系。本书通过对关怀伦理的女性主义视角、仁爱伦理视角、主流道德理论视角的总结阐述，归纳了较关怀伦理理论体系。关怀伦理本质上体现的是基于“情感性关系”的主体对客体的关心活动，包括三个面向的理论架构。

微观层面，关怀伦理关注关怀者对关怀对象的需求回应。关怀对象所具有的是依赖性需求，有效的回应需要关怀者具备通感能力。

中观层面，关怀伦理构建的是美德与行为合一的关怀认知模式。关怀不仅是美德之一，更是付诸实践的关心行为，否则，关怀行为容易蜕变为照顾行为乃至关怀投机活动。此外，关怀伦理依托于情感性关系的定位和关怀情景的非对称性，即关怀伦理建基于人际关系的情感属性，它是从女性家庭关怀活动生发的，它关注到了人际关系必不可少的情感底色。同时，在关怀实践的具体情境中，关怀者与关怀对象的地位不对称，这要求关怀者肩负着关怀责任，并不要求关怀对象做出对等的关怀行为回应，否则，关怀美德行为容易异化为回报导向的投机行为。

宏观层面，关怀伦理突破了家庭关怀活动的层面，拓展到了社会公共生活，形成了以“我”为圆心的关怀伦理圈层结构，从母爱关怀到家庭、亲情、人际、社会关怀。关怀也在和正义、功利价值的相互关系中，明确了各自优先适用的公共领域，正义伦理主要在法律和政治事务内具有优先性，功利主义在公共政策选择的方法论上是有益的，关怀伦理的优先领域体现在特定群体的公共服务、体现情景关系的社区、体现人文价值的文化活动等。

(2)公共服务质量评估的理性建构逻辑存在道德缺陷。本书通过对我国公共服务质量评估理性主义建构逻辑的分析，提出了公共服务质量评估理性主义建构及其道德缺陷。公共服务质量评估理性主义建构逻辑追求的是普遍价值法则、高度的标准化和逻辑实证主义方法论，具体表现为公共服务质量评估追求普遍价值法则，通过对经验事实的量纲化，使公共服务质量各个层次的经验事实转换为统一的数据形式，借助数学推理把经验事实上升到普遍结论。

公共服务质量评估表面上是追求科学评估，实际上还是落脚于道德评估，其理性主义建构逻辑实际上是力图对经验事实精准测量，进而在与质量目标的差距比较中，形成对公共服务质量的真实呈现。质量目标如何设定、质量概念化和操作化如何设计都离不开研究者的道德抉择。公共服务质量评估建构逻辑的道德缺陷就在于公共服务既是一项公共政策，也是一种公共产品，更是一个交流场景，它本身兼具公共性、经济性、关系性的特质，需要直觉、情感、意志等非理性价值以呈现关系性，理性主义建构忽略了这些，未认识到普遍法则的适用性与有效性，缺少道德思维方式的非理性空间。

(3) 关怀伦理与公共服务的特质相契合。本书通过对公共服务质量与关怀伦理的比较分析，阐释了关怀伦理运用于公共服务质量评估的合适性。①公共服务质量的交互性与关怀伦理的关系性吻合。公共服务是在主体与对象的服务传递中完成，无法完全线性衡量，而关怀伦理也强调在具体情景中关怀主体与客体的情感性关系。②公共服务质量的异质性与关怀伦理的情景性契合。公共服务质量的衡量会受到不同情景中各种主客观因素影响，而呈现出不同的质量水平，关怀伦理也注重在具体情境中施行关怀行为，并强调情景中关怀主体肩负的伦理责任。③基本公共服务的垄断性与关怀需要的依赖性相通。基本公共服务具有明显的普惠性、基础性和保障性，尽管其生产可以通过市场化、社会化的方式合作解决，但其供给却是政府的公共责任，且得到了民意的长期强化；而关怀伦理所强调的关怀对象的依赖性需求，恰恰是针对不可自足的个体需求，鉴于依赖性需求的公益性和道德性，该需求只能依托于公共机构而出现天然垄断供给，基本公共服务的垄断性即是个体依赖性需求导致的现实表现。

(4) 公共服务质量评估的关怀伦理批判。本书聚焦于运用关怀伦理视角对我国公共服务质量评估的理论基础、价值取向、质量标准化、逻辑实证主义方法等方面进行批判，以期推动公共服务质量评估的研究深化。

首先，公共服务质量评估的理论基础存在“关怀失序”的问题。新公共管理理论尊奉“顾客至上”，但是，借鉴于私人部门管理实践的“顾客至上”，最终是提高企业经济效益的工具，即顾客需求的统计式呈现或个体需求经由传媒发酵影响普遍顾客才对私人部门有意义，因此，新公共管理中“顾客至上”实质上是统计意义上的对公民的“狭隘关怀”。新公共服务理论关注公共部门的民主价值回归，强调公共利益、公民权利和社区、公共关系的重要性，培育社会大众的公民美德，这样的民主价值设定，忽视了公民个体实际成长中情感性关系的如影随形，忽视了公民社会中社会关系因关怀活动而出现的亲疏冷热，关怀价值被泛化为民主或社会化进程中，政府或社会对普遍公民的普适关怀，此即“泛化关怀”。

其次，公共服务质量评估的“效率效益-公平民主”二元价值框架存在绝对化和普遍化适用的问题。二元评估价值框架其实是主流伦理理论（功利论、义务论和权利论等）在实务领域的运用，该价值框架的普遍化应用实际上是主流伦理理论普适化的反映。关怀伦理着力批判了主流伦理理论追求普适化及其背后的男性话语主导和忽视关怀价值的问题，提出道德伦理还应该看到其在非理性传统中生发的可能，认为女性的家庭关怀活动所展现的关怀价值应成为重要的伦理价值，并与功利、正义等主流伦理价值形成互补格局。公共服务是具体的人际间服务的供给、传递、享用的过程，兼具公共性、经济性和关系性的特点，三栖于科学、民主与人文之间，二元价值框架普遍化，忽视了关怀价值对公共活动的重要借鉴意义，未充分重视到其对公共服务质量评价的重要性。

其三，公共服务质量标准化实践方面，关怀伦理批判了标准化建设导致的服务刚性有余、柔性不足、应对情景不力的问题；同时，关怀伦理也批判了策略性服务的大量出现及其导致的潮汐性质量退化和公共服务质量的目标与价值异化问题。公共服务标准化供给的刚性约束过强和目标导向的服务量化评价模式相结合，导致了大量策略性公共服务的出现，即公共服务项目在标准化建设的基础上不断强化评估导向的按评估权重的选择性供给，在策略组合中追求统计数字最优的服务提供。这样一来，公共服务就出现了目标和价值异化问题：公共服务质量的具体标准贯彻代替质量目标初心成为公务人员所关注和尊奉的，即对标准文件的遵行成为服务主体的服务目的，公共服务质量的价值意涵也就异化为追求标准程序贯彻的实用主义取向、等价于为价值实现而设计的标准化要求。

最后，对于逻辑实证主义式的评估方法，关怀伦理较好地补充解释了公民满意度评价出现的满意度水平“割韭菜”式反弹的现象，发现了质量评估量化方法至上存在的“暴力关怀”问题，批判了既有服务质量评估缺失“情景质量”维度导致的“质量悖论”问题。具体而言，现实中多变性和关怀性情景对个体满意表达及其统计式集中呈现造成了持续扰动，这使得整体的公民满意度会出现无法稳定预期的波动，即对公民满意度薄弱地方的针对性改进，带来公共服务满意度的提升后，在多变性和关怀性情景的作用下，公民满意感知会出现倒退，公共组织又需要再次投入资源改善。长此以往，公众满意度就会随着情景因素的扰动，出现“改进—退化—再改进—再退化”的“割韭菜”现象怪圈。既有服务质量评估量化统计方法至上，会导致所谓的“暴力关怀”问题，即量化统计方法使得满意度评估过分追求统计意义上的公众需求，容易将个体带入设计好的满意度感知框架，进而引导个体忽视了曾于情景中生发的公共服务需求。对于强关怀特质的公共服务(养老、基本医疗、公共教育等)，一旦出现人性关怀事故，满意度评估对公众需求的统计式关注与回应极易演变为以科学之名、行价值控制之实的暴力式回应。服务质量评价的量化方法至上容易忽视公共服务质量的“情景质量”维度，统计数据呈现的公共服务质量“宏大景观”容易与个体体验的公共服务质量“细部景观”不一致乃至对立冲突，尤其是对于强关怀特质的公共服务，因此，情景质量维度的缺失，容易导致服务质量量化评估结果与公众对服务质量的情景感知脱节，使得公共服务质量陷入伦理争议的漩涡之中，出现“统计质量”与“情景质量”的悖论问题。即公共服务，尤其是强关怀特质的公共服务，在统计意义上的高质量与具体情境下的“低质量悖论”。

(5)完善公共服务质量评估的具体路径。本书在对公共服务质量评估进行关怀伦理批判的基础上，提出了关怀伦理视阈中完善公共服务质量评估的理论基础、质量标准化和评估方法的路径选择。

首先，本书在理论基础和价值取向上，借鉴关怀伦理的视角，完善了公共服务质量的伦理内涵，设计了“圆环型”公共服务体系，以利于避免既有公共服务质量评估理论基础的关怀失序。同时，明确了“效益-公平-民主-关怀”四位一体评估价值结构，以克服既有的二元评估价值框架的不足。

公共服务质量的伦理意涵不仅应有效率效益、公平民主考量，也需要吸收关怀伦理关于关怀美德和行为、情感性关系、依赖性需求、非对称情景等理论观点。借鉴关怀伦理的圈层结构，着力克服公共服务质量理论基础存在的关怀失序问题，本书建立了“情感性关系-依赖性需求”分类模型，重构了公共服务分类，将公共服务划分为三大类服务，即“强关怀服务”，“中关怀服务”和“弱关怀服务”；同时，本书提出构建“圆环型”公共服务体系，明确每类公共服务中关怀伦理和现有质量评估理论基础间的优先关系。本书引入关怀价值，确立了其第三维评估价值取向的地位，并着重明晰了既有的效率效益、公平民主价值取向与关怀价值间的关系格局，即关怀价值属于背景性价值、不同类型公共服务中价值取向各有优先性、各评估价值取向间相互补益。

其次，在公共服务质量标准化的完善方面，本书借鉴关怀伦理，提出“理念-个体-制度”三位一体的完善质量标准化实践路径，即激励服务主体的关怀美德与行为、贯彻关怀理念和关怀价值、构建关怀价值与标准的实现机制。

公共服务质量标准化是典型的实操性领域，完善其中的关怀不足，首要的是服务主体的关怀美德和行为激励，即重视“关怀人”的人，为服务主体建立关怀美德和行为习惯，设计必要的行为、授权和奖惩标准。同时，服务质量标准化实践需要贯彻关怀理念和价值，将关怀理念引入质量标准设计指导原则，关怀标准融入质量标准体系，并用关怀价值改造质量标准化实践的保障、监督、评价和反馈机制。此外，服务质量标准化还需要构建关怀价值和标准的实现机制，明确质量标准化的重心，给选择性标准化建立稳定的选择机制和明确底线性要求，力避民意和舆论对服务质量标准化重心的瞬时性作用和不适当影响，这就需要明确关怀标准在不同服务间的权重分布。基于此，建立“权重比+及格线”式的服务质量标准内容体系，提出选择性质量标准化的选择规则，并配套关怀标准的容错和救济机制。

最后，在公共服务质量评估方法改造方面，本书从量化方法和质化方法的分野出发，秉持“缮旧立新”的思路，借鉴关怀伦理，完善既有的公民满意度评估和质性评估方法，针对体现关怀价值的评价指标较少和强关怀服务突出的关怀价值色彩，构建衡量关怀价值的服务关怀度评估。

公民满意度评估是公共服务质量评估的支柱性方法之一，本书提出应该完善体现关怀伦理的公民满意度评估。在满意度评估理念、操作化和工具选择等环节引入关怀伦理视角，以克服公共服务质量“改进—退化”的“割韭菜”现象怪圈。同时，质性评估方法也是公共服务质量评估的重要方法，但由于量化评估方法的至上地位，质性评估方法在公共服务质量评估中地位并不凸显，本书重视质性评估方法，将其确定为质量评估方法的前置性工具，并将关怀价值贯彻于质性方法过程之中。此外，鉴于关怀伦理引入质量评估方法属于创新探索，尚缺少系统的体现关怀伦理的评价指标和方法，而且尤其对于强关怀服务，既有的公民满意度评估对衡量服务质量的有效性并非一成不变，故本书创设了满意弹性的概念，明确了不同服务的关怀强度与公民满意进而与服务质量的相关关系，构建了针对强关怀服务的服务关怀度评估方法。

7.2 研究展望

7.2.1 关怀价值与公共服务质量评估价值取向

关怀伦理是否适合公共服务质量评估，能否纳入公共服务质量评估价值体系，本书做了初步探索，但对关怀价值与公共服务质量评估既有价值间的关系上未有深入研究，对此还需要深化研究。

此外，关怀价值如何在评估实践中概念化和操作化，本书的研究还不够系统，缺乏体现关怀价值的系统、可靠的概念体系和指标体系，未来可在此方面继续探索。

7.2.2 策略性服务及其潮汐性服务质量退化

公共服务中关于策略性服务的研究，多体现在公共服务绩效悖论、绩效损失等的研究成果中，且并未统一使用“策略性服务”这一概念。本书提出了“策略性服务”这一概念，但对“策略性服务”的现实表现、产生机理和多角度理论分析尚未开展，有待继续讨论。

潮汐性服务质量退化，是本书为了描述公共服务质量存在的周期性“改进-退化”现象而设定的一个概念。本书提出了“策略性服务”与“潮汐性服务质量退化”的相关关系并详述了潮汐性服务质量退化的表现，但本书的研究是初步的，关于潮汐性服务质量退化是否持续存在、作用机理、如何治理尚未触及，未来研究可继续就此深化。

7.2.3 情景质量与“质量悖论”问题

情景质量是借鉴关怀伦理理论形成的公共服务质量维度，它与既有的公共服务统计式质量概念形成了对比。既有公共服务质量评估研究在量化评价方法的主导下，质量评估结果多是以量化方式呈现。本书研究了统计质量对公共服务质量评价的有效性，个体情景中的服务质量是否具有公共意义，也就是说，本书论证了情景质量存在的必要性以及情景质量的一般内涵。但是，本书尚未触及情景质量的构成体系、衡量维度和多视角理论基础，可以说，这是一个未完成的议题。

“质量悖论”概念是在既有绩效悖论研究的基础上，本书借鉴关怀伦理启发的情景质量维度而提出的。既有绩效悖论研究着眼于量化评价方法导致的公共服务绩效“测不准”和“测不对”问题，在关怀伦理的视角下，情景质量也是公共服务质量的重要维度，绩效悖论需要吸纳情景质量维度升级为“质量悖论”。本书详细论述了绩效悖论到“质量悖论”的演进过程，并阐明了“质量悖论”反映的统计式质量评价的“谨慎测”和“不能测”问题。但是，关于“质量悖论”的作用机理、统计质量和情景质量的关系定位、“质量悖论”如何破解等问题，本书囿于篇幅所限未有论证，未来可就此深化研究。

7.2.4 关怀性情景及其对公民满意度评估的影响

公民满意度评估研究一直是公共服务研究的热点话题，且硕果累累。既有研究已注意到了评估的信度效度问题，即公民满意度的影响因素以及满意度与服务质量的相关关系及其中介变量作用，学术界已经就多变性情景，如个体特质、社会关系、文化环境、政治制度等，对公民满意度的影响展开了诸多研究。

但是，由于关怀伦理并未被公共行政学界充分重视。关怀视角下的关怀性情景，即情景中的情感性关系因素，并未得到既有研究的重视。本书详细论述了关怀性情景对公民满意度影响的表现形式，以及关怀性情景对满意度评估所带来的服务质量感知“改进-退化-再改进-再退化”的“割韭菜”现象怪圈。然而，囿于篇幅所限和作者能力，本书没有触及到对公民满意度评估“割韭菜”现象的具体影响因素，以及其中关怀性情景的影响权重和影响机理等方面，未来可就这些方面继续深化研究。

参 考 文 献

安乐哲, 温海明. 2002. 和而不同: 比较哲学与中西会通[M]. 北京: 北京大学出版社.

白晨, 顾昕. 2015. 中国农村医疗救助给付水平横向公平问题研究[J]. 河南社会科学, 1: 76-81, 123.

蔡立辉. 2003. 西方国家政府绩效评估的理念及其启示[J]. 清华大学学报(哲学社会科学版), 1: 76-84.

曹堂哲, 张仁君, 孙智慧. 2013. 公共管理评估研究的缘起、范式和议题[J]. 广东行政学院学报, 2: 12-17, 28.

柴生秦. 2007. 公共行政的历程: 从效率到服务[J]. 西北大学学报(哲学社会科学版), 2: 110.

陈昌盛, 蔡跃洲. 2007. 中国政府公共服务: 基本价值取向与综合绩效评估[J]. 财政研究, 6: 20-24.

陈世香, 谢秋山. 2013. 链接公共性和私人性: 登哈特新公共服务理论评述[J]. 公共管理与政策评论, 2(4): 89-95.

陈伟, 白彦. 2013. 城乡一体化进程中的政府基本公共服务标准化[J]. 政治学研究, 1: 85-93.

陈文博. 2012a. 公共服务质量改进机制建设的英国经验——基于医疗卫生领域的分析[J]. 东南学术, 1: 113-121.

陈文博. 2012b. 公共服务质量评价与改进: 研究综述[J]. 中国行政管理, 3: 39-43.

陈小华. 2012. 异化与复归: 政府绩效评估的反思性研究[J]. 中共浙江省委党校学报, 1: 124-128.

陈钰. 2012. 目标置换的成因、危害与对策研究[J]. 科技管理研究, 32(5): 214-217.

陈振明, 耿旭. 2014. 公共服务质量管理的本土经验——漳州行政服务标准化的创新实践评析[J]. 中国行政管理, 3: 17-22.

陈振明, 耿旭. 2016. 中国公共服务质量改进的理论与实践进展[J]. 厦门大学学报(哲学社会科学版), 1: 62-72.

陈振明, 李德国. 2011. 基本公共服务的均等化与有效供给——基于福建省的思考[J]. 中国行政管理, 1: 49-54.

陈振明, 李德国. 2012. 公共服务质量持续改进的亚洲实践[J]. 东南学术, 1: 102-112.

陈振明, 刘祺, 蔡辉明. 2009. 公共服务绩效评价的指标体系建构与应用分析——基于厦门市的实证研究[J]. 理论探讨, 5: 130-134.

成新轩, 柳佳龙. 2016. 河北省城乡社会救助公共服务均等化研究[J]. 社会保障研究, 2: 75-83.

戴维·奥斯本, 彼德·普拉斯特里克. 2002. 摒弃官僚制: 政府再造的五项战略[M]. 谭功荣, 刘霞, 译. 北京: 中国人民大学出版社.

戴维·罗森布鲁姆, 罗伯特·克拉夫丘克. 2002. 公共行政学: 管理、政治和法律的途径[M]. 张成福, 等译. 北京: 中国人民大学出版社.

邓剑伟, 樊晓娇. 2013. 国外政策评估研究的发展历程和新进展: 理论与实践[J]. 云南行政学院学报, 2: 34-39.

丁辉侠. 2010. 提高公共服务质量的制度安排与保障机制[J]. 河南师范大学学报(哲学社会科学版), 37(2): 129-132.

丁辉侠. 2012. 公共服务质量评价体系构建思路分析[J]. 商业时代, 7: 97-98.

丁元竹. 2009. 界定基本公共服务及其绩效[J]. 国家行政学院学报, 2: 18-21.

董德民, 赵立, 严青云. 2013. 基于公众感知的国家档案馆公共服务质量评价模型研究[J]. 浙江档案, 12: 19-21.

范伟伟. 2008. 儒家“仁”之伦理与关怀伦理可否兼容——关于这场争论的评述[J]. 中国经济伦理学年鉴, 3: 170-171.

费军, 余丽华. 2009. 电子政务绩效评估的模糊层次分析模型——基于公共服务视角[J]. 情报科学, 6: 894-899.

高洪贵. 2015. 公民参与地方政府公共服务绩效评估: 价值、困境及路径[J]. 广西社会科学, 9: 145-148.

郭金云, 苏楠. 2015. 近二十年国内公共服务绩效评估研究的知识图谱[J]. 理论与改革, 4: 187-192.

郭菁. 2011. 基于他者伦理的关怀[J]. 哲学动态, 1: 66-71.

韩万渠. 2015. 公共服务质量评价机制及其路径创新[J]. 中国特色社会主义研究, 5: 54-59.

何艳玲, 张雪帆. 2014. 公共行政学说史的认识论传统及其辩论[J]. 中国行政管理, 6: 73-82.

何志才. 2016. 地方政府绩效评估悖论形成机理探析——一个基于混沌理论的解释框架[J]. 北京行政学院学报, 5: 25-30.

和建花. 2017. 关于 3 岁以下托幼公共服务理念的再思考——跨学界视野与跨学界对话[J]. 学前教育研究, 7: 3-10.

赫尔德. 2014. 关怀伦理学[M]. 苑莉均, 译. 北京: 商务印书馆.

胡军良. 2011. 道德的"性别之思"基于女性主义关怀伦理的视角[J]. 云南社会科学, 6: 21-26.

胡税根, 陈雪梅. 2014. 公共服务标准化创新研究——以杭州市上城区为例[J]. 理论探讨, 5: 160-164.

胡税根, 徐元帅. 2009. 中国政府公共服务标准化建设的价值研究[J]. 甘肃行政学院学报, 5: 24, 49-54, 128.

华彦玲, 王江飞. 2016. 江苏省地区间公共服务供给均等化绩效评价[J]. 城市问题, 3: 62-66.

霍春龙. 2017. 认知分歧与共享现实: 公共政策绩效损失是如何产生的? [J]. 兰州大学学报(社会科学版), 3: 67-75.

季丹, 郭政, 胡品洁. 2016. 公共服务质量第三方评价研究——基于华东地区的试点应用[J]. 中国行政管理, 1: 41-44.

加布里埃尔 •A. 阿尔蒙德, 拉塞尔 •J. 多尔顿, 小 G. 宾厄姆 •鲍威尔, 等. 2010. 当代比较政治学: 世界视野(第八版)[M]. 杨红伟等, 译. 上海: 上海人民出版社.

江易华. 2007. 从新公共服务理论看中国政府绩效评估[J]. 中国党政干部论坛, 2: 54-55.

姜晓萍, 郭金云. 2013. 基于价值取向的公共服务绩效评价体系研究[J]. 行政论坛, 6: 8-13.

琚挺挺. 2015. 女性主义、关怀伦理与当代公共行政的重塑[J]. 天府新论, 6: 112-118.

卡罗尔 • 吉利根. 1999. 不同的声音[M]. 肖巍, 译. 北京: 中央编译出版社.

卡米拉 • 斯蒂福斯. 2010. 公共行政中的性别形象[M]. 熊美娟, 译. 北京: 中央编译出版社.

蓝志勇, 胡税根. 2008. 中国政府绩效评估: 理论与实践[J]. 政治学研究, 3: 106-115.

郎玫. 2018. 博弈视角下政府绩效评价的基础模型及其选择中的"绩效损失"[J]. 上海行政学院学报, 6: 64-77.

李朝智. 2011. 基本公共服务均等化视角下的政府绩效评估原则[J]. 领导科学, 35: 18-19.

李丹丹. 2015. 西方关怀伦理与儒家仁爱伦理的对比[J]. 学术交流, 9: 42-47.

李凤月, 张忠任. 2015. 我国财政社会保障支出的中央地方关系及地区差异研究[J]. 财政研究, 6: 51-58.

李海东. 2009. 论组织目标置换产生的原因和防范措施[J]. 学术交流, 12: 144-146.

李阔. [2018-12-12]. 安徽阜南: "六零服务法"助力民营经济发展[EB/OL]. http: //ah. people. com. cn/n2/2018/1212/c358266-32399559. html.

李敏. 2018. 地方政府绩效评估机制与行为悖论研究[J]. 宁夏社会科学, 3: 50-56.

李少抒, 李旭辉. 2010. 略论珠三角基本公共服务一体化绩效评估体系[J]. 广东行政学院学报, 4: 31-35.

李霄锋. 2015. 基本公共服务标准化的动态阶段性解析[J]. 理论导刊, 10: 59-62.

李晓园, 张汉荣. 2009. SERVQUAL 模型下县域公共服务[J]. 南昌大学学报(人文社会科学版), 4: 69-74.

李云飞, 那旭, 冉利梅, 等. 2012. 我国流动人口生殖健康公共服务绩效评价指标的选择思路[J]. 中国妇幼保健, 27(20): 3061-3064.

辽宁省标准化研究院, 沈阳标准化研究院. 2009. GB/T 24421. 3-2009, 服务业组织标准化工作指南第 3 部分: 标准编写[S]. 北京: 中国国家标准化管理委员会: 2, 5-10.

林尚立. 1998. 国内政府间关系[M]. 杭州: 浙江人民出版社.

刘亮. 2011. 新公共管理视角下体育公共服务绩效评估研究——基于武汉"1+8"城市圈的调查与分析[J]. 武汉体育学院学报, 45(6): 24-29.

刘淑妍, 王欢明. 2013. 国外公共服务绩效评价的研究发现及对我国的启示[J]. 国外社会科学, 2: 114-122.

刘素仙. 2017. 政府购买公共服务绩效评价的价值维度与关键要素[J]. 经济问题, 1: 17-20.
刘武, 朱晓楠. 2006. 服务接受者满意度指数模型: 服务型政府绩效评估的新方法及其应用[J]. 公共管理研究, 0: 114-128.
娄峥嵘. 2011. 我国地方政府公共服务支出评价——基于DEA的省际数据比较//中国行政管理学会. 中国行政管理学会2011年年会暨“加强行政管理研究, 推动政府体制改革”研讨会论文集[C]. 北京: 中国行政管理学会: 834-835.
吕维霞, 钟敬红. 2010. 论信息公开对政府公共服务质量的影响[J]. 情报科学, 28(11): 18-21, 26.
罗伯特・B. 丹哈特, 珍妮特・V. 丹哈特, 刘俊生. 2002. 新公共服务: 服务而非掌舵[J]. 中国行政管理, 10: 38-44.
罗蔚. 2004. 当代西方女性主义伦理学的方法论探微[J]. 国外社会科学, 6: 23-27.
罗蔚. 2006. GRB对美国公共行政伦理的影响[J]. 武汉大学学报(哲学社会科学版), 4: 555-559.
麻宝斌, 董晓倩. 2010. 我国城市社区公共服务绩效评价问题研究——以长春市H社区为个案[J]. 云南行政学院学报, 5: 79-83.
马骏, 刘亚平. 2007. 中国公共行政学的“身份危机”[J]. 中国人民大学学报, 4: 14-18.
马亮, 于文轩. 2013. 第三方公共服务绩效评价的评价: 一项比较案例研究[J]. 南京社会科学, 5: 55-63.
马翔. 2018. 基于PV-GPG理论框架的公共项目绩效损失问题研究——以G省世界银行项目为例[J]. 公共行政评论, 5: 70-98.
马欣, 西宝. 2014. 基于Kano模型的电子政务满意度适应性测评方法[J]. 东北农业大学学报(社会科学版), 12(01): 13-19.
毛立红. 2006. 新公共管理的顾客导向: 内涵、价值、生态环境[J]. 四川行政学院学报, 5: 19-22.
毛寿龙, 李梅. 1998. 西方政府的治道变革[M]. 北京: 中国人民大学出版社.
孟华. 2006. 政府绩效评估: 美国的经验与中国的实践[M]. 上海: 上海人民出版社.
孟华. 2009. 推进以公共服务为主要内容的政府绩效评估——从机构绩效评估向公共服务绩效评估的转变[J]. 中国行政管理, 2: 16-20.
内尔・诺丁斯. 2003. 学会关心——教育的另一种模式[M]. 于天龙, 译. 北京: 教育科学出版社.
内尔・诺丁斯. 2006. 始于家庭: 关怀与社会政策[M]. 侯晶晶, 译. 北京: 教育科学出版社.
内尔・诺丁斯. 2014. 关心: 伦理和道德教育的女性路径(第二版)[M]. 武云斐, 译. 北京: 北京大学出版社.
尼古拉斯・亨利. 2002. 公共行政与公共事务[M]. 项龙, 译. 北京: 华夏出版社.
倪星, 李佳源. 2010. 政府绩效的公众主观评价模式: 有效, 抑或无效?——关于公众主观评价效度争议的述评[J]. 中国人民大学学报, 4: 108-116.
倪星. 2008. 反思中国政府绩效评估实践[J]. 中山大学学报(社会科学版), 48(3): 134-141.
宁靓, 赵立波. 2017. 公众参与政府购买公共服务绩效评估指标体系研究[J]. 中国海洋大学学报(社会科学版), 4: 44-50.
帕森斯. 2009. 性别伦理学[M]. 史军, 译. 北京: 北京大学出版社.
彭华, 杜帮云. 2013. 儒家女性角色伦理的三个理论视角[J]. 哲学动态, 10: 50-54.
乔治・弗雷德里克森. 2003. 公共行政的精神[M]. 张成福等, 译. 北京: 中国人民大学出版社.
全中燮. 2008. 公共行政的社会建构解释与批判[M]. 北京: 北京大学出版社.
桑助来. 2005. 政府绩效评估研究[M]. 北京: 中国人事出版社.
沙治慧. 2012. 行政成本绩效评价指标体系构建研究[J]. 四川行政学院学报, 2: 89-92.
尚虎平. 2017. 我国政府绩效评估的总体性问题与应对策略[J]. 政治学研究, 4: 60-70.
尚虎平. 2008. 我国地方政府绩效评估悖论: 高绩效下的政治安全隐患[J]. 管理世界, 4: 69-79.
尚虎平, 陈星宇. 2013. 我国城市公共服务提供绩效评价——面向L市的探索性研究[J]. 武汉大学学报(哲学社会科学版), 1: 70-78, 129.
沈亚平, 陈建. 2017. 虚化与重塑: 公共服务质量评价的价值理性研究[J]. 长白学刊, 2: 72-77.
盛明科, 刘贵忠. 2006. 政府服务的公众满意度测评模型与方法研究[J]. 湖南社会科学, 6: 36-40.

盛明科, 彭国甫. 2008. 公共服务型政府绩效评估体系构建研究论纲[J]. 东南学术, 3: 54-60.

史敏, 肖雪葵. 2010. 科技信息公共服务绩效评价研究[J]. 中国科技论坛, 2: 17-22.

舒银燕, 范亚舟. 2013. 优化我国基本公共服务绩效评价的思路及制度支持[J]. 理论导刊, 3: 15-17.

宋娜梅, 罗彦平, 郑丽. 2012. 体育公共服务绩效评价: 指标体系构建与评分计算方法[J]. 体育与科学, 33(5): 30-34.

睢党臣, 张朔婷, 刘玮. 2015. 农村公共服务质量评价与提升策略研究——基于改进的 Servqual 模型[J]. 统计与信息论坛, 4: 83-89.

孙彩红. 2015. 全国地市级政府公共服务绩效评估实证分析[J]. 云南社会科学, 3: 14-19.

孙婧. 2010. 医疗卫生公共服务的绩效评价和路径优化[J]. 理论导刊, 2: 21-23.

唐晓英. 2011. 论地方政府公共服务绩效评估的标准体系[J]. 学术交流, 10: 46-49.

陶振, 叶敏. 2009. 现行农村公共服务体制的均等化绩效评估及其改革取向[J]. 调研世界, 3: 17-19, 45.

特里 • L. 库珀. 2005. 行政伦理学应关注的四个重大问题[J]. 金竹青, 译. 国家行政学院学报, 3: 93-96.

万晓岩. [2017-09-11]. "徐玉玉案"审判纪实[EB/OL]. http: //www. chinatrial. net. cn/news/9995. html.

王佃利, 刘保军. 2012. 公民满意度与公共服务绩效相关性问题的再审视[J]. 山东大学学报(哲学社会科学版), 1: 109-114.

王欢明, 诸大建. 2010. 基于效率、回应性、公平的公共服务绩效评价——以上海市公共汽车交通的服务绩效为例[J]. 软科学, 7: 1-5.

王家合. 2011. 论地方政府公共服务质量管理的制度创新[J]. 理论探讨, 6: 138-141.

王家合. 2017. 公共服务质量评价中政府组织归因错误现象及其治理[J]. 求索, 2: 154-159.

王俊霞, 鄢哲明, 李雨丹. 2011. 新农村建设中公共服务绩效评价问题及对策[J]. 陕西师范大学学报(哲学社会科学版), 5: 25-33.

王俊霞, 鄢哲明. 2012. 农村公共服务绩效评价指标的维度选择与体系构建[J]. 当代经济科学, 4: 88-94, 127.

王立华, 苗婷, 田祥龙. 2011. 我国农村电子政务公共服务效率评价——基于 DEA 的实证分析[J]. 兰州大学学报(社会科学版), 5: 105-110.

王芹. 2012. 我国社区体育健身俱乐部公共服务绩效评估研究[J]. 上海体育学院学报, 36(4): 22-26.

王薇, 李燕凌. 2013. 农村公共服务绩效评价方法创新研究[J]. 甘肃社会科学, 6: 226-229.

王学军. 2017. 政府绩效损失及其测度: 公共价值管理范式下的理论框架[J]. 行政论坛, 24(04): 88-93.

王艳. 2006. 国内外顾客满意度指数研究现状[J]. 统计与咨询, 5: 31-32.

王宇颖. 2011. 公共管理研究的性别视角——美国女性主义公共行政理论评述[J]. 中国行政管理, 3: 123-128.

王子琦. 2019. 公共项目绩效损失测度及治理: 一个案例研究[J]. 中国行政管理, 1: 128-134.

吴成颂, 吕娟, 范恒冬. 2012. 研发公共服务平台绩效评价体系[J]. 技术经济, 31(03): 38-42.

吴建南, 张萌, 黄加伟. 2007. 基于 ACSI 的公众满意度测评模型与指标体系研究[J]. 广州大学学报(社会科学版), 1: 13-17.

吴乐珍. 2012. 基于因子分析法的各省基本公共服务绩效评价[J]. 统计与决策, 11: 60-62.

吴楠. 2015. 以法治方式完善政府购买公共服务绩效评价[J]. 江淮论坛, 6: 155-158.

西蒙娜 • 德 • 波伏娃. 1998. 第二性[M]. 陶铁柱, 译. 北京: 中国书籍出版社.

肖建华, 邓集文. 2007. 新公共服务理论视野下的政府绩效评估[C]//中国行政管理学会. 中国行政管理学会 2007 年年会论文集. 北京: 中国行政管理学会: 813-817.

肖婷婷, 黄燕玲. 2011. 从桂林国家旅游综合改革试验区看旅游公共服务质量评价驱动因素研究[J]. 江苏商论, 11: 96-99.

肖巍. 1995. "关怀伦理学"一席谈——访萨拉 • 拉迪克教授[J]. 哲学动态, 8: 38-40.

肖巍. 1999. 女性主义关怀伦理学[M]. 北京: 北京出版社.

新华社. [2018-06-22]. “我们自家人有啥话不好讲？”面对上访群众这位县委书记的做法获赞[EB/OL]. http: //www. xinhuanet. com/local/2018-6/22/c_129899108. htm.

徐卓顺, 丁晓燕. 2013. 吉林省基本公共服务绩效评价[J]. 城市问题, 8: 89-94.

许淑萍. 2013. 论我国基本公共服务绩效评估的价值取向[J]. 理论探讨, 6: 163-167.

颜海娜, 聂勇浩. 2013. 基层公务员绩效问责的困境——基于“街头官僚”理论的分析[J]. 中国行政管理, 8: 60-63.

杨伯峻. 1960. 孟子译注[M]. 北京: 中华书局.

杨畅. 2010. 长株潭区域政府公共服务绩效评估体系构建背景与价值[J]. 求索, 6: 88-89.

杨光. 2015. 省际间基本公共服务供给均等化绩效评价[J]. 财经问题研究, 1: 111-116.

杨宏山. 2012. 政府绩效评估的适用领域与目标模式[J]. 中国人民大学学报, 4: 100-106.

杨丽丽, 龚会莲. 2014. 公共政策执行中的目标置换行为及其治理[J]. 广西社会科学, 6: 143-147.

杨玲, 刘远立. 2010. 美国医疗救助制度及其启示[J]. 武汉大学学报(哲学社会科学版), 5: 701.

尹昌美, 卓越. 2012. 公共服务标准化的发展路径、影响因素与评估体系——以杭州市上城区为个案[J]. 公共行政评论, 4: 93-120, 180-181.

尹章池, 赵旖. 2012. 公益性出版的内部机制改革、绩效评价和新型公共服务培育[J]. 中国出版, 9: 18-21.

郁建兴, 秦上人. 2015. 论基本公共服务的标准化[J]. 中国行政管理, 4: 47-51.

原珂, 沈亚平, 陈丽君. 2017. 城市社区基本公共服务质量评价指标体系建构[J]. 学习论坛, 6: 45-50.

袁年兴. 2013. 公民美德、公民权与公共行政——论新公共服务的范式困境[J]. 浙江社会科学, 5: 70-75, 157.

约翰・麦克因斯. 2002. 男性的终结[M]. 黄菡, 周丽华, 译. 南京: 江苏人民出版社.

臧乃康. 2007. 地方政府绩效评估的悖论及其消解[J]. 北京行政学院学报, 5: 6-10.

臧乃康. 2009. 基本公共服务均等化的政府绩效评估障碍与消解[J]. 江苏社会科学, 3: 115-120.

曾莉, 李佳源, 李民政. 2015. 公共服务绩效评价中公众参与的效度研究—来自Z市基层警察服务的实证分析[J]. 管理评论, 3: 83-95, 104.

詹姆斯・A. 菲茨西蒙斯, 莫娜・J. 菲茨西蒙斯. 2007. 服务管理: 运作、战略和信息技术[M]. 张金成等, 译. 北京: 机械工业出版社.

张成福, 党秀云. 2001. 公共管理学[M]. 北京: 中国人民大学出版社.

张岱年. 2011. 中国伦理思想研究[M]. 北京: 中国人民大学出版社.

张钢, 牛志江, 贺珊. 2008. 地方政府公共服务质量评价体系及其应用[J]. 浙江大学学报(人文社会科学版), 6: 31-40.

张金刚, 刘志辉. 2016. 公共服务绩效评价制度的再评价[J]. 天津师范大学学报(社会科学版), 6: 69-73.

张启春, 江朦朦. 2016. 中国农村基本公共服务绩效评估分析: 基于投入-产出视角[J]. 中南民族大学学报(人文社会科学版), 4: 141-146.

张乾友. 2013. 公共行政研究中伦理思考的兴起[J]. 道德与文明, 2: 99-105.

张乾友. 2013. 关怀、促进与服务: 政府建构的三种取向[J]. 国家行政学院学报, 4: 58-62.

张乾友. 2015. 背离理性——公共行政学演进的隐匿线索[J]. 天津行政学院学报, 9: 2, 5-12.

张强. 2009. 基本公共服务均等化: 制度保障与绩效评价[J]. 西北师大学报(社会科学版), 2: 70-74.

张锐昕, 董丽. 2014. 公共服务质量: 特质属性和评估策略[J]. 北京行政学院学报, 6: 8-14.

张书涛. 2012. 美国行政伦理的逻辑演进与范式拓展[J]. 行政论坛, 19(5): 92-96.

张巍. 2012. 政策过程的绩效损失分析——以农村中小企业融资政策为例[J]. 华中农业大学学报: 社会科学版, 3: 85-90.

张月义, 李理想, 顾玉萍. 2016. 基于田口扰动模糊法的公共服务质量评价[J]. 统计与决策, 2: 46-48.

赵林栋. 2013. 公共行政中的女性——参与还是主导[J]. 天津行政学院学报, 4: 72-75.

赵生辉, 汤志伟. 2007. 基于KANO—SPD矩阵的政府电子化公共服务公众需求分析模型[J]. 电子政务, 12: 29-36.

赵媛媛. 2011. 关怀伦理的生态文化转向——论生态女性主义的关怀环境伦理[J]. 自然辩证法通讯, 1: 93-97, 128.

浙江省标准化研究院, 杭州市民政局, 浙江省社会福利协会. 2011. DB33/T 837—2011, 居家养老服务与管理规范[S]. 杭州: 浙江省质量技术监督局, 3-6.

珍妮特・登哈特, 罗伯特・登哈特. 2004. 新公共服务: 服务而不是掌舵[M]. 丁煌, 译. 北京: 中国人民大学出版社.

珍妮特・登哈特, 罗伯特・登哈特. 2010. 新公共服务——服务而不是掌舵(第二版)[M]. 丁煌, 译. 北京: 中国人民大学出版社.

中国标准化研究院, 成都市标准化研究院, 山东省标准化研究院, 等. 2011a. GB/T 28221. 1-2011. 灾后过渡性安置区基本公共服务第1部分: 总则[S]. 北京: 中国国家标准化管理委员会, 2.

中国标准化研究院, 成都市标准化研究院, 山东省标准化研究院, 等. 2011b. GB/T 28221. 5-2011. 灾后过渡性安置区基本公共服务第5部分: 文化与体育服务[S]. 北京: 中国国家标准化管理委员会, 1-2.

中国标准化研究院, 内蒙古科技厅, 中国矿业大学(北京)管理学院, 等. 2008. GB/Z 19034-2008. 质量管理体系地方政府应用GB/T 19001-2000指南[S]. 北京: 中国国家标准化管理委员会, 4-5.

中国新闻网. [2012-03-14]. 美亚裔学生面临"逆向歧视"成绩好仍难进名校[EB/OL]. http: //edu. people. com. cn/GB/204387/204390/204409/17385715. html.

中国新闻网. [2018-07-05]. 不用再跑腿了！人社部: 全面取消社保待遇资格集中认证[EB/OL]. http: //www. chinanews. com/gn/2018/07-05/8557081. shtml.

周怡. 2000. 社会结构: 由“形构”到“解构”——结构功能主义、结构主义和后结构主义理论之走向[J]. 社会学研究, 3: 57-68.

周志忍. 2007. 公共组织绩效评估: 中国实践的回顾与反思[J]. 兰州大学学报(社会科学版), 35(1): 26-33.

朱国玮, 刘晓川. 2010. 公共部门服务质量评价研究[J]. 中国行政管理, 4: 26-28.

朱国玮. 2007. 公众满意度测评理论与实证研究[J]. 兰州大学学报(社会科学版), 3: 87-95.

朱琳. 2010. 公共服务质量评价体系的模型选择[J]. 企业经济, 7: 47-49.

朱玉春, 唐娟莉, 刘春梅. 2010. 基于DEA方法的中国农村公共服务效率评价[J]. 软科学, 3: 37-43.

卓越, 刘洋. 2013. 基于公共服务标准化的ISO9000政府质量管理[J]. 新视野, 4: 62-66.

卓越, 张世阳, 兰丽娟. 2014. 公共服务标准化顶层设计的战略思考[J]. 中国行政管理, 2: 34-38.

Boyne G A. 2002. Concepts and indicators of local authority performance [J]. Public Money & Management, 22: 17.

Boyne G A. 2003. Source of public service improvement: A critical review and research agenda [J]. Journal of Public Administration Research and Theory, 13(3): 367-394.

Brudney J L, England R E. 1982. Urban policy making and subjective service evaluation: Are they compatible? [J]. Public Administration Review, 42: 127.

Bubeck D. 1995. Care, Gender and Justice [M]. Oxford: Oxford University Press.

Chengyang L. 1994. The confucian concept of jen and the feminist ethics of care: A comparative study [J]. Hypatia, 19(1): 71.

Coats D, Passmore E. 2008 . [2018-09-14]. Public Value: the next steps in public service reform [EB/OL]. http: //citeseerx. ist. psu. edu/viewdoc/download;jsessionid=187C5D21542A1F99BE129D11D49711B0? doi=10. 1. 1. 549. 8241&rep=rep1&type=pdf.

Condit D, Hutchinson J. 1997. Women in public administration: extending the metaphor of the emperor' s new clothes[J]. American Review of Public Administration, 27(2): 181-197.

Darwall S. 1998. Philosophical Ethics [M]. Colorado: Westview Press.

Downe J, Grace C, Martin S, et al. 2011. Theories of public service improvement: A comparative analysis of local performance assessment frameworks [J]. Public Management Review, 12: 663.

Drucker P. 2003. If you can' t measure It, then you can' t manage It [J]. Oecd Observer, 238: 44.

Engster D. 2007. The heart of justice: care ethics and political theory [M]. Oxford: Oxford University Press.

Ferguson A, Folbre N. 1981. "The Unhappy Marriage of Patriarchy and Capitalism," in Women and Revolution (ed. Lydia Sargent) [M]. Boston: South End Press.

Fornell C. 1992. A national customer satisfaction barometer: The Swedish experience [J]. Journal of Marketing, 56: 10.

Freed L. 1989 . [2017-05-10]. Magnum photos [EB/OL]. http: //pro. magnumphotos. com/Asset/-2K7O3RHOF4V1. html.

Halachmi A. 1999. Performance & Quality Measurement in Government: Issues &Experience [M]. Virginia: Chatelaine Press.

Lloyd G. 1984. The man of reason: "Male" and "Female" in western philosophy[M]. Minneapolis: University of Minnesota Press.

Noddings. 2003. Caring: a feminine approach to ethics and moral education[M]. Berkeley: University of California Press.

O. C. 麦克斯怀特. 2002. 公共行政的合法性——一种话语分析[M]. 吴琼, 译. 北京: 中国人民大学出版社.

Parasuraman A, Zeithaml V A, Berry L L. 1988. SERVQUAL: A Multiple-Item Seale for Measuring Consumer Perception of Service Quality [J]. Journal of Retailing, 64(1): 12-40.

Ruddick S. 1987. Remarks on the Sexual Pollitics of Reason// Eva Feder Kittay. Women and Moral Theory [M]. Washington, D. C. : Rowman & Littlefield Publishers.

Ruddick S. 1995. Injustice in Families: Assault and Domination// Virginia Held. Justice and Care: Essential Readings in Feminist Ethics [M]. Boulder, CO: Westview Press.

Slote M. 2001. morals from Motives [M]. Oxford: Oxford University Press.

Stewart D W. 1990. Women in public administration// N. Lynn, A. Wildavsky. Public Administration: the state of the discipline [M]. Chatham, NJ: Chatham House: 215.

Tronto J C. 1989. Women and caring: What can feminists learn about morality from Caring? // Alison M. Jaggar, Susan R. Bordo. Gender/Body/Knowledge: Feminist Reconstructions of Being and Knowing [M]. New Brunswick and London: Rutgers University Press.

后　记

自20世纪90年代以来，针对新公共管理运动的批判理论不断涌现，尤其是新公共服务理论的提出，既批判了新公共管理运动的缺陷，也带动了政府对自身职能的反思和公共服务职责的重视，公共服务问题的研究也成为了公共行政学科发展的重点议题。我国公共服务研究的兴起，一方面受到了西方相关理念的影响；另一方面，主要是受21世纪初党和政府强调政府职能转变，强化政府公共服务职责，完善公共服务体系，建设服务型政府的施政理念影响。特别是从党的十六大以后，对政府公共服务职能的强调和建设服务型政府的施政方略极大地推动了公共服务的实践发展和理论研究的深入展开。十多年来，公共服务的具体内容和体系建设等实务层面取得了极大进步，公共服务理论研究也取得长足进展。

近年来，我国公共服务的理论研究和实践发展进入了深化阶段，公共服务的质量问题成为重要的研究课题。党的十九大提出，社会主要矛盾已经演变为“人民日益增长的美好生活需要和不平衡不充分的发展之间的矛盾”，政府要着力建成“人民满意的服务型政府”。基于形势和政策的变化，公共服务实务的重点开始着墨于人民群众实实在在的获得感。在具体情境中，人民群众在公共服务中的获得感显得更为重要，公共服务质量的情景面向不仅是实践的追求，也成为理论研究的重要方向。然而，在传统的公共行政理论视阈里，公共服务质量主要追求的是效率和效益，兼顾回应、公平和参与。公共服务质量评估遵循的是逻辑实证主义的方法，公共服务追求的质量是统计学意义上的绩效。因此，本书借鉴关怀伦理理论，批判公共服务质量评估的理性主义建构逻辑，提出公共服务质量评价的情景维度，优化公共服务质量评估，这即是本书写作的“初心”。

但是，显然本书还没有完全实现这个“初心”。将关怀伦理理论与公共服务质量评估这一实操性极强的领域相结合，既要有理论深度又要满足实际操作需求，是一项具有挑战性的工作。本书对关怀伦理视阈中的公共服务质量评估问题作了初步研究，重点在关怀伦理理论及其对公共服务质量评估的批判。由于研究议题的挑战性和本人能力有限，本研究还存在诸多不足，现就这些问题作如下释明，希望方家不吝赐教。

其一，本书综述部分总体描述了关怀伦理和公共服务质量评估的研究演进，并试图全面梳理公共行政和公共服务研究中关涉关怀伦理的成果，但公共服务研究是公共行政领域的热门话题，研究成果在不断更新，本书对公共服务研究演进的把握可能不甚全面。此外，在既有公共行政和公共服务研究中，关怀伦理的视角并不是热点议题，学界关注不高，既有研究中关涉关怀伦理的研究较少，有些还比较隐晦，本书的综述可能反映不够全面和准确。

其二，公共服务质量评估研究是在政府绩效评估和公共服务绩效评估研究的基础上延伸发展来的，成果丰富，但不少成果并未严格区分公共服务绩效评估与质量评估的界限。

本书在行文中多用“质量评估”概括之，可能不够准确甚至引起误解。同时，本书对公共服务质量评估建构逻辑的判定和分析，具有明显的伦理意味，可能不甚完善。

其三，本书对公共服务质量评估理性主义建构逻辑的批判，是结合既有公共服务质量评估研究而进行的，主要是定性描述，实证支持不足。公共服务质量标准化中潮汐性服务质量退化是否存在及其与策略性服务的相关关系尚未有实证研究佐证，服务柔性如何实现及其与服务刚性的关系的反思还不够深入，公民满意度评估受关怀性情景影响的真假与程度尚缺乏足够的事实材料，满意度评估的“割韭菜”现象也还没有充分的数据支持，等。

最后，本书基于关怀伦理视阈对公共服务质量评估的改造设计，囿于个人能力和学术分工的考虑，提出的是定性描述，还缺少经验研究以及实证方法支持。譬如，将关怀价值注入满意度评估方法和质性研究方法之中，理论上是可行的，但在概念化和操作化落地中，如何更好将关怀理念展现为具体的概念体系和指标体系还需要进一步探索。

本书的完成离不开同事们、朋友们和家人的支持和帮助，难以言谢，只有在心中默默感念。在此，要特别感谢科学出版社莫永国编辑在本书编辑和出版中付出的辛苦和给予的指导。没有他的帮助，本书的纰漏将会更多，没有他的督促，本书也可能无法如期完成。

本书的出版得到了四川大学“双一流”建设经费的资助，在此表示诚挚的谢意。